NEW YORK
À PETITS PRIX

MAXIME AUBIN
LORENA GALLIOT
SIHEM SOIBINET-FEKIH

NEW YORK À PETITS PRIX

5e édition

Lonely Planet
12 avenue d'Italie, 75627 Paris Cedex 13
01 44 16 05 00
bip@lonelyplanet.fr
www.lonelyplanet.fr

Dépôt légal
Septembre 2018
ISBN 978-2-81617-162-4

Direction
Frédérique Sarfati-Romano

Direction éditoriale
Didier Férat

Coordination éditoriale
Nicolas Benzoni

Prépresse
Jean-Noël Doan

Fabrication
Emmanuelle Laine

Conception graphique
Romain Hisquin

Maquette intérieure
Pierre Brégiroux

Couverture
Laure Wilmot

Cartographie AFDEC
(Bertrand de Brun, Martine Marmouget)

Merci à Maud Bruguière pour sa relecture attentive.

Remerciements Plan de métro de New York
Manhattan Subway Map © 2017 Metropolitan Transportation Authority

Photographie de couverture
© Jordan Banks/4Corners/Sime/Photononstop

Toutes les photos sont sous le copyright des photographes, sauf indications contraires.

Photogravure Nord Compo, Villeneuve-d'Ascq

Imprimé par L.E.G.O. Spa
(Legatoria Editoriale Giovanni Olivotto), Italie

En Voyage Éditions | un département édi8

SOMMAIRE

HUMEUR NEW-YORKAISE

Très chère New York, si tes gratte-ciel font rêver, ta réputation de ville ruineuse fait pâlir plus d'un baroudeur : le prix de l'immobilier tutoie les sommets et tes loyers sont parmi les plus chers de la planète ; avec 340 000 millionnaires (près de 4 % des habitants) et 92 milliardaires, tu concentres le plus grand nombre de fortunes au monde derrière Pékin ; et tu restes la ville des États-Unis où le coût de la vie est le plus élevé.

Cependant, au-delà de ce palmarès saisissant, New York est loin d'être la cage dorée à laquelle l'image de Manhattan renvoie souvent. Dans cette métropole tentaculaire aux dimensions impressionnantes, la réalité du melting-pot new-yorkais rattrape le cliché de l'*American Dream*. Pour le meilleur. Cosmopolite, vivante et solidaire, New York a plusieurs visages et la réduire à son vernis "bling" ne serait que trop mal la connaître. Dans la plupart des *boroughs*, on sent une vie de quartier fourmillante, des marchés de Harlem aux ateliers de Bushwick, en passant par les *delis* d'Astoria. Et là où il y a de la vie... il y a des petits trésors d'adresses économiques qui feront de votre voyage une expérience chaleureuse et authentique, sans plomber votre budget.

En somme, les bons plans abondent dans la Grosse Pomme et il ne faut pas chercher bien loin pour les dénicher, surtout si vous avez l'esprit fureteur. Et si le jeu en vaut la chandelle, il vaut aussi pour lui-même, surtout lorsque le terrain de jeux s'avère être l'une des plus belles villes du monde...

NEW YORK À PRIX IM

C'est bien connu, New York est l'une des villes les plus chères des États-Unis, mais une foule d'astuces vous permettront de croquer la Grosse Pomme... sans vous casser les dents.

Boire et manger à tout prix

Véritable institution new-yorkaise, le **brunch** a en outre l'avantage de cumuler deux repas en un. Vous pourrez vous plier à ce rituel à Brooklyn (**Roberta's**, p. 185 ; **Mominette**, p. 185 ; **The Rabbithole**, p. 183) et dans le Queens (**Omonia Cafe**, p. 215 ; **Tournesol**, p. 216 ; **Monika's Café Bar** p. 218), où les adresses de qualité sont globalement moins chères que celles de Manhattan. Beaucoup de bonnes tables proposent aussi des menus le midi à des prix abordables. Deux fois par an, la **Restaurant Week** (p. 229) permet de s'offrir un grand restaurant à prix plus doux.

Si vous ne finissez pas votre assiette, les portions étant souvent très copieuses, n'hésitez pas à demander un *doggy bag* : la pratique est ici répandue.

Shopping and the City

Autre capitale de la mode, New York ne compte pas que des boutiques de luxe. Les friperies sont partout ! Parmi les meilleures et les moins chères, citons **New and Almost** (p. 43), le très rock'n'roll **Star Struck Vintage Clothing** (p. 90), **Beacon's Closet** (p. 90 et p. 190), le dépôt-vente **Buffalo Exchange** (p. 190 et p. 219) ou encore les magasins solidaires **Housing Works** (p. 44 et p. 104). Dirigez-vous vers des boutiques comme **OMG** (p. 43), où des pièces de créateurs ou des collections de prêt-à-porter sont écoulées régulièrement à bas prix. Repérez les "*outlet shops*" qui proposent des marques dégriffées, comme **Century 21** (p. 28). Certains grands magasins, comme Macy's et JC Penney dans le **Queens Center** (p. 219) proposent régulièrement de grosses remises.

Enfin, certains jours fériés donnent lieu à des soldes, tels le **Labor Day** (fête du Travail ; 1er mai) ou le **Black Friday** (lendemain de Thanksgiving). Ce dernier est particulièrement intéressant pour les produits électroniques (smartphones, tablettes...). Enfin, rappelons qu'il est généralement plus avantageux d'acheter des marques américaines populaires (Levi's, Converse...) sur le sol américain puisqu'on y pratique des soldes tout au long de l'année, et que les vêtements et les chaussures coûtant moins de 110 $ ne sont pas soumis à la taxe d'État (voir p. 261).

La culture pour tous

Le prix d'entrée de certains musées comme l'**American Museum of Natural History** (p. 160) est à la discrétion du visiteur. D'autres musées ont des jours de gratuité – le **MoMA** (p. 136), le **Brooklyn Museum** (p. 200)... – ou organisent des créneaux "paiement libre", comme le **Guggenheim** (p. 149). Voir détails p. 236.

Vous voyagez avec des enfants ? Beaucoup de musées sont gratuits pour les moins de 16 ans.

Qui ne rêve pas d'assister à un show sur Broadway ? Ne vous laissez pas impressionner par la queue aux **guichets TKTS** (p. 142) et achetez des places à tarif réduit (jusqu'à -50%) pour le soir même.

Plusieurs grandes salles proposent des places à prix réduits pour leurs spectacles via un système de loterie. Le site lottery.broadwaydirect.com permet de tenter sa chance directement en ligne.

10 BONS PLANS 100% NEW-YORKAIS

- Les marchés aux puces pour chiner des articles design et mode et goûter à la cuisine de rue (détails p. 240).
- Les New-Yorkais attendent avec impatience le retour des beaux jours pour pique-niquer à Central Park (p. 162). Ne vous en privez pas et n'hésitez pas à varier les plaisirs en déjeunant à Bryant Park (p. 135), à Madison Square Park (p. 110), ou à Battery Park (p. 24) avec sa vue magnifique sur la baie !
- Profitez de la vue des innombrables *rooftop* sans vous ruiner en commandant une bière le soir ou un café en journée.
- Pour savourer un authentique hot dog new-yorkais au meilleur prix, éloignez-vous des lieux vraiment touristiques (aux abords des musées, de Central Park...) et n'hésitez pas à considérer plusieurs stands avant de vous décider. Le prix peut effectivement passer du simple au triple !
- Manger dans un *diner* est une solution économique et une expérience typiquement américaine.
- Prendre le ferry jusqu'à Staten Island (p. 25) est gratuit ! Si la destination n'est pas intéressante en soi, faire l'aller-retour vaut le coup pour la vue sur Manhattan et la statue de la Liberté.
- Le vaste réseau métropolitain new-yorkais est dézoné, le trajet jusqu'à Coney Island (p. 201) ou à Rockaway Beach (p. 237), fameux spot de surf, ne coûte que le prix d'un ticket de métro. Dommage de s'en priver !
- Traverser le pont de Brooklyn (p. 194) ou de Williamsburg est gratuit et procure des sensations vertigineuses...
- Ne rien manquer des (nombreux) événements gratuits en ville en consultant les sites **Time Out** (www.timeout.com/newyork) et **Club Free Time** (www.clubfreetime.com) ; visiter les musées les jours de gratuité (détails p. 236).
- Pour s'imprégner de la ville, rien de tel que de faire une balade avec un habitant. **Big Apple Greeter** (bigapplegreeter.org) propose de formidables visites gratuites, menées par des New-Yorkais.

ENVIE DE... GRANDS CLASSIQUES

EMPIRE STATE BUILDING
→ P. 123

- Gratte-ciel le plus emblématique de New York
- Une vue à 360° sur Manhattan
- Des concerts de jazz du jeudi au samedi soir

→ Prévoyez une longue attente ; la visite reste chère (37 $)

CLEMMESEN / FOTOLIA ©

LIBERTY ISLAND ET ELLIS ISLAND

→ P. 24

- Panorama splendide
- L'incontournable statue de la Liberté
- Cherchez un ancêtre au musée d'Ellis Island

→ Musée gratuit à l'intérieur de la statue. Réservez bien à l'avance

BROOKE BILODEAU / FOTOLIA ©

ROCKEFELLER CENTER

→ P. 135

- Vue sur l'Empire State Building depuis le Top of the Rock
- Fresques et bas-reliefs à l'intérieur du bâtiment Art déco
- Nombreuses boutiques

→ Ne manquez pas l'arbre de Noël en décembre

DELPHIMAGES / FOTOLIA ©

TIMES SQUARE

→ P. 130

- Possibilité d'apparaître sur un panneau géant
- Animation constante
- Lumières magiques

→ Times Square est toujours bondé

MOMA

→ P. 136

- L'une des meilleures collections d'art moderne au monde
- Une cour intérieure agréable pour flâner entre deux expositions
- Librairie et boutique de design

→ Gratuit le vendredi de 16h à 20h

JOSÉ RAMÓN FERREIRA ©

METROPOLITAN MUSEUM

→ P. 148

- L'un des plus grands et plus beaux musées d'art au monde
- Toutes les époques et tous les pays
- Vue imprenable sur Central Park depuis le *rooftop*

→ L'entrée est désormais à prix fixe

MASTER LU / FOTOLIA ©

GUGGENHEIM

→ P. 149

- Célèbre édifice de Frank L. Wright
- Superbe collection d'art du XXe siècle
- Expos temporaires autour de la rampe hélicoïdale

→ Le samedi, entrée sur don libre à partir de 17h

JOSÉ RAMÓN FERREIRA ©

NATHALIE BLÉZIN ©

CENTRAL PARK

→ P. 162

- Idéal pour flâner en amoureux ou pour un pique-nique
- Zoo
- Patinage, base-ball, tennis, tour en barque...

→ Découvrez la mosaïque *Imagine* dédiée à John Lennon

ARANAUSANTOSLIMA / FOTOLIA ©

MÉMORIAL DU 11-SEPTEMBRE

→ P. 22

- One World Trade Center, plus haute tour de l'hémisphère ouest
- Beau mémorial aux victimes des attentats
- À deux pas des quais aménagés

→ L'accès au mémorial est libre

NATHALIE BLÉZIN ©

BROOKLYN BRIDGE

→ P. 194

- Vue magnifique sur Manhattan
- Incroyablement romantique...
- ... si ce n'est la foule !

→ Accessible à pied ou à vélo : restez bien dans votre voie !

ENVIE DE ...

SORTIR DES SENTIE

LOWER MANHATTAN

→ P. 19

BOWLING GREEN

- Une petite parcelle d'histoire
- Le parc le plus ancien de New York
- Le *Taureau* d'Arturo Di Modica

→ À deux pas de Battery Park

SOHO

→ P. 31

MERCHANT'S HOUSE MUSEUM

- Une belle et ancienne demeure de style fédéral
- Un sanctuaire des arts décoratifs...
- ... réputé être hanté : des visites thématiques sont organisées

→ Le jardin intérieur est ouvert à la visite

CHINATOWN ET LITTLE ITALY

→ P. 47

MMUSEUMM

- Plus petit "musée" de la ville
- Une collection hétéroclite d'objets et d'œuvres
- Visible 24h/24 et 7j/7 gratuitement, don suggéré aux heures d'ouverture

→ Un ancien monte-charge reconverti

LOWER EAST SIDE

→ P. 57

TENEMENT MUSEUM

- Une reconstitution de la vie du quartier au tournant du XXe siècle
- Des promenades thématiques dans le quartier
- Projection du film *An American Story*

→ Visites guidées uniquement

EAST VILLAGE

→ P. 69

WILLIAM BARNACLE TAVERN

- Un ancien *speakeasy* fréquenté par Al Capone
- Possibilité de voir les tunnels utilisés autrefois pour la contrebande
- Musée sur place

→ Bar spécialisé dans l'absinthe... et les crêpes

TIMES SQUARE
P. 131

KOREATOWN

- "Korea Way", le cœur de Koreatown
- D'authentiques karaokés coréens
- Des barbecues coréens ouverts 24h/24

Facilement accessible entre 5th Ave et 6th Ave

UPPER WEST SIDE
P. 157

MUSEUM OF ARTS AND DESIGN

- Bel édifice à la façade de marbre blanc
- Quatre niveaux dédiés aux objets du design et de l'artisanat
- Des expositions innovantes et un toit-terrasse

Entrée sur don le jeudi à partir de 18h

HARLEM
P. 167

NICHOLAS ROERICH MUSEUM

- Une collection de 200 toiles du peintre russe
- Musée installé dans une bâtisse datant de 1898
- Concerts et lectures de poésie

Entrée libre ; les donations sont bienvenues

NORD DE BROOKLYN
P. 179

BROOKLYN ART LIBRARY

- Œuvre collective mondiale
- Un fonds de plus de 35 000 carnets d'esquisses
- Vente de carnets vierges pour apporter sa pierre à l'édifice

Entrée libre

QUEENS
P. 208

QUEENS NIGHT MARKET

- Gigantesque marché nocturne
- Spécialités culinaires du monde entier
- Musique live

Le samedi d'avril à octobre

NEW YORK EN

Journée 1

LE DÉBUT D'UNE BELLE AMITIÉ → Commencez la journée par la visite de **Grand Central Terminal** (p. 123 ; Ⓢ 4, 5, 6, 7, station Grand Central-42nd St). Admirez le grand hall de la gare, explorez les quais et les sous-sols et profitez-en pour acheter de quoi déjeuner dans son **marché alimentaire** (p. 128). En sortant sur 42nd St, levez les yeux vers le **Chrysler Building** (p. 122). Marchez dans cette direction jusqu'à la **New York Public Library** (p. 124) et visitez les salles de lecture.

PIQUE-NIQUE À BRYANT PARK → Installé sur les pelouses de ce célèbre **parc** (p. 135), profitez du beau panorama sur les façades de la New York Public Library et sur les gratte-ciel qui entourent l'un des lieux de repos favoris des New-Yorkais.

APRÈS-MIDI CÉLESTE → Descendez 5th Ave jusqu'à 34rd St et montez sur les cimes de l'**Empire State Building** (p. 123). Après la visite, poursuivez sur la même voie jusqu'au **Rockefeller Center** (p. 135). Faites un tour à la **St Patrick's Cathedral** (p. 124).

DÎNER AU CŒUR DE MANHATTAN → Deux propositions, séduisantes l'une comme l'autre. La première : revenez à Grand Central et dînez à l'**Oyster Bar** (p. 125) pour vous régaler d'huîtres, de coquillages et de soupe de crabe, puis prenez un verre au **Campbell Apartment** (p. 126), dans un recoin de la gare. Ou bien goûtez à la cuisine japonaise du bar à saké **Sakagura** (p. 125), caché au sous-sol d'un immeuble de bureaux, avant de rejoindre **The Heights** (p. 125) pour un verre avec vue sur l'Empire State Building.

Journée 2

ÉVEIL ARTISTIQUE → Commencez la journée par une plongée dans l'art au **Metropolitan Museum** (p. 148 ; Ⓢ 4, 5, 6 station 86th St) et parcourez les salles de l'une des collections d'art les plus spectaculaires du monde (deux millions de pièces !).

PIQUE-NIQUE À CENTRAL PARK → Achetez votre déjeuner à la cafétéria du musée. Sortez par l'entrée principale et pénétrez dans **Central Park** (p. 162). Installez-vous à quelques mètres de la façade du musée, tout près du temple égyptien de Dendur.

APRÈS-MIDI DANS LE POUMON VERT DE MANHATTAN → Promenez-vous dans le parc et traversez-le d'est en ouest jusqu'à la sortie de Strawberry Fields, située près de l'**immeuble Dakota** (p. 161 ; 72nd St), à Central Park West. Baladez-vous sur les grandes avenues commerçantes (Broadway, Columbus et Amsterdam), sans oublier de faire des détours par les rues perpendiculaires, plus résidentielles.

DÎNER DANS L'UPPER WEST SIDE → Goûtez à la roborative cuisine du sud des États-Unis chez **Jacob's Pickles** (p. 163). Puis, passé 23h, assistez à un concert de jazz au **Dizzy's Club Coca Cola** (p. 165), pour le deuxième set à prix réduit.

3 JOURS

Journée 3

MATINÉE PIRATE → Débutez par une balade en ferry jusqu'à **Staten Island** (p. 25 ; Ⓢ1, N, R, station Whitehall St-South Ferry) pour admirer la **statue de la Liberté** (p. 24) et voir Manhattan sous un autre angle. Nous vous recommandons de faire l'aller-retour sans visiter l'île. De retour sur la terre ferme, promenez-vous dans **Wall Street** et, surtout, ne ratez pas le **Woolworth Building** (p. 24).

DÉJEUNER CHEZ DE NIRO → La balade de Wall Street à Tribeca est très agréable (15 minutes par Broadway Ave). Pour déjeuner à Tribeca, pourquoi ne pas opter pour l'un des restaurants de Robert De Niro ? Nous vous recommandons la cuisine italienne de **Locanda Verde** (p. 26).

APRÈS-MIDI À CHINATOWN → Bien que **Canal St** (p. 49) soit le point de départ obligé de toute excursion dans Chinatown, n'hésitez pas à bifurquer dans les rues alentour, où se trouvent les poissonneries, les primeurs et les pâtisseries du quartier. Remontez ensuite vers Nolita pour méditer sur la disparition progressive de Little Italy.

DÎNER À SOHO → Empruntez Broadway vers le nord pour entrer dans le cœur de Soho. Terminez la journée par quelques emplettes chez **OMG** (p. 43), passage obligé pour un jean Levi's à bas prix, et **Pink** (p. 43), la branche girly de Victoria's Secret, puis direction l'**Antique Garage** (p. 36) ou le **Restaurant Félix** (p. 40) pour un dîner bien mérité.

Journée +

MATINÉE SUR LA HIGH LINE → Accédez à ce **parc** (p. 97 ; ⓈL, A, C, E, station 14th St-8th Ave) surélevé par l'entrée qui se trouve à l'intersection de Gansevoort St et de 10th Ave. Suivez les anciennes voies de chemin de fer jusqu'à la sortie de 23rd St, proche des **galeries d'art de Chelsea** (p. 98). Déjeunez de sushis végétariens chez **Beyond Sushi** (p. 99).

APRÈS-MIDI À BROOKLYN → Rendez-vous à Brooklyn Heights en métro (Ⓢ2, 3, 4, 5, station Borough Hall). Baladez-vous dans les rues paisibles du quartier où ont vécu Truman Capote et Arthur Miller (Pierrepont St, Montague St et Willow St). Par Montague St, rejoignez la **Brooklyn Heights Promenade** (p. 196), qui offre un superbe point de vue sur Manhattan.

DÉBUT DE SOIRÉE ENTRE BROOKLYN ET MANHATTAN → Dînez tôt à la pizzeria **Grimaldi's** (p. 202) puis traversez le **pont de Brooklyn** (p. 198) alors que le soleil se couche pour une vue de carte postale sur la skyline de Manhattan. Impossible de quitter New York sans avoir vécu cette expérience unique. De retour sur Manhattan, allez boire un verre face aux lumières de Brooklyn au **Watermark** (p. 28). Vous pourrez ensuite aller vous remettre de vos émotions à la **Dream House at the Mela Foundation** (p. 29).

EXPLORER

NEW YORK

SEAN PAVONE / FOTOLIA ©

LOWER MANHATTAN ET TRIBECA

Orientation

FINANCIAL DISTRICT → La Bourse de New York (New York Stock Exchange, p. 23) et la Réserve fédérale (Federal Reserve Bank, p. 23).

BATTERY PARK → Un havre de verdure offrant de très beaux points de vue sur la statue de la Liberté (détails p. 24).

TRIBECA → Une ancienne zone industrielle prisée des célébrités qui compte de nombreux restaurants, bar à cocktails et boutiques.

Incontournables

ELLIS ISLAND → L'ancienne porte d'entrée des migrants vers le Nouveau Monde (détails p. 24).

STATUE DE LA LIBERTÉ → La sculpture d'Auguste Bartholdi est devenue l'emblème de la ville (détails p. 24).

MÉMORIAL DU 11-SEPTEMBRE → Le lieu dédié aux victimes de l'attentat est l'un des sites les plus visités de la ville (détails p. 22).

Hors des sentiers battus

BOWLING GREEN (plan p. 20, C7) → C'est sur l'emplacement du plus ancien parc de la ville que le Hollandais Peter Minuit aurait versé l'équivalent de 24 $ aux Amérindiens pour acheter l'île de Manhattan. Le *Taureau de Wall Street*, statue d'Arturo Di Modica, occupe son extrémité nord depuis 1989 (angle Broadway et State St ; Ⓢ4, 5 Bowling Green).

TITANIC MEMORIAL LIGHTHOUSE (plan p. 20, D5) → Dédié aux victimes du *Titanic*, ce phare blanc fut inauguré un an après la tragédie – il était alors installé sur le toit d'une association dédiée aux marins – avant d'être offert au musée de la Marine en 1976 et de déménager ici (angle Water St et Fulton St ; Ⓢ2, 3 Wall St ou Fulton St).

AFRICAN BURIAL GROUND (plan p. 20, C3) → Entre 1690 et 1794, des centaines d'Africains libres ou esclaves furent enterrés dans ce bout de terrain. Il est désormais marqué d'un monument à la mémoire des défunts (290 Broadway, ⓈA, C, E, 2, 3 Chambers St ; ⌚mar-sam 10h-16h).

BERLIN WALL (plan p. 20, A5) → Offert à la ville par le consulat allemand en 2004, ce morceau du mur de Berlin est orné d'une curieuse tête aux yeux globuleux, œuvre du Français Thierry Noir. Un autre morceau du mur est visible dans le hall du 520 Madison Avenue, à Midtown (393 South End Ave ; ⓈR, W Cortlandt St ; E World Trade Center ; 4, 5 Fulton St).

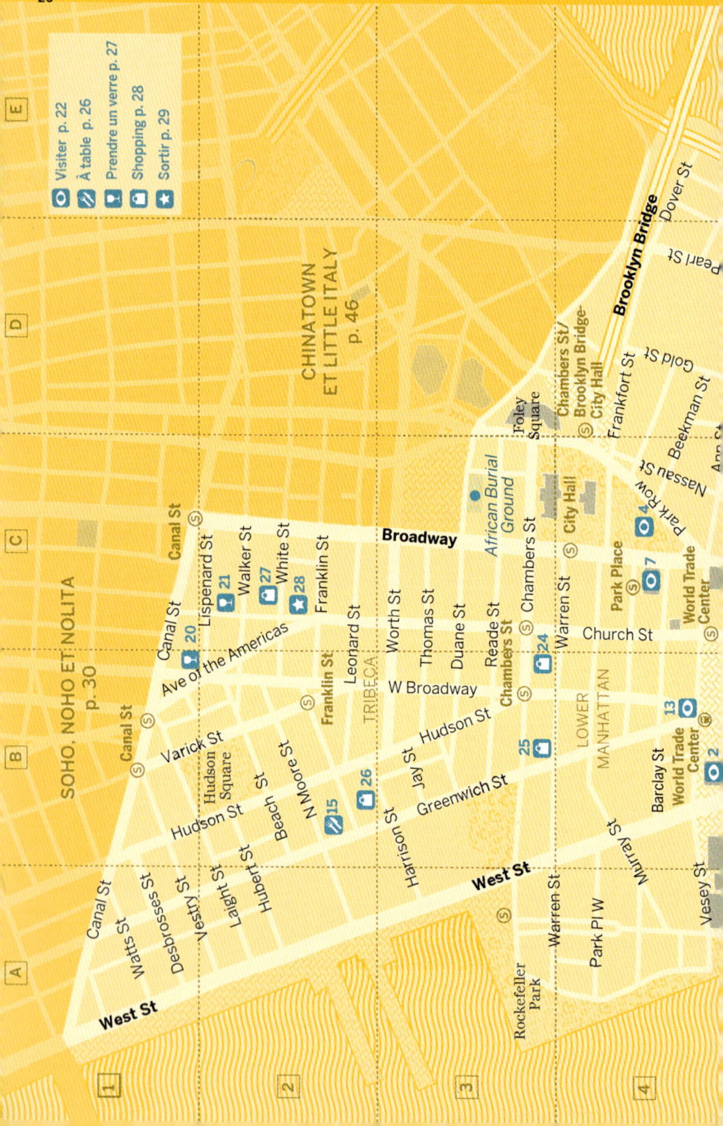

Visiter p. 22
À table p. 26
Prendre un verre p. 27
Shopping p. 28
Sortir p. 29
SOHO, NOHO ET NOLITA p. 30
CHINATOWN ET LITTLE ITALY p. 46
TRIBECA
LOWER MANHATTAN
Canal St
West St
Watts St
Desbrosses St
Vestry St
Laight St
Hubert St
Hudson St
Hudson Square
Varick St
Beach St
N Moore St
Ave of the Americas
Lispenard St
Walker St
White St
Franklin St
Leonard St
Worth St
Thomas St
Duane St
Reade St
Chambers St
Warren St
Harrison St
Jay St
Greenwich St
W Broadway
Broadway
Church St
Park Place
Barclay St
Murray St
Park Pl W
Vesey St
Rockefeller Park
African Burial Ground
City Hall
Foley Square
Chambers St/ Brooklyn Bridge-City Hall
Frankfort St
Gold St
Beekman St
Nassau St
Park Row
Brooklyn Bridge
Pearl St
Dover St
World Trade Center

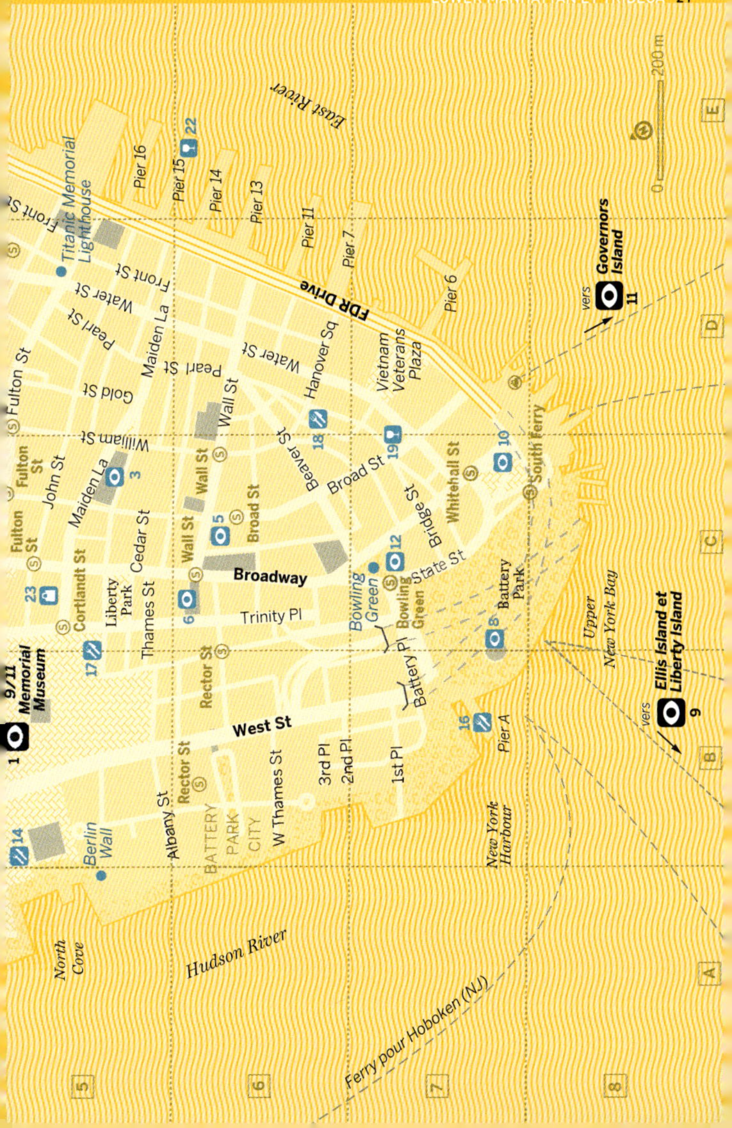

East River
Pier 16
Pier 15
22
Pier 14
Pier 13
Pier 11
Pier 7
Pier 6
Titanic Memorial Lighthouse
Front St
Water St
Pearl St
Fulton St
Gold St
Maiden La
FDR Drive
Water St
Pearl St
Hanover Sq
Vietnam Veterans Plaza
William St
Wall St
John St
Maiden La
3
Fulton St
Beaver St
18
Broad St
19
Whitehall St
10
South Ferry
Cedar St
Wall St
5
Broad St
Bridge St
Liberty Park
Broadway
12
State St
Battery Park
Cortlandt St
23
Thames St
Wall St
6
Trinity Pl
Bowling Green
Bowling Green
Battery Pl
8
17
Rector St
Battery Pl
9/11 Memorial Museum
1
West St
16
Pier A
Rector St
Albany St
W Thames St
3rd Pl
2nd Pl
1st Pl
BATTERY PARK CITY
14
Berlin Wall
North Cove
Hudson River
New York Harbour
Upper New York Bay
vers
Governors Island
11
vers
Ellis Island et Liberty Island
9
Ferry pour Hoboken (NJ)
0
200 m
A
B
C
D
E
5
6
7
8

LOWER MANHATTAN ET TRIBECA

D'EAU ET D'ARGENT

Lower Manhattan est un quartier riche en symboles. C'est ici que l'on prend le ferry pour rejoindre la statue de la Liberté et le musée de l'Immigration, à Ellis Island. Près des quais, South Street Seaport, l'ancien port de New York, a été reconverti en musée et en zone commerçante. Wall Street, la rue emblématique du capitalisme, abrite la Bourse de New York et la Réserve fédérale. C'est également ici que se trouvent le site du World Trade Center et le centre d'information sur le 11-Septembre (120 Liberty St). À Tribeca, on pourra flâner entre les lofts aménagés dans des bâtiments industriels.

Visiter

1 9/11 MEMORIAL MUSEUM

Plan p. 20, B5

L'empreinte des deux tours jumelles détruites lors des attentats du 11 septembre 2001 est désormais marquée par deux fontaines carrées, encastrées dans ce que furent les fondations des immeubles. Un hommage simple et serein, doublé d'un musée et d'un mémorial.

→ Le musée est gratuit le mardi à partir de 17h (dernière entrée 19h).

✆212-266 5211 ; www.911memorial.org ; 1 Albany St, entre West St et Church St ; musée tarif plein/ étudiant et senior/enfant

24/20/15 $; mémorial tlj 7h30-21h, musée dim-jeu 9h-20h, ven-sam 9h-21h ; Ⓢ A, C, J, Z, 2, 3, 4, 5 Fulton St ; 2, 3 Park Place ; E World Trade Center

2 ONE WORLD TRADE CENTER

Plan p. 20, B4

Inauguré en 2014, le One World Trade Center – aussi surnommé Freedom Tower – domine la ville du haut de ses 541 m. Un observatoire, réparti sur les niveaux 100 à 102, dévoile un panorama époustouflant de la ville. L'accès se fait en moins de 60 secondes par l'un des 5 ascenseurs dont les parois projettent l'histoire de la ville à travers ses époques depuis le XVIe siècle. **oneworldobservatory.com ; 285 Fulton St ; tlj 9h-20h, jusqu'à 22h mai-août ; Ⓢ A, C, J, Z, 2, 3, 4, 5 Fulton St ; 2, 3 Park Place ; E World Trade Center**

3 FEDERAL RESERVE BANK

Plan p. 20, C5

Les fans des films de gangsters ne manqueront pas cet édifice protégé par un impressionnant dispositif de sécurité. Descendre dans ses entrailles pour contempler son trésor, flanqué de gardes armés jusqu'aux dents, est une expérience unique. Inutile d'imaginer emporter toute la réserve d'or : il y en aurait plus de 6 700 tonnes !

→ La visite est gratuite mais il est indispensable de réserver jusqu'à un mois à l'avance sur le site Internet.

212-720 6130 ; www.newyorkfed.org ; 33 Liberty St, à hauteur de Nassau St (entrée des visites au 44 Maiden Lane) ; visites lun-ven 13h et 14h ; Ⓢ 2, 3, 4, 5, A, C, J, Z Fulton St-Broadway-Nassau

4 NEW YORK CITY HALL

Plan p. 20, C4

Construit entre 1803 et 1812, le bâtiment du New York City Hall est le plus ancien hôtel de ville des États-Unis. L'historique Blue Room, meublée de l'imposante table de travail de George Washington, accueille les manifestations les plus solennelles, ainsi que la signature des conventions. Le City Hall se trouve au milieu du City Hall Park.

→ Visite guidée gratuite le jeudi à 10h et 12h. Inscription sur le site Internet plusieurs jours à l'avance.

www.nyc.gov/html/artcom/html/tours/city_hall.shtml ; 260 Broadway à hauteur de Murray St ; Ⓢ R City Hall-Broadway ; 4, 5, 6 Brooklyn Bridge-City Hall ; J, Z Chambers St

5 NEW YORK STOCK EXCHANGE

Plan p. 20, C6

Même si la Bourse de New York n'est pas ouverte au public, la façade néoclassique de ce symbole du capitalisme mérite d'être admirée. On en profitera pour s'imprégner de l'ambiance qui règne dans cette partie de la rue, en particulier vers 9h30, à l'heure d'ouverture. Le bâtiment est l'œuvre de l'architecte George B. Post. Le fronton a été réalisé par le sculpteur américain John Quincy Adams Ward.

→ À deux pas, le **Museum of American Finance** (www.moaf.org ; 48 Wall St ; mar-sam 10h-16h) est une mine d'informations pour qui souhaite en savoir davantage sur l'histoire des marchés financiers.

212-656 3000 ; www.nyse.com ; 11 Wall St, à hauteur de Nassau St ; Ⓢ R Rector St ; 4, 5 Wall St ; 2, 3 Wall St ; J, Z Broad St

NICOLAS GUÉRIN ©

JOSÉ RAMÓN FERREIRA ©

6 TRINITY CHURCH

Plan p. 20, C6

Non loin de Wall Street, cette église est un temple épiscopalien de style néogothique. Propriété de la paroisse, la St Paul's Chapel, toute proche des tours jumelles, a servi de lieu de repos et de soutien à ceux qui ont participé aux opérations de sauvetage du 11 septembre 2001. Aujourd'hui, l'endroit est lié aux victimes des attentats.

→ Concerts et événements chaque semaine : consultez le site Internet.

212-602 0800 ; www.trinitywallstreet.org ; 74 Trinity Pl, près de Rector St ; tlj 7h-18h ; Ⓢ R Rector St ; 4, 5 Wall St ; 2, 3 Wall St ; J, Z Broad St

7 WOOLWORTH BUILDING

Plan p. 20, C4

Cet impressionnant gratte-ciel de 60 étages au style néogothique fut commandé par le richissime directeur d'une chaîne de magasins (aujourd'hui Foot Locker), Frank W. Woolworth. Cette "cathédrale du commerce", comme elle fut qualifiée, haute de 241 m, est restée le plus haut immeuble du monde pendant 17 ans, avant d'être détrônée par le 40 Wall Street (282,5 m) en 1930. Longtemps fermé au public, son magnifique hall est désormais ouvert aux visites (30/60/90 min 20/30/45 $, sur réservation via le site Internet).

www.woolworthtours.com ; 233 Broadway ; Ⓢ R City Hall-Broadway ; 2, 3, A, C, E Chambers-Park Pl-World Trade Ctr ; 2, 3, 4, 5, A, C, J, Z Fulton St-Broadway-Nassau

8 BATTERY PARK

Plan p. 20, C7

Chaque jour, des milliers de touristes affluent à Battery Park pour monter à bord des ferries à destination de Staten Island ou de la statue de la Liberté. En 1623, c'est à cet endroit que s'installèrent les Néerlandais – il doit son nom à la batterie de canons qui y fut dressée, destinée à défendre la toute jeune colonie. Vous pourrez y voir Castle Clinton, un fort circulaire de 1811, qui servit de centre d'accueil des immigrants avant la construction d'Ellis Island. C'est aujourd'hui un musée (entrée gratuite).

→ La promenade qui longe l'Hudson offre la plus belle vue depuis Manhattan sur la statue de la Liberté.

Battery Pl sur State St ; tlj 6h-1h ; Ⓢ 1 South Ferry ; 4, 5 Bowling Green ; R Whitehall St-South Ferry

9 ELLIS ISLAND ET LIBERTY ISLAND

Plan p. 20, B8

Ellis Island fut la porte d'entrée de plus de 12 millions d'immigrants. L'île accueille aujourd'hui le musée de l'Immigration, qui retrace l'histoire de l'île et des immigrants qui y firent escale. Liberty Island abrite, quant à elle, la **statue de la Liberté**, une colossale sculpture néoclassique dessinée par Auguste Bartholdi à la fin du XIXe siècle. Ce cadeau de la France au peuple américain est devenu l'emblème de la ville et le symbole des États-Unis à travers le monde. Il est vivement recommandé de réserver le trajet en ferry, car l'affluence est grande vers ces deux îles.

Il est possible de grimper jusqu'au "sommet" de la statue pour visiter l'intérieur de la couronne, en réservant sur le site www.nps.gov/stli, rubrique *Plan your visit*. Entre mai et septembre, la visite affiche souvent complet des mois à l'avance.

201-604 2800 ; www.statuecruises.com ; départ de Battery Park, billetterie dans le Castle Clinton National Monument ; ferry pour Liberty Island et Ellis Island : tarif plein/senior/-12 ans 18,50/14/9 $, ferry + accès à la couronne : tarif plein/senior/-12 ans 21,50/17/12 $, gratuit -4 ans

10 STATEN ISLAND FERRY

Plan p. 20, C7

Le trajet en ferry jusqu'à Staten Island offre une vue imprenable sur la statue de la Liberté et la skyline de Manhattan. Ce ferry est aussi un moyen de transport quotidien pour les 500 000 habitants de l'île. Si votre temps est compté, inutile de s'attarder à Staten Island, une banlieue américaine typique, avec ses zones résidentielles, ses écoles et ses terrains de football. Il faut en revanche débarquer pour prendre le ferry du retour.

L'aller-retour (40 minutes) est gratuit.

www.siferry.com ; départ de Whitehall Terminal, à l'angle de Whitehall St et South St ; tlj 24h/24

11 GOVERNORS ISLAND

Plan p. 20, D8

Ouverte au public du 1er mai au 31 octobre, cette base militaire reconvertie en oasis de verdure est l'un des terrains de jeux favoris des New-Yorkais : l'idéal pour un pique-nique, une balade à pied, à vélo (location sur place) ou une sortie kayak (voir p. 86) ! Des stands permettent de se restaurer sur place. Il y a même une patinoire avec de la glace synthétique !

Le trajet en ferry (3 $ aller-retour) est gratuit pour les enfants de moins de 13 ans et pour tous le samedi et dimanche avant 12h.

www.govisland.com ; ferry : Battery Maritime Building, 10 South St, à côté du Staten Island Ferry ; départ également depuis Brooklyn Bridge Park le week-end ; lun-ven départ de Manhattan 10h-16h15 1/heure, sam-dim 10h-17h30 2/heure

Battery Park City, le quartier volé à l'Hudson

Battery Park City est un quartier résidentiel moderne situé à l'extrémité sud-ouest de Manhattan, avec ses immeubles familiaux, ses aires de jeux pour enfants et sa promenade au bord de l'Hudson. Rien d'extraordinaire, si ce n'est que le terrain de 37 hectares sur lequel le quartier est construit était, il y a quarante ans, entièrement sous l'eau !

En effet, au moment de la construction des tours jumelles du World Trade Center dans les années 1970, il fut décidé que la terre et la roche excavées pour bâtir ses fondations seraient amoncelées dans l'Hudson, jusqu'à l'émergence d'une parcelle de terrain constructible à l'endroit de l'actuel Battery Park City. C'est donc le sous-sol des deux tours les plus tristement célèbres de New York qui permit la construction de logements à loyer modéré, à deux pas des lofts chics de Soho et de Tribeca, pour plus de 13 000 familles new-yorkaises.

12 NATIONAL MUSEUM OF THE AMERICAN INDIAN

Plan p. 20, C4

Ce musée évoque la culture et l'héritage amérindiens à travers une remarquable collection d'objets, de tenues, de reliques et d'œuvres contemporaines. Le bâtiment en lui-même, ancien bureau des douanes conçu par Cass Gilbert en 1907, est remarquable par son architecture de style Beaux-Arts.

Visite gratuite.

212-514-3700 ; nmai.si.edu ;1 Bowling Green, à l'angle de Broadway et Battery Pl ; tlj 10h-17h, jeu jusqu'à 20h ; 1 South Ferry, 4, 5 Bowling Green, R Whitehall St-South Ferry

13 OCULUS

GARE

Plan p. 20, B4

Œuvre de Santiago Calatrava, la toute nouvelle gare du World Trade Center déploie ses ailes entre les tours du quartier des affaires – la précédente avait été détruite lors des attentats de 2001. Grandiose, son architecture ne manque pas d'impressionner... et de faire parler. Il faut dire que son coût – près de 4 milliards de dollars – en fait l'une des gares les plus chères jamais construites.

185 Greenwich St ; A, C, J, Z, 2, 3, 4, 5 Fulton St ; 2, 3 Park Place ; E World Trade Center

MAXIME AUBIN ©

À table !

14 HUDSON EATS AT BROOKFIELD PLACE

FOOD COURT

Plan p. 20, B5

L'un des meilleurs plans de la ville pour un déjeuner avec vue ! Ce beau *food court* se trouve dans une salle spacieuse et aérée aux baies vitrées offrant une vue magnifique sur l'Hudson. On y trouve une sélection des meilleurs snacks gourmets de la ville : les sandwichs cambodgiens Num Paang, le barbecue Mighty Quinns, les sushis de Blue Ribbon, les menus déjeuner à prix fixe du District... et une dizaine d'autres stands allant de la pizza bio à la salade "paléo". À deux pas du mémorial du 11-Septembre. Plats autour de 15-19 $.

212-978 1698 ; brookfieldplaceny.com ; Brookfield Place 225 Liberty St, 2e étage, près de Cortland St ; lun-sam 7h-21h, dim 11h-19h ; 1, N, R Cortland

15 LOCANDA VERDE

ITALIEN

Plan p. 20, B2

Accueillant, ce restaurant appartenant à Robert De Niro est logé dans un bâtiment de Tribeca impeccablement rénové. *Locanda* signifie "auberge" en italien, ce qui résume bien la devise de l'établissement : qualité et hospitalité. On y sert petits-déjeuners, déjeuners, brunchs, goûters et dîners. Les plats tournent entre 13 et 42 $. Chaudement recommandé.

212-925 3797 ; locandaverdenyc.com ; 377 Greenwich St, près de North Moore St ; lun-ven 7h-11h, 11h30-15h et 17h30-23h, sam-dim 8h-15h et 17h30-23h ; 1 Franklin St

16 PIER A HARBOUR HOUSE

BAR À HUÎTRES

Plan p. 20, B7

Rénové en 2014, ce superbe bâtiment victorien sur pilotis accueillait la police portuaire au début du XXe siècle. Il abrite désormais une halle gastronomique rassemblant quatre restaurants sur deux étages. Situé tout au fond du rez-de-chaussée, le bar à huîtres sert de délicieux fruits de mer issus de la pêche locale. La terrasse réserve une vue dégagée sur la statue de la Liberté.

Le lundi, 1 $ l'huître.

212-785 0153 ; www.piera.com ; 22 Battery Pl, près de Little West St ; lun-mar 16h-minuit, mer et dim 11h-minuit, jeu-sam 11h-2h ; Ⓢ 4, 5 Bowling Green

17 EATALY NYC DOWNTOWN

ITALIEN

Plan p. 20, B5

Situé au deuxième étage du centre commercial Westfield, ce *food hall* de 3 800 m² est entièrement dédié à la gastronomie italienne. Parcourir les rayons de son épicerie fine vous mettra l'eau à la bouche. Asseyez-vous ensuite au bar Rossopomodoro pour déguster une savoureuse pizza napolitaine cuite au feu de bois (20 $ en moyenne). Autre adresse dans le Flatiron District (200 5th Ave).

212-897 2895 ; www.eataly.com ; 4 World Trade Center, 101 Liberty St, près de Church St ; tlj 7h-23h ; Ⓢ R, W Cortland St

18 FINANCIER

BOULANGERIE-PÂTISSERIE

Plan p. 20, D6

Créée en 2002, cette boulangerie-pâtisserie d'inspiration française a essaimé en ville et compte désormais six autres boutiques à Manhattan. Rien d'étonnant quand on sait que l'enseigne a été élue meilleur croissant (2,95 $) de la ville en 2018. Les madeleines (1,35 $) et les financiers (1,85 $) sont tout aussi délicieux. Idéal en cas de mal du pays !

212-344 5600 ; www.financierpatisserie.com ; 62 Stone St ; lun-ven 6h30-18h30, sam-dim 8h30-17h ; Ⓢ 2, 3 Wall St ; J, Z Broad St

Prendre un verre

19 FRAUNCES TAVERN

BAR À WHISKIES

Plan p. 20, C7

Cette ancienne taverne reconvertie en bar-restaurant est un lieu chargé d'histoire : l'immeuble qui l'abrite serait le plus ancien de New York, et George Washington y a prononcé un discours en 1783. Aujourd'hui, on y déguste une large sélection de whiskies (à partir de 10 $).

L'immeuble abrite également le Fraunces Tavern Museum, consacré à la révolution américaine (frauncestavernmuseum.org).

212-968 1776 ; www.frauncestavern.com ; 54 Pearl St, près de Broad St ; tlj 11h-2h ; Ⓢ 4, 5 Bowling Green ; 1 South Ferry ; R Whitehall St-South Ferry

20 NANCY WHISKEY PUB

DIVE BAR

Plan p. 20, B1

Ce pub tout en longueur date de Mathusalem (le bois du bar, poli par les années, en témoigne), mais il reste une valeur sûre. Ici, la boisson de choix est le Jack Daniels on the rocks (5 $) ou la bière Budweiser (2,50 $ la bouteille durant l'happy hour : dur de trouver moins cher à Manhattan !). Avec un jukebox et une table de shuffleboard (sorte de jeu de palets sur une longue table en bois), que demander de plus ?

212-226 9943 ; www.nancywhiskeypub.com ; 1 Lispenard St, près de 6th Ave ; lun-sam 11h-4h, dim 12h-4h ; Ⓢ A, C, E Canal St ; 1 Franklin St

21 THE BASEMENT AT MACAO TRADING COMPANY

COCKTAILS

Plan p. 20, C2

Restaurant de cuisine fusion aux influences asiatiques et bar à cocktails. Depuis le hall, décoré de vieilles photos de Shanghai, on accède à un bar secret. L'ensemble de l'établissement est décoré dans le style colonial. Bières à partir de 8 $, cocktails 16 $.

212-431 8750 ; www.macaonyc.com ; 311 Church St, entre Walker St et Lipsenard St ; dim-mer 17h-2h, jeu-sam 17h-4h ; Ⓢ 6, J, N, Q, R, Z Canal St ; A, C, E Canal St ; 1 Franklin St

22 WATERMARK

BAR

Plan p. 20, E6

Installé au bout du Pier 15, ce bar tout en verre offre une vue spectaculaire du Brooklyn Bridge aux buildings de Wall Street. L'immense terrasse est idéale pour siroter un verre aux beaux jours. Les cocktails (12-13 $) sont corrects et plutôt bien servis. Petite carte classique de salades, fritures et plats (8-16 $) aux influences mexicaines et américaines.

212-742-8200 ; watermarkny.com ; Pier 15, 78 South St ; tlj 12h-22h ; Ⓢ 2, 3 Wall St

Shopping

23 CENTURY 21

OUTLET

Plan p. 20, C5

À deux pas du mémorial du 11-Septembre, ce temple des bonnes affaires propose sur plusieurs étages vêtements et accessoires pour hommes, femmes et enfants, ainsi que des produits de beauté à prix cassés. Provenant de collections des années précédentes, les articles affichent des remises allant jusqu'à 80 %.

→ Autres adresses à Brooklyn, assez excentrée (472 86th St), et dans l'Upper West Side (croisement de Broadway et de 66th St).

212-227 9092 ; www.c21stores.com ; 22 Cortlandt St, près de Church St ; lun-mer 7h45-21h, jeu-ven 7h45-21h30, sam 10h-21h, dim 11h-18h ; Ⓢ R Cortlandt St

24 PHILIP WILLIAMS POSTERS

AFFICHES VINTAGE

Plan p. 20, B3

Ce magasin d'affiches occupe un gigantesque loft de Tribeca (4 000 m²) et propose un catalogue tout aussi impressionnant de 100 000 affiches, de 1870 à nos jours (pour des prix allant de 10 à plus de 30 000 $), classées par époque et par thèmes (cuisine, politique, transport, cinéma...). Vend également des livres et quelques œuvres d'art. Catalogue consultable en ligne.

212-513 0313 ; postermuseum.com ; 122 Chambers St, près de West Broadway ; lun-sam 10h-19h ; Ⓢ A, C, 1, 2, 3 Chambers St

25 THE MYSTERIOUS BOOKSHOP

LIBRAIRIE

Plan p. 20, B3

Les inconditionnels de Sherlock Holmes et d'autres héros de la littérature policière ne manqueront pas de passer au peigne fin cette librairie de Tribeca. Outre les nouveautés, on peut aussi dénicher des premières éditions et des livres signés par leurs auteurs. Présentations et lectures régulières : consultez le site Internet.

212-587 1011 ; www.mysteriousbookshop.com ; 58 Warren St, près de West Broadway ; lun-sam 11h-19h ; Ⓢ A, C, 1, 2, 3 Chambers St

26 SHINOLA TRIBECA

ARTISANAT/DESIGN AMÉRICAIN

Plan p. 20, B2

PHILIP WILLIAMS POSTERS ©

JOSÉ RAMÓN FERREIRA ©

Hautement patriotique, le show-room de cette marque américaine n'affiche que des produits *"made in USA"*. Le style est élégant mais brut, décidément masculin. Le prix de certains articles est assez élevé (140 $ pour un portefeuille en cuir, par exemple) et la qualité est au rendez-vous : montres, accessoires en cuir, vélos, objets déco et même des ballons de football américain – tout est fait à la main dans leurs ateliers de Detroit. Certains des articles sont à prix plus doux, comme des carnets de notes à la couverture en lin (16 $).
☎917-728 3000 ; www.shinola.com ; 177 Franklin St, entre Hudson St et Greenwich St ; ⌚lun-sam 11h-19h, dim 12h-17h ; Ⓢ A, C, E Canal St ; 1 Franklin St

27 LET THERE BE NEON

NÉONS

Plan p. 20, C2

Ce magasin vend toutes sortes d'enseignes lumineuses au néon. Il vous sera difficile d'en rapporter une dans vos valises, mais le lieu à lui seul mérite une visite. Il s'agit de la galerie d'un atelier fabriquant des enseignes lumineuses pour les commerces, les musées et les entreprises. Le MoMA et Coca-Cola comptent parmi ses clients.
☎212-226 4883 ; www.lettherebeneon.com ; 38 White St, 1er étage, près de Church St ; ⌚lun-ven 9h-17h ; Ⓢ 1, A, C, E Canal St

Sortir

28 DREAM HOUSE AT THE MELA FOUNDATION

CENTRE CULTUREL

Plan p. 20, C2

Cette fondation culturelle est ouverte jusqu'à minuit pour tous ceux qui veulent profiter de l'installation visuelle et sonore qu'elle abrite. À la nuit tombée, le visiteur se déchausse, s'allonge sur le tapis et observe les sculptures illuminées tout en écoutant une musique monotone très hypnotique. Ouvert de fin août à juin uniquement.
☎212-925 8270 ; www.melafoundation.org ; 275 Church St, à hauteur de Franklin St, 3e étage ; ⌚sept-juin ; don suggéré 7 $; Ⓢ 1 Franklin St ; 6, J, N, Q, R, Z Canal St ; A, C, E Canal St

SOHO, NOHO ET NOLITA

Orientation

LE QUARTIER DU SHOPPING → Broadway, West Broadway et Prince Street pour les grandes enseignes.

LA RUE DE L'ARCHITECTURE → Les *cast-iron buildings* (beaux bâtiments du XIXe siècle, aux structures métalliques et aux escaliers de secours extérieurs) les plus représentatifs de Soho se trouvent dans Greene St.

Incontournables

RESTAURANT BALTHAZAR → Visite obligée à la minuscule boulangerie rattachée au restaurant (détails p. 35).

INTERNATIONAL CENTER OF PHOTOGRAPHY → Une référence pour les amateurs de photographie (détails p. 35).

Hors des sentiers battus

MERCHANT'S HOUSE MUSEUM (plan p. 32, D2) → La visite de cette maison de négociants du XIXe siècle, qu'on dit hantée par ses anciens occupants, s'apparente à un bond de 150 ans dans le passé (merchantshouse.org ; 29 East 4th St entre Lafayette St et Bowery ; tarif plein/étudiant et senior 15/10 $; ⏲ jeu 12h-20h, ven-lun 12h-17h ; Ⓢ 6 Bleecker St).

NEW YORK EARTH ROOM (plan p. 32, C4) → Œuvre de Walter De Maria, cet appartement au sol recouvert d'une épaisse couche de terre fraîche et humide offre une expérience détonnant dans l'environnement minéral de Manhattan (141 Wooster St ; entrée libre ; ⏲ mer-dim 12h-15h et 15h30-18h, fermé mi-juin à début sept ; Ⓢ N, R, W Prince St).

CABLE BUILDING (plan p. 32, C3-C4) → Construite dans le style Beaux-Arts à la fin du XIXe siècle, cette ancienne station électrique du premier tramway des États-Unis est dotée de cariatides sur la façade donnant sur Broadway. Elle accueille aujourd'hui l'Angelika Film Center, qui programme des films indépendants (18 West Houston St, entre Houston St et Broadway ; Ⓢ 6 Bleecker St).

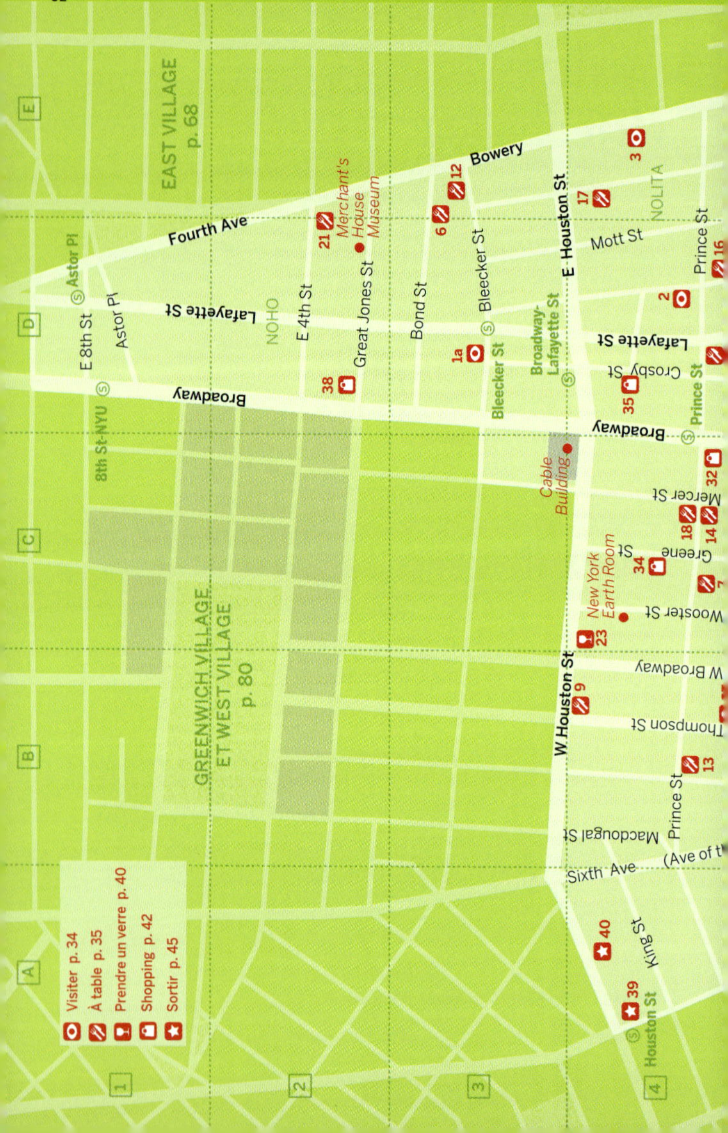

Visiter p. 34
À table p. 35
Prendre un verre p. 40
Shopping p. 42
Sortir p. 45
EAST VILLAGE
p. 68
GREENWICH VILLAGE
ET WEST VILLAGE
p. 80
NOHO
NOLITA
Fourth Ave
Bowery
Astor Pl
E 8th St
Lafayette St
Broadway
8th St-NYU
E 4th St
Great Jones St
Bond St
Bleecker St
Broadway-
Lafayette St
E. Houston St
W Houston St
Mott St
Prince St
Crosby St
Mercer St
Greene St
Wooster St
W Broadway
Thompson St
Macdougal St
Sixth Ave
(Ave of t
King St
Houston St
Merchant's
House
Museum
Cable
Building
New York
Earth Room
1a
2
3
6
7
9
12
13
14
16
17
18
21
23
32
34
35
38
39
40
A
B
C
D
E
1
2
3
4

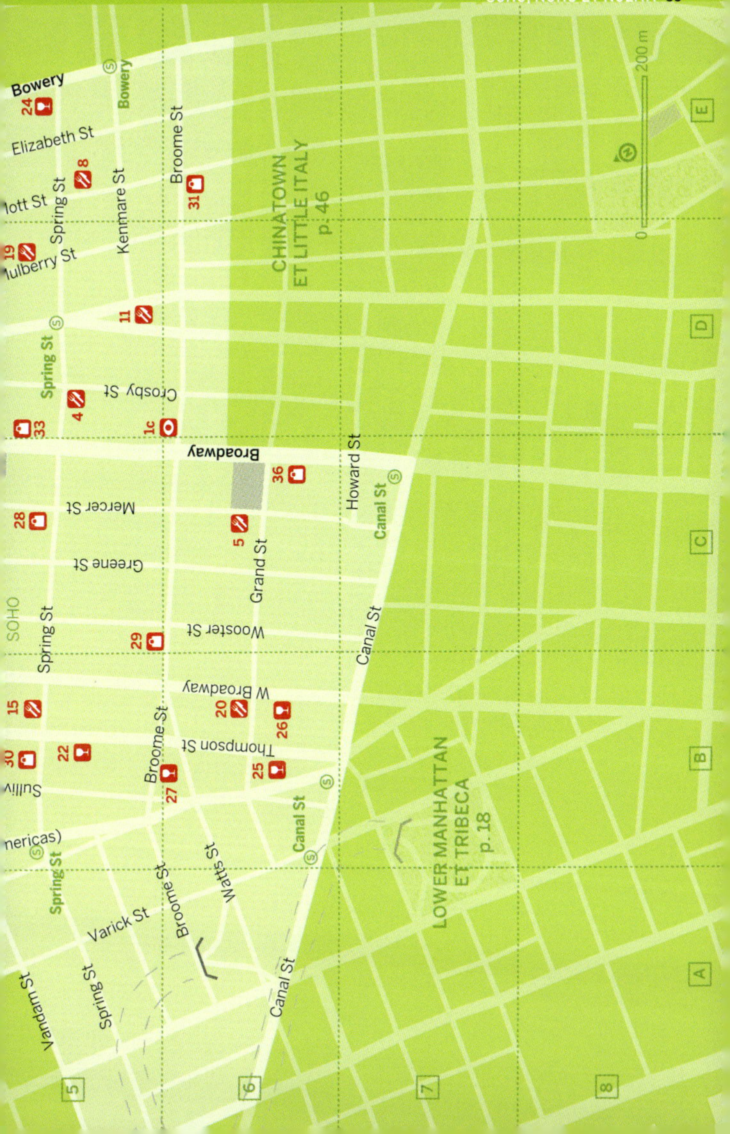

Bowery
Elizabeth St
Mott St
Mulberry St
Spring St
Kenmare St
Broome St
Crosby St
Broadway
Mercer St
Greene St
Wooster St
W Broadway
Thompson St
Sullivan St
Americas)
Varick St
Watts St
Vandam St
Grand St
Howard St
Canal St
SOHO
CHINATOWN ET LITTLE ITALY p. 46
LOWER MANHATTAN ET TRIBECA p. 18
200 m
0
A
B
C
D
E
5
6
7
8
24
8
31
19
11
4
33
1c
36
28
5
29
15
20
26
30
22
27
25

SOHO, NOHO ET NOLITA

SHOPPING ET BRANCHITUDE

Dans la seconde moitié du siècle dernier, la zone industrielle de Manhattan est devenue résidentielle. Les bas loyers ont attiré les artistes qui ont investi les lofts du quartier. Face à la hausse des loyers, ils ont peu à peu cédé la place aux yuppies de Wall Street. Temple de la branchitude, Soho, Noho et Nolita rassemblent aujourd'hui boutiques, restaurants et bars. Les rues de Soho sont envahies par les enseignes des grandes marques et, en fin de semaine, par des expos ventes de bijoux et d'art. Nolita et Noho sont les fiefs des créateurs indépendants.

Visiter

1 CAST-IRON BUILDINGS

Plan p. 32

Les *cast-iron buildings* les plus représentatifs de Soho se trouvent à Greene St. À Noho, le **Bayard Condict Building** (65 Bleecker St ; plan : 1a, D3) est la seule réalisation à New York de l'architecte Louis Sullivan, membre de l'école de Chicago et mentor de Frank Lloyd Wright. Ne manquez pas le **Little Singer Building** (561 Broadway Ave ; plan : 1b, C4), de style Beaux-Arts. Plus au sud, le **Haughwout Building** (490 Broadway Ave ; plan : 1c, D6) se distingue par sa façade, tout en colonnes et arches. Il fut le premier bâtiment de la ville à être doté d'un ascenseur hydraulique.

2 ST PATRICK'S OLD CATHEDRAL

Plan p. 32, D4

Ex-siège de l'archidiocèse de New York, l'ancienne cathédrale Saint-Patrick (la nouvelle, ouverte en 1879, se trouve sur Fifth Ave) est très fréquentée par les communautés hispanique et chinoise, et donne des messes en anglais, en espagnol et en mandarin le samedi. Son vieux cimetière est un havre de paix dans l'agitation urbaine.

212-226 8075 ; www.oldcathedral.org ; 263 Mulberry St, près de Prince St ; lun-jeu 11h-17h, ven-sam 11h-19h, dim 11h-18h ; Ⓢ 6, B, D, F, M Bleecker St-Lafayette St ; N, R Prince St ; J, Z Bowery

3 INTERNATIONAL CENTER OF PHOTOGRAPHY

Plan p. 32, E4

Véritable institution dans le milieu new-yorkais de la photographie, l'ICP a inauguré son tout nouvel espace d'exposition en juin 2016. Au programme : expositions temporaires, rétrospectives de grands noms de la photographie (par le passé, l'ICP a exposé le travail de Sebastião Salgado, Henri Cartier-Bresson, Man Ray...), mais également une école formant les talents de demain, un café et une boutique, où dénicher beaux livres et cadeaux originaux.

212-857 0000 ; www.icp.org ; 250 Bowery, entre Houston St et Prince St ; tarif plein/senior/étudiant/enfant 14/12/10 $/gratuit ; mar-dim 10h-18h, jeu jusqu'à 21h ; Ⓢ B, D, F, M Broadway-Lafayette ; J, Z Bowery

À table !

4 BALTHAZAR

FRANÇAIS ET AMÉRICAIN

Plan p. 32, D5

L'adresse, très réputée, est devenue une institution – réservation obligatoire. Le décor rappelle les bistrots parisiens, mais la carte, d'un bon rapport qualité/prix (plats 16-35 $), mêle spécialités françaises et américaines. La tarte au chèvre et aux oignons caramélisés (18 $) est un excellent choix.

→ La minuscule pâtisserie attenante au restaurant vend de délicieux croissants.

212-965 1414 ; www.balthazarny.com ; 80 Spring St, à hauteur de Crosby St ; lun-jeu 7h30-minuit, ven 7h30-1h, sam 8h-1h, dim 8h-minuit ; Ⓢ N, R Prince St ; 6 Spring St ; B, D, F, M Broadway-Lafayette St

JOSÉ RAMÓN FERREIRA ©

SYLVIA PARET ©

MAXIME AUBIN ©

5 ANTIQUE GARAGE

MÉDITERRANÉEN

Plan p. 32, C6

Comme le nom et la porte d'entrée l'indiquent, c'est un ancien garage. La déco – meubles anciens, tableaux victoriens, murs de brique – confère au lieu une atmosphère romantique. Bonne cuisine méditerranéenne (italienne, française, turque et grecque) dans une ambiance décontractée et accueillante, avec jazz en live le week-end. Plats entre 18 et 24 $.

212-219 1019 ; www. antiquegaragesoho.com ; 41 Mercer St, à hauteur de Grand St ; lun-ven 12h-23h, sam-dim 11h-23h ; Ⓢ6, J, N, Q, R, Z Canal St

6 FISH CHEEKS

THAÏLANDAIS

Plan p. 32, E3

Ce restaurant thaïlandais aux tons colorés est spécialisé dans les fruits de mer. Les calamars frits (13 $), la soupe de crabe à la noix de coco (23 $) et le bar à la sauce aux algues (32 $) sont absolument exquis. Rien de surprenant, le chef a été formé au Culinary Institute of America, l'une des meilleures écoles de cuisine des États-Unis.

→ Happy hour tous les jours 12h-16h et 17h-9h : huîtres 1 $ pièce, bières 5 $...

212-677 2223 ; www. fishcheeksnyc.com ; 55 Bond St, près de Bowery ; lun-jeu et dim 12h-16h 17h-23h, ven-sam jusqu'à minuit ; Ⓢ4, 6 Bleecker St ; B, D, F, M Broadway-Lafayette St ; F, M 2nd Ave

7 OLIVE'S

SNACK À EMPORTER

Plan p. 32, C4

Soho, Noho, Nolita... Quèsaco ?

Certains quartiers de New York portent des noms à consonance étrange, qui ne ressemblent pas à de l'anglais. S'agit-il d'influences latines ou asiatiques ? D'un héritage amérindien ? La langue de la tribu indienne Lenape a bien donné son nom à Manhattan, dérivé du mot Mannahatta, qui signifie "terre de collines".

Eh bien, pas du tout. Il s'agit tout simplement d'une affection particulière que les New-Yorkais semblent porter aux acronymes et aux raccourcis de tout genre. Soho et Noho signifient tout bêtement "South of Houston" et "North of Houston", pour désigner les quartiers au sud et au nord, respectivement, de la grande artère les délimitant. Nolita est un raccourci pour "North of Little Italy" et Tribeca désigne le "Triangle Below Canal St".

Dans la même veine, on a vu apparaître à Brooklyn Bococa (la combinaison des premières lettres des quartiers de Boerum Hill, Cobble Hill et Carroll Gardens) et Dumbo (acronyme pour "Down Under the Manhattan Bridge Overpass"), qui n'est donc pas un hommage à l'éléphant volant de Disney.

Savoureuses soupes, salades, sandwichs et cookies en portions généreuses et à petits prix font de ce snack méditerranéen l'un des endroits préférés des vendeuses et des fashionistas du quartier à l'heure du déjeuner – il est alors pris d'assaut. L'adresse est parfaite pour reprendre des forces lors d'un après-midi shopping. Sandwichs à partir de 6 $, salades autour de 9 $.

☎212-941 0111 ; www.olivesnyc.com ; 120 Prince St, près de Wooster St ; ⌚lun-ven 8h-19h, sam 9h-19h, dim 9h-18h ; ⓈC, E Spring St ; N, R Prince St

8 BALZEM

MÉDITERRANÉEN

Plan p. 32, E5

Ce petit restaurant aux lumières tamisées au décor de cave à vins est idéal pour un dîner romantique ou entre amis. Les gérants ainsi que l'ensemble du service parlent couramment français et accompagnent volontiers les clients dans le choix du menu. La cuisine est un mariage entre l'Orient et l'Occident avec ses mezze, ses planches mixtes, ses pizzas et ses spécialités américaines et on privilégie la qualité des produits. Le caviar d'artichaut (13 $) est un régal tout comme le *mac'n'cheese* à l'huile de truffe (13 $). Excellent choix de vins à prix raisonnables (à partir de 10 $ le verre).

☎646-837 7033 ; www.balzem.com ; 202 Mott St, près de Kenmare St ; ⌚lun-jeu 11h30-minuit, ven 11h30-1h, sam 11h-1h, dim 11h-minuit ; ⓈJ, Z Bowery ; 6 Spring St

9 ARTURO'S

PIZZA

Plan p. 32, B4

Le lieu n'a rien de branché, mais les pizzas énormes (à partir de 14 $), le service convivial et les concerts de jazz le soir font de cet établissement chaleureux un classique très apprécié de nombreux New-Yorkais. À mille lieues des adresses snobs du quartier.

☎212-677 3820 ; 106 West Houston St, à hauteur de Thompson St ; ⌚lun-ven 16h-1h, sam-dim 14h-minuit ; ⓈB, D, F, M Broadway-Lafayette St

10 HAMPTON CHUTNEY CO

TIBÉTAIN

Plan p. 32, D4

L'un des lieux favoris des New-Yorkais les plus branchés (à tel point qu'il est impossible de trouver un tabouret à l'heure de pointe). Spécialité de la maison : les *dosas* (sortes de chaussons tibétains garnis). Pour continuer à arpenter les rues de Nolita, rien de tel que de faire le plein d'énergie avec un *dosa* à l'avocat (9,95 $) ou poulet-chutney de mangue (11,95 $).

→ Idéal pour un déjeuner sain, original... et délicieux.

☎212-226 9996 ; www.hamptonchutney.com ; 68 Prince St, à hauteur de Lafayette St ; ⌚lun-sam 11h-20h, dim 11h-19h ; ⓈB, D, F, M Broadway-Lafayette St ; N, R Prince St ; 6 Spring St

LORENA GALLIOT ©

11 LA ESQUINA
MEXICAIN
Plan p. 32, D5

Ces trois curieux restaurants regroupés sous un seul et même nom sont à découvrir. À première vue, La Esquina ressemble à un minuscule fast-food tex-mex, mais à l'intérieur, derrière une porte marquée "Private", on découvre un restaurant mexicain à la déco soignée (réservation indispensable) qui sert de très bons cocktails. La Esquina Taquería and Café est la troisième option : un restaurant-cafétéria plus accessible, très fréquenté en journée. Tacos à partir de 9 $, plats autour de 14 $.

→ Le taco au poisson est un incontournable.

646-613 7100 ; www.esquinanyc.com ; 114 Kenmare St, à hauteur de Lafayette St ; comptoir tlj 8h-2h, café tlj 12h-minuit, restaurant tlj 18h-2h ; Ⓢ6 Spring St ; J, Z Bowery

12 QUARTINO BOTTEGA ORGANICA
BIO
Plan p. 32, E3

Ce charmant restaurant bio ne possède qu'une dizaine de tables. On y profite de la cheminée en hiver et du jardin en été. Les plats phares, comme les *fettucine* aux artichauts, aux pignons et à la menthe, et le risotto aux courgettes et aux asperges, tournent autour de 16-19 $. La carte des vins est excellente et va de pair avec une bonne sélection de fromages et du pain fait maison.

212-529 5133 ; 11 Bleecker St, près d'Elizabeth St ; lun-jeu 12h-23h30, ven-sam 12h-0h30, dim 12h-23h ; Ⓢ6 Bleecker St ; B, D, F, M Broadway-Lafayette St ; F Lower East Side-2nd Ave

13 PICCOLA CUCINA
ITALIEN
Plan p. 32, B4

Un restaurant italien qui porte bien son nom : une petite cuisine à la décoration sans prétention, mais élégante et accueillante (plats autour de 15 $). La plupart des spécialités sont siciliennes, comme le chef. Le carpaccio et les tagliolini au crabe sont excellents. Le choix de pâtes est curieusement limité à trois ou quatre recettes.

212-625 3200 ; www.piccolacucinagroup.com ; 184 Prince St, près de Sullivan St ; dim-jeu 11h-23h, ven-sam 11h-minuit ; ⓈC, E Spring St

14 FANELLI'S CAFE
BISTROT AMÉRICAIN
Plan p. 32, C4

Ce pub étroit mais plein de caractère sert des bières et de bons plats, simples et pas chers depuis 1922

JOSÉ RAMÓN FERREIRA ©

– soit bien avant que Soho ne devienne un quartier branché. On y sert des classiques américains tels que hamburgers (13,50 $), *chicken wings* (7,75 $) et *tuna salad* (13,50 $), à déguster au bar en bois poli par le temps ou sur les petites tables aux nappes à carreaux. Sans prétention, et ça fait du bien.
212-226 9412 ; 94 Prince St, à hauteur de Mercer St ; tlj 10h-2h ; Ⓢ B, D, F, M Broadway-Lafayette St ; N, R Prince St ; 6 Spring St

15 BOQUERIA
TAPAS ESPAGNOLES
Plan p. 32, B5

Le menu de ce bar à tapas au décor chic et moderne change avec les saisons, mais propose toujours des produits frais et une cuisine raffinée et délicieuse, à prix raisonnable. Idéal en groupe : avec chacun deux ou trois petites assiettes à partager, vous ne resterez pas sur votre faim. Côté dessert, coup de cœur pour les churros accompagnés d'un petit pot de chocolat chaud, épais et fondant (8 $ les 5). Assiettes à partager entre 8 et 15 $.
646-760 3856 ; www.boquerianyc.com ; 171 Spring St, à hauteur de Thompson St ; dim-jeu 11h-22h30, ven-sam 11h-23h30 ; Ⓢ B, D, F, M Broadway-Lafayette St ; N, R Prince St ; C, E Spring St

16 PARM
ITALIEN
Plan p. 32, D4

Ce classique de Little Italy propose des plats simples (pâtes, sandwichs grillés, salades) aux ingrédients d'une grande fraîcheur et à prix très doux (à partir de 9 $ le sandwich). Parfait pour un déjeuner ou dîner simple et copieux.
212-993 7189 ; www.parmnyc.com ; 248 Mulberry St, près de Prince St ; dim-jeu 11h30-22h ven-sam 11h30-23h ; Ⓢ 6 Spring St ; B, D, F, M Broadway-Lafayette St

17 TACOMBI AT FONDA NOLITA
MEXICAIN
Plan p. 32, E4

Cette *taquería* sympathique aux faux airs bohèmes fait beaucoup parler d'elle – l'un des patrons est un chef médiatique –, mais aussi grâce aux activités culturelles qui y sont organisées et à son côté insolite : un combi Volkswagen garé dans une sorte de garage, au milieu duquel on s'attable comme à la plage ! Les tacos sont délicieux et préparés à la commande.
→ Assortiment de tacos, *campechanas* et quesadillas (à partir de 5,50 $).
917-727 0179 ; www.tacombi.com ; 267 Elizabeth St, près de Houston St ; lun-mer 11h-minuit, jeu-sam 11h-1h, dim 11h-23h ; Ⓢ B, D, F, M Broadway-Lafayette St ; 6 Bleecker St

18 THE MERCER KITCHEN
CUISINE DE CHEF
Plan p. 32, C4

The Mercer Kitchen est l'un des meilleurs restaurants de Soho. Le service est impeccable, l'ambiance agréable et la cuisine placée sous la responsabilité du chef alsacien Jean-Georges Vongerichten. Pour le meilleur rapport qualité/prix, nous recommandons le menu du midi à 32 $,

ANIA GRUCIA ©

exclusivement servi du lundi au vendredi. Au dîner, les plats tournent autour de 35 $.

→ Recommandé, le menu Late Lunch permet de déjeuner à prix doux (autour de 17 $).

✆ 212-966 5454 ; www.themercerkitchen.com ; 99 Prince St, à hauteur de Mercer St ; ⏲ lun-jeu 7h-minuit, ven-sam 7h-1h, dim 7h-23h ; Ⓢ N, R Prince St

19 BALABOOSTA

MÉDITERRANÉEN

Plan p. 32, D5

Ce restaurant méditerranéen récent doit sa popularité à ses spécialités fusionnant les saveurs espagnoles, libanaises et grecques dans des plats originaux et sophistiqués (autour de 30 $). Le nom du restaurant, Balaboosta, est un terme yiddish désignant une femme qui est à la fois excellente cuisinière, épouse, mère et maîtresse de maison. On l'imagine derrière les fourneaux de cet endroit chaleureux et accueillant, éclairé à la bougie.

✆ 212-966 7366 ; www.balaboostanyc.com ; 214 Mulberry St, entre Spring St et Prince St ; ⏲ lun-jeu 17h30-22h30, ven 11h30-15h et 17h30-22h30, sam-dim 11h-15h30 et 17h30-22h30 ; Ⓢ 6 Spring St ; J Bowery

20 RESTAURANT FÉLIX

FRANÇAIS

Plan p. 32, B6

Véritable institution à New York, ce bistrot dans la plus pure tradition française sert depuis 25 ans l'un des meilleurs steaks tartares de la ville (24 $). Rien d'étonnant car les cuisines sont dirigées par le chef Pierre Landet, membre des maîtres cuisiniers de France. Le magret de canard (31 $) et la terrine de foie gras (24 $) valent également le détour.

✆ 212-431 0021 ; www.felixnyc.com ; 340 West Broadway, près de Grand St ; ⏲ lun-jeu 11h-23h, ven 11h-23h30, sam 9h30-23h30, dim 9h-23h ; Ⓢ A, C, E, 1 Canal St

21 B BAR AND GRILL

BAR-TERRASSE

Plan p. 32, D2

Un espace trois en un avec une salle à manger façon *diner*, un patio avec feu de cheminée et une large terrasse. Lové dans un canapé, laissez-vous tenter par un crumble fraise rhubarbe (8 $) ou une crème brûlée (8 $), délicieux tous les deux.

✆ 212-475 2220 ; bbarandgrill.com ; 40 East 4th St, à hauteur de Bowery ; ⏲ lun-jeu 12h-minuit, ven 12h-4h, sam 10h-4h, dim 10h-minuit ; Ⓢ D, F, M Broadway Lafayette St ; 4, 6 Astor Place

Prendre un verre

22 VIN ET FLEURS

BAR-RESTAURANT

Plan p. 32, B5

Ce petit bistrot, ouvert fin 2013, s'est vite attiré une clientèle fidèle. Dans une ambiance décontractée, on vient y boire, en couple ou entre amis, un verre de vin accompagné de délicieux amuse-gueules (12-17 $) préparés par le chef, qui officie dans la cuisine ouverte au fond de la salle.

→ Il est intéressant de partager les amuse-gueules ou le délicieux croque-monsieur au brie et à la poire (14 $), énorme.
212-431 3335 ; www.vinetfleurs.com ; 69 Thompson St, entre Broome St et Spring St ; lun-ven 8h30-minuit, sam-dim 10h30-minuit ; Ⓢ C, E Spring St ; A, C, E Canal St-Church St ; 1 Canal St

23 PEGU CLUB
COCKTAILS
Plan p. 32, C4

Le lieu doit son nom à un club d'officiers britanniques créé en Birmanie au XIXe siècle. La déco de style colonial et la carte des boissons contribuent à maintenir cette ambiance. Les barmaids qui officient derrière le comptoir ont été formées au Bermelmans Bar de l'hôtel Carlyle : ici, le cocktail est érigé au statut d'œuvre d'art, mais cela a un prix : comptez 15-17 $ environ.
→ Nos boissons préférées : l'Earl Grey "MarTEAni" et le champagne Apricato.
212-473 7348 ; www.peguclub.com ; 77 West Houston St, près de West Broadway, 2e étage ; dim-mer 17h-2h, jeu-sam 17h-4h ; Ⓢ B, D, F, M Broadway-Lafayette St ; 6 Bleecker St ; N, R Prince St

24 SWEET AND VICIOUS
BAR
Plan p. 32, E5

Décoré de guirlandes lumineuses, ce grand bar avec parquet et murs en brique est idéal pour siroter une margarita parmi une clientèle jeune – surtout le week-end et durant l'happy hour (14h-19h : la plupart des cocktails sont alors à 8 $). Immense patio, ouvert aux fumeurs. Service parfois brusque mais le cadre compense largement certaines maladresses.
212-334 7915 ; www.sweetandvicious.nyc ; 5 Spring St, près de Bowery St ; tlj 14h-4h ; Ⓢ J Bowery, 6 Spring St

25 JIMMY AT THE JAMES HOTEL
BAR AVEC VUE
Plan p. 32, B6

Une belle vue dégagée sur le sud de New York, les pieds dans l'eau : c'est ce que propose ce *rooftop* avec piscine situé au 18e étage du James Hotel. Particulièrement apprécié des *beautiful people* et des VIP du quartier, l'endroit est bondé le soir et le week-end en été mais sa piscine, ses chaises longues et ses bons cocktails (18 $) en font un incontournable local.

VINS ET FLEURS ©

SIHEM SOIBINET-FEKIH ©

→ La piscine est ouverte de mai à octobre.
212-201 9118 ; www.jimmysoho.com ; 15 Thompson St, près de Grand St ; dim-mer 17h-1h, ven-dim 17h-2h ; Ⓢ A, C, E, 1 Canal St

26 GILLIGAN'S

BAR-TERRASSE

Plan p. 32, B6

En été, le Soho Grand ouvre son discret mais très plaisant jardin et, à la différence des autres hôtels à la mode, ce joyau du Village autorise l'accès aux non-résidents. Inspirée des paysages de la station balnéaire new-yorkaise, les Hamptons, l'adresse est idéale pour siroter une margarita à la pastèque, la spécialité de la maison, en agréable compagnie.
212-965 3271 ; gilligansnyc.com ; Soho Grand, 310 West Broadway, près de Canal St ; lun-jeu 15h-22h, ven 15h-23h, sam 12h-23h, dim 12h-22h ; Ⓢ A, C, E Canal St

27 THE HANDY LIQUOR BAR

BAR À COCKTAILS

Plan p. 32, B6

Un escalier à l'entrée du restaurant Chalk Point Kitchen mène à ce bar en sous-sol à l'atmosphère rétro. On y vient pour sa décoration – banquettes en cuir, jukebox et photos de musiciens des années 1970 –, ses bons cocktails (17 $), et sa playlist house/électro. Agréable la semaine, l'endroit se remplit à partir de 22h le week-end, donnant vite le sentiment d'être confiné.
212-390 1705 ; www.thehandyliquorbar.com ; 527 Broome St, entre Sullivan St et Thompson St ; lun-jeu 17h-1h, ven-sam 17h-4h ; Ⓢ C, E Spring St ; 1, 2 Canal St

Shopping

28 GEORGETOWN CUPCAKE

CUPCAKES

Plan p. 32, C5

Cette pâtisserie maîtrise l'art des cupcakes – ces petits gâteaux moelleux au glaçage ultrasucré qui sont le cauchemar des filles au régime – à la perfection. Son secret : des ingrédients très fins (vanille Bourbon, chocolat noir Valrhona) et une présentation délicate. Quelle meilleure récompense après une harassante journée de shopping ?
→ Comptez 3,50 $ pièce.
202-333 8448 ; www.georgetowncupcake.com ; 111 Mercer St, près de Spring St ; lun-sam 10h-21h, dim 10h-20h ; Ⓢ N, Q, R, Prince St

29 SUNRISE MART

SUPERMARCHÉ JAPONAIS

Plan p. 32, C5

Un supermarché japonais dont tous les produits viennent directement d'Asie : l'épicerie classique, le lait, le savon, les biscuits, l'aspirine, les glaces... C'est aussi le bistrot du quartier (il n'y en a pas d'autres à proximité) et beaucoup d'étudiants

MAXIME AUBIN ©

japonais de la New York University viennent y manger des sushis, un plat de pâtes ou une assiette garnie. Les pâtisseries sont fines et délicieuses.

→ **On trouve des produits de beauté de marque, Shiseido par exemple, à des prix défiant toute concurrence.**

212-219 0033 ; 494 Broome St, près de West Broadway ; tlj 10h-21h ; Ⓢ C, E Spring St ; 6 Spring St

30 DOMINIQUE ANSEL BAKERY

BOULANGERIE

Plan p. 32, B5

Après le succès du *cronut* et du *cookie shot*, le pâtissier français Dominique Ansel propose une nouvelle pâtisserie originale dont raffolent les New-Yorkais : la *kiwi sorbet bar*, une barre chocolatée au sorbet au kiwi et à la glace à la vanille. Plutôt réussie bien qu'un peu chère (7 $). Préparez-vous à faire la queue, la boulangerie est prise d'assaut toute la semaine.

212-219 2773 ; www.dominiqueansel.com ; 189 Spring St, entre Sullivan St et Thompson St ; lun-sam 8h-19h, dim 9h-19h ; Ⓢ C, E Spring St

31 NEW AND ALMOST

MODE FÉMININE

Plan p. 32, E6

Maggie Chan, la propriétaire enthousiaste de ce dépôt-vente de vêtements et d'accessoires pour femmes, sélectionne avec beaucoup de professionnalisme quelques articles de grandes marques et des vêtements d'occasion en très bon état griffés Chanel, Prada, Miu Miu, Marni, Dior ou Armani, entre autres. Un bon investissement pour les *fashion addicts* : beaucoup de pièces sont des classiques indémodables.

→ **Les pièces de créateurs tournent autour de 100 $. Sauf exception, il n'y a pas d'article vendu à plus de 200 $.**

212-226 6677 ; newandalmostnew.com ; 171 A Mott St, près de Broome St ; mar-sam 12h-18h30, dim 13h-17h ; Ⓢ 6 Spring St ; J, Z Bowery

32 PINK

LINGERIE

Plan p. 32, C4

La gamme jeune et décontractée de Victoria's Secret. On retrouve le même agencement – trois salles "boudoirs" composées d'îlots centraux de sous-vêtements en vrac et des présentoirs muraux pour les ensembles. Également une ligne de vêtements de sport, très appréciée.

→ **Les collections de lingerie sont renouvelées toutes les 6 semaines : il y a donc régulièrement des promotions sur les stocks invendus.**

212-219-9812 ; www.victoriassecret.com/pink/ ; 565 Broadway, à l'angle de Prince St ; lun-sam 10h-21h, dim 11h-20h ; Ⓢ N, R Prince St

33 OMG

VÊTEMENTS

Plan p. 32, D5

Pour dénicher des vêtements griffés Ralph Lauren, Levi's, Calvin Klein ou encore Dockers à bon prix, cette enseigne reste un des meilleurs plans.La petite boutique située sur Broadway pratique régulièrement des promotions et compte des vendeurs parlant français. N'hésitez pas à les solliciter pour demander des tailles qui ne sont pas en rayon. Les polos acidulés Ralph Lauren sont vendus moins de 30 $.

212-925 8708 ; www.omgjeans.com ; 542 Broadway, entre Spring St et Prince St ; lun-sam 9h-21h, dim 10h-20h ; Ⓢ 6 Spring St ; N, R Prince St

34 WARBY PARKER
LUNETTES
Plan p. 32, C4

Le concept de ce fabricant de lunettes vision et soleil est intéressant : éviter le surcoût des montures de marque en créant sa propre ligne, aux touches rétro très stylées. Il est possible de tester sa vision sur place pour commander des lunettes vision sans ordonnance (prêtes en 48h). Les prix sont nettement plus intéressants que les lunettes classiques (à partir de 80 $ la paire). Les hipsters new-yorkais adorent, et leur portefeuille apprécie !
646-568 3720 ; www.warbyparker.com ; 121 Greene St, entre Prince St et West Houston St ; tlj 11h-20h ; Ⓢ N, R Prince St ; B, D, F, M Broadway-Lafayette St

35 HOUSING WORKS
VÊTEMENTS ET LIBRAIRIE
Plan p. 32, D4

Cette friperie appartient à l'association Housing Works, qui vient en aide aux sans-domicile et aux personnes séropositives. Vous y dénicherez vêtements et chaussures pour hommes et femmes mais aussi des objets de décoration tout en faisant une bonne action. Des réductions et promotions supplémentaires sont fréquemment pratiquées. Juste à côté, la librairie propose ouvrages neufs et d'occasion.

→ La librairie dispose d'une petite cafétéria qui propose le midi sandwichs et soupes pour 10 $.

646-786 1200 ; www.housingworks.org ; 130 Crosby St, près de West Houston St ; lun-sam 11h-19h, dim 11h-17h ; Ⓢ B, D, F, M Broadway-Lafayette

36 CB2
DÉCORATION
Plan p. 32, C6

La ligne jeune, moderne et très urbaine de la chaîne de magasins de design Crate and Barrel, le "Ikea de Chicago". Le design des verres, des tasses, des assiettes, des luminaires, des rideaux de douche ou de tous les articles pour la maison est toujours plein d'humour, et les prix restent très accessibles. Parfait pour un cadeau sans se ruiner ni renoncer à l'esthétique.
212-219 1454 ; www.cb2.com ; 451 Broadway Ave, à hauteur de Grand St ; lun-sam 10h-21h, dim 11h-19h ; Ⓢ N, R Prince St

37 LUNESSA
BIJOUX
Plan p. 32, B4

On peut acheter des bijoux artisanaux à bon prix dans cette boutique de Soho. Elise Perelman, la créatrice, travaille l'or, l'argent et les pierres semi-précieuses. Elle vend elle-même ses créations sur place et réalise également des bijoux sur mesure.

→ Boucles d'oreilles en argent à partir de 20 $.

917-305 0510 ; www.lunessa.com ; 100 Thompson St, près de Prince St ; mar-sam 11h30-18h30, dim 12h-18h ; Ⓢ C, E Spring St ; N, R Prince St

JOSÉ RAMÓN FERREIRA ©

38 THE PHLUID PROJECT

VÊTEMENTS

Plan p. 32, D2

La toute première boutique de vêtements unisexes de New York. Son fondateur, Rob Smith, explique vouloir "aider les gens à s'exprimer librement". La collection suit cette idée avec des vêtements aux slogans forts et aux motifs colorés.

→ T-shirts à partir de 25 $, , pantalons 59 $.

212-655 0551 ; www.thephluidproject.com ; 684 Broadway, à l'angle de Great Jones St ; lun-sam 11h-20h, dim 12h-18h; S 4, 6 Bleecker St ; N, R, W 8 St Station

Sortir

39 SOB'S

CONCERTS

Plan p. 32, A4

Cette institution est l'endroit idéal pour assister à des spectacles de salsa, de samba, de reggae et de hip-hop, ou simplement pour danser et siroter mojitos et caïpirinhas. Belle piste de danse presque toujours remplie. Concerts entre 10 et 60 $.

→ Cours de danse gratuits le vendredi à 19h.

212-243 4940 ; www.sobs.com ; 204 Varick St à hauteur de West Houston ; tlj 18h-1h (horaires variables en fonction des concerts) ; S 1 Houston St

40 FILM FORUM

CINÉMA

Plan p. 32, A4

Ce petit cinéma de trois salles propose des films indépendants, des reprises et des rétrospectives de grands noms comme Sidney Lumet. Les projections s'accompagnent souvent de rencontres avec les réalisateurs ou de discussions thématiques. Les billets pour les séances classiques coûtent 15 $.

→ Retrouvez la programmation sur le site Internet.

212-727-8110 ; www.filmforum.com ; 209 West Houston St, entre Varick St et 6th Ave ; S 1 Houston St

CHINA

CHINATOWN ET LITTLE ITALY

TOWN

Orientation

BAZAR À CIEL OUVERT → Canal St (détails p. 49).

LA ROUTE DU DIM SUM → Dans les rues perpendiculaires à Canal St (Mulberry St, Elizabeth St et Mott St).

VESTIGES DE LITTLE ITALY → Les restaurants de Mulberry St.

Incontournables

COLUMBUS PARK → Le rendez-vous des habitants du quartier qui s'y retrouvent pour jouer aux cartes (détails p. 50).

GOLDEN UNICORN → Un restaurant aux dimensions spectaculaires (détails p. 52).

GRAND STREET → On y trouve deux épiceries familiales italiennes historiques, Di Palo Dairy (200 Grand St) et Alleva Dairy (détails p. 54).

Hors des sentiers battus

MAGIC JEWELRY (plan p. 48, B3) → Cette boutique ésotérique propose ni plus ni moins que de capturer votre aura en image. Debout devant un fond noir, on pose les mains sur deux capteurs en métal censés détecter l'énergie du corps et la renvoyer vers l'appareil. La photo finale (20 $), qui représente un nuage de couleurs, est ensuite analysée par un voyant. Plutôt cocasse (238 Canal St, #108, à l'angle de Center St et Walker St ; ⊖tlj 11h30-19h30 ; ⓢJ, Z Canal St).

LIN SISTER HERBS (plan p. 48, C4) → Cette herboristerie, l'une des plus anciennes de la ville, propose un large éventail de plantes médicinales et toutes sortes de remèdes étonnants. Des cabines d'acupuncture se trouvent au 1er étage (✆212-962-0447 ; www.linsister.com ; 4 Bowery, entre Chatham Sq et Division St ; ⊖jeu-mar 10h-17h ; ⓢ6, J, N, Q, R, Z Canal St).

MMUSEUMM (plan p. 48, A4) → Rien de moins que le plus petit "musée" de la ville, installé dans un ancien monte-charge, qui rassemble une collection hétéroclite d'objets et d'œuvres de provenances diverses. Singulier, et visible 24h/24 grâce aux ouvertures pratiquées dans la lourde porte métallique (✆888-763 8839 ; 4 Cortlandt Alley, entre White St et Franklin St ; don suggéré 5 $; ⊖sam-dim 12h-18h ; ⓢJ, Z Canal St).

A
B
C
D
1
2
3
4
5
SOHO, NOHO ET NOLITA
p. 30
LOWER EAST SIDE
p. 56
Grand St
Grand Street
Grand St
Broadway
Lafayette St
Centre St
Baxter St
Mulberry St
Mott St
Bowery
Howard St
LITTLE ITALY
Hester St
Hester St
Chrystie St
Elizabeth St
Canal St
Canal St
Magic Jewelry
Canal St
Walker St
Cortlandt Al
Lafayette St
Centre St
Baxter St
CHINATOWN
White St
Mmuseumm
Bayard St
Franklin St
Columbus Park
Mulberry St
Pell St
Doyers St
Lin Sister Herbs
Leonard St
Mosco St
Mott St
Chatham Sq
E. Broadway
Henry St
Catherine Str
Worth St
LOWER MANHATTAN ET TRIBECA
p. 18
Visiter p. 49
À table p. 51
Prendre un verre p. 54
Shopping p. 54
Sortir p. 55
0
200 m

JOSE RAMON FERREIRA ©

CHINATOWN ET LITTLE ITALY

QUAND LA CHINE SE FOND DANS L'ITALIE

Ces cinquante dernières années, Little Italy est passée du statut de grande botte effrontée à celui de timide sandale ultramince. Dans les années 1950, l'exode vers les faubourgs a vu cet ancien bastion italien se muer en micro-caricature de lui-même. La plupart des Italiens vivent désormais à Brooklyn. Chinatown, en revanche, n'a rien perdu de sa vivacité et compte quantité de commerces et de restaurants. Lors du Nouvel An chinois, le quartier s'anime d'un impressionnant défilé de chars, de danseurs et de dragons flottants.

Visiter

1 CANAL STREET

Plan ci-contre, A3

La traversée de la principale artère du quartier vous donnera l'impression d'être un personnage de jeu d'arcade dans les rues de Shanghai. Il vous faudra naviguer au cœur d'une circulation humaine incessante pour gagner les rues adjacentes, où se succèdent boutiques de denrées exotiques, herboristeries, restaurants chinois et vendeurs à la sauvette. Dépaysement garanti.

D'East Broadway à West St ; Ⓢ 6, J, N, Q, R, W, Z Canal St ; 1 Canal St ; A, C, E Canal St ; F East Broadway

2 MULBERRY STREET

Plan p. 48, B3

Quartier des migrants italiens au début du XXe siècle, Little Italy ne se résume plus guère aujourd'hui qu'à une portion de Mulberry St. Quelques bonnes épiceries subsistent, mais les restaurants sont souvent médiocres. Il est toutefois agréable de se promener dans cette petite enclave latine au sein du quartier chinois, attachante artère affichant nappes vichy, airs de mandoline et nostalgie du *bel paese*. En septembre, la rue se transforme 11 jours durant, à l'occasion de la fête de San Gennaro, donnée en l'honneur du saint patron de Naples. L'artère se fait tapageuse et conviviale, avec force étals de nourriture, stands de fête foraine, divertissements gratuits et population italo-américaine.

Entre Canal St et Broome St ; Ⓢ 6, J, N, Q, R, W, Z Canal St ; J, Z Bowery ; 6 Spring St

3 ITALIAN AMERICAN MUSEUM

Plan p. 48, B2

Ce minuscule musée abrite un bric-à-brac de documents et d'objets historiques, des marionnettes siciliennes aux vieilles bandes dessinées mettant en scène le policier Giuseppe "Joe" Petrosino, ennemi juré des mafieux new-yorkais. L'édifice abritait autrefois la Banca Stabile, qui aidait les immigrés italiens dans le besoin et maintenait un lien vital avec la mère patrie.

✆ 212-965 9000 ; www.italianamericanmuseum.org ; 155 Mulberry St, à la hauteur de Grand St ; don suggéré 5 $; 🕘 12h-18h ven-dim ; Ⓢ 6, J, N, Q, R, W, Z Canal St ; J, Z Bowery ; 6 Spring St

4 EDWARD MOONEY HOUSE

Plan p. 48, C4

Édifiée en 1785 pour un riche marchand de viande et rénovée en 1971, la plus ancienne maison de ville de New York affiche une architecture typiquement géorgienne. Successivement taverne, hôtel, maison close puis restaurant, elle accueille aujourd'hui une banque.

18 Bowery, à hauteur de Pell St ; 🕘 lun-ven 9h-18h, sam 9h-15h ; Ⓢ 6, J, N, Q, R, W, Z Canal St

5 COLUMBUS PARK

Plan p. 48, B4

Passage obligé pour comprendre l'essence du quartier, ce paisible parc fut construit lors de la démolition de Five Points, l'un des quartiers les plus dangereux de la ville au XIXe siècle – Martin Scorsese le fait revivre dans *Gangs of New York*. Les retraités du quartier

JOSÉ RAMÓN FERREIRA ©

JOSÉ RAMÓN FERREIRA ©

s'y donnent rendez-vous pour jouer aux cartes, pour manger, pour chanter ou simplement pour passer le temps.

→ Programmez une visite le dimanche midi, quand l'ambiance bat son plein.

www.nycgovparks.org ; 67 Mulberry St, à hauteur de Bayard St ; tlj 8h-22h ; Ⓢ 6, J, N, Q, R, W, Z Canal St

6 MAHAYANA BUDDHIST TEMPLE

Plan p. 48, D3

Derrière une façade assez quelconque et défendue par deux lions, Mahayana est le temple bouddhique le plus important de Chinatown. Assis sur un lotus et entouré d'offrandes, le bouddha en or qu'il renferme, haut de 5 m, serait le plus grand de la ville.

→ Incroyable mais vrai : dans les années 1990, le temple était un cinéma pour adultes.

212-925-8787 ; 133 Canal St, à hauteur de Manhattan Bridge Pl ; tlj 8h30-18h ; Ⓢ B, D Grand St

7 MUSEUM OF CHINESE IN AMERICA

Plan p. 48, B2

Le MoCA retrace l'histoire des communautés chinoises aux États-Unis. Cet espace lumineux s'inspire des maisons traditionnelles chinoises, avec un patio et des pièces séparées par des paravents.

→ Entrée gratuite le premier jeudi du mois.

212-619 4785 ; www.mocanyc.org ; 215 Centre St, entre Grand St et Howard St ; tarif plein/étudiant et senior 10/5 $; tlj sauf lun 11h-18h, jeudi jusqu'à 21h ; Ⓢ 6, J, N, Q, R, W, Z Canal St

À table !

8 NOM WAH TEA PARLOR

CHINOIS

Plan p. 48, C4

Installé dans une rue qui fut autrefois l'une des plus dangereuses de New York, ce restaurant fondé en 1920 voit midi et soir une foule de curieux venus goûter à des dumplings très bon marché (4,50 $ l'assiette en moyenne). Le décor – tout comme l'enseigne usée par le temps – semble sortir tout droit des années 1970 : carrelage au sol, quelques banquettes façon *diner*... Autre adresse à Nolita.

→ Le House Special Roast Pork Bun, petit pain farineux garni au porc et aux oignons caramélisés, est un régal.

212-962 6047 ; www.nomwah.com ; 13 Doyers St, entre Pell St et Bowery ; tlj 10h30-22h, jusqu'à 23h jeu-sam ; Ⓢ B, D Grand St ; F East Broadway

Histoire et immigration

L'histoire des immigrants chinois aux États-Unis est longue et tumultueuse. Les premiers d'entre eux à mettre le pied sur le sol américain furent les bâtisseurs du chemin de fer transcontinental américain, qui connurent d'innommables conditions de travail. D'autres, plus tard, partirent jouer les chercheurs d'or sur la Côte Ouest. Lorsque les perspectives se firent plus rares, nombre d'entre eux prirent le chemin de New York pour travailler à la chaîne et dans les blanchisseries du New Jersey.

Un sentiment raciste croissant entraîna le vote du Chinese Exclusion Act (loi d'exclusion des Chinois – 1882-1943), qui rendit la naturalisation impossible et priva pratiquement les Chinois de débouchés professionnels aux États-Unis. Lorsque cette interdiction fut levée, un quota d'immigration fut accordé à la communauté chinoise. Aujourd'hui, on estime que plus de 150 000 citoyens d'origine chinoise habitent aux alentours de Mott St. Vous en apprendrez plus sur l'immigration et la vie des Américains d'origine chinoise au **Museum of Chinese in America** (voir ci-contre).

9 GOLDEN UNICORN

CHINOIS

Plan p. 48, D4

Ce restaurant ravira ceux qui ont envie de savourer des *dim sum* dans un cadre kitsch grandiloquent. L'entrée en marbre et l'ascenseur mènent à un restaurant aux dimensions extravagantes, qui propose un large éventail de plats cantonais bien cuisinés, servis sur des chariots circulant entre les tables. Plats autour de 13-20 $, avec quelques spécialités comme le canard entier à partager pour 45 $.

→ Nous recommandons les *dim sum* à la vapeur (2,75-5,55 $ les 3).

212-941 0911 ; www.goldenunicornrestaurant.com ; 18 East Broadway, à hauteur de Catherine St ; lun-ven 10h-22h30, sam-dim 9h30-22h30 ; Ⓢ 6, J, N, Q, R, W, Z Canal St ; F East Broadway ; B, D Grand St

10 JOE'S SHANGHAI ET JOE'S GINGER

CHINOIS

Plan p. 48

Tenus par les mêmes propriétaires, ces deux restaurants voisins servent des spécialités de la région de Shanghai. Leurs dumplings vapeur ou frits (4,95-6,95 $ les 8) sont célèbres dans toute la ville, et il y a souvent la queue. Évitez les vendredis et samedis soir. Plats autour de 14 $.

Joe's Shanghai : plan 10a, C4 ; 212-233 8888 ; www.joeshanghairestaurants.com ; 9 Pell St, entre Doyers St et Bowery ; tlj 11h-23h ; Joe's Ginger : plan 10b, C4 ; 212-285 0333 ; www.joeginger.com ; 25 Pell St, entre Doyers St et Mott St ; lun-jeu et dim 11h-22h30, ven-sam 11h-23h ; Ⓢ 6, J, N, Q, R, W, Z Canal St ; B, D Grand St

11 SUN HING LUNG CO

CHINOIS

Plan p. 48, D4

Cette minuscule échoppe est ce que les New-Yorkais appellent un *hole in the wall* ("trou dans le mur") – une petite fenêtre à l'avant d'une fabrique de tofu coincée en dessous du Manhattan Bridge, où des travailleurs chinois (à l'anglais limité) préparent des galettes de riz très fraîches, garnies au choix de crevettes, de porc, de boulettes de poisson, de tofu ou de légumes, à arroser de sauce piquante, soja, saté ou aigre-douce. Avec des prix allant de 1,25 à 1,75 $ la galette, impossible de trouver moins cher à New York. À emporter uniquement.

→ Deux galettes combleront une petite faim, quatre constituent un repas copieux.

212-962 7032 ; 58 Henry St, entre Catherine et Market St ; tlj 7h30-15h30 ; Ⓢ F East Broadway ; B, D Grand St

12 SHANGHAI ASIAN MANOR

CHINOIS

Plan p. 48, C4

Cette auberge de Shanghai perdue en plein cœur de Chinatown est un joyau méconnu des touristes... mais aussi, plus étonnamment, d'un grand nombre de New-Yorkais. Sa cuisine n'a pourtant pas à rougir face à celle de Joe's Shanghai ou de Joe's Ginger : les cassolettes (15 $ environ), les soupes (6-9 $) et les fruits de mer sont excellents. À goûter également, le canard croustillant (13,95 $).

212-766 6311 ; 21 Mott St, entre Mosco St et Worth St ; tlj 11h-22h30 ; Ⓢ 6, J, N, Q, R, W, Z Canal St ; 4, 5, 6, J, Z Chambers St-Brooklyn Bridge-City Hall ; B, D Grand St

13 THÁI SON

VIETNAMIEN

Plan p. 48, B3

Malgré son nom, Thái Son est un authentique restaurant vietnamien. Le pho, traditionnel bouillon de viande, nouilles de riz, légumes et citronnelle, est l'un des meilleurs de la ville, et à 6,25 $ la grande portion, les prix sont imbattables.

212-732 2822 ; www.thaisonnyc.com ; 89 Baxter St, entre Walker St et White St ; tlj 10h-22h30 ; Ⓢ 6, J, N, Q, R, W, Z Canal St

CLÉMENT MÉRY ©

14 BANH MI SAIGON

VIETNAMIEN

Plan p. 48, B2

Difficile de trouver de bons sandwichs vietnamiens à meilleur prix dans le quartier. Ne vous laissez pas distraire par le stand de bijoux, installé dans l'entrée : cette sobre échoppe accueille efficacement tous les clients pressés et propose *bahn mi* (prononcer *bahn maïe*) au poisson, au poulet, aux crevettes ou au porc – épicés ou non – (à partir de 4,50 $), soupes de vermicelles (6,50 $) et rouleaux de printemps.

212-941 1541 ; www.banhmisaigonnyc.com ; 198 Grand St, près de Mott St ; tlj 8h-19h ; Ⓢ B, D Grand St, J Bowery St

15 TROQUET

FRANÇAIS

Plan p. 48, A2

Inspiré des bistrots parisiens, Troquet séduit par sa cuisine sophistiquée mais abordable. Le carré d'agneau (32 $), le foie gras poêlé et son écrasé pomme-passion (25 $) et le tartare de thon au sésame (19 $) font partie des incontournables préparés par la cheffe Camille Martin.

→ Happy hour tlj 16h-19h : bière à 5 $, verre de vin à 8 $. Huîtres à 1 $ le mardi, soirée moules-frites (22 $) le dimanche à partir de 17h.

212-343 4295 ; www.troquetnyc.com ; 155 Grand St, à l'angle de Lafayette St ; lun-ven 11h30-1h, sam-dim 10h30-1h ; Ⓢ 6, J, N, Q, R, W, Z Canal St ; 6 Spring St

16 FAY DA BAKERY

PÂTISSERIE

Plan p. 48, C3

Impossible de trouver moins cher à New York ! Dans cette pâtisserie prise d'assaut à la sortie des cours par les collégiens et lycéens des alentours, la part de gâteau coûte entre 1 et 1,95 $ (celui au café est savoureux). On peut choisir parmi une sélection de viennoiseries, de brioches, de biscuits et différentes variétés de pain de mie.

→ Autres adresses dans le quartier chinois de Flushing, dans le Queens (41-60 Main St et 41-33 Kissena Blvd) et dans Greenwich Village à la sortie du métro West 4th St.

212-791 3884 ; www.fayda.com ; 83 Mott St, entre Bayard St et Canal St ; tlj 7h-20h30 ; Ⓢ 6, J, N, Q, R, W, Z Canal St ; B, D Grand St ; 4, 5, 6, J, Z Chambers St-Brooklyn Bridge-City Hall

17 THE ORIGINAL CHINATOWN ICE CREAM FACTORY

GLACES

Plan p. 48, C4

Cette entreprise familiale élabore des glaces au thé et des sorbets au litchi depuis 1978, ce qui lui vaut d'être considérée par certains comme partie intégrante du patrimoine historique de la ville. Les sorbets à l'ananas et à la mangue, ou encore les glaces à la noix de coco et aux haricots rouges sont incontournables. Cornets entre 4,75 et 6 $.

→ À ne pas manquer : la glace au sésame noir.

212-608 4170 ; www.chinatownicecreamfactory.com ; 65 Bayard St, entre Mott St et Elizabeth St ; tlj 11h-22h ; Ⓢ 6, J, N, Q, R, W, Z Canal St

Prendre un verre

18 THE CROWN

BAR AVEC VUE

Plan p. 48, C3

Une des plus belles vues de Manhattan, à découvrir avant que l'endroit devienne incontournable ! Niché au 21e étage du tout nouvel Hotel 50 Bowery, ce *rooftop* aux deux terrasses offre des vues à couper le souffle sur l'Empire State Building et le One World Trade Center. Bar intérieur moderne et épuré.

→ Cocktails à 16 $, verre de vin à partir de 14 $ et bières à 10 $.

646-630 8057 ; www.thecrownnyc.com ; 50 Bowery, près de Canal St ; lun-jeu 10h-minuit, ven 10h-2h, sam 12h-2h, dim 12h-minuit ; S B, D Grand St ; 6, J, N, Q, R, W, Z Canal St

19 APOTHÉKE

COCKTAILS INVENTIFS

Plan p. 48, C4

Un joli bar "clandestin", caché dans une ancienne fumerie d'opium. La trentaine de cocktails proposée est classée par catégories comme chez un apothicaire : santé et beauté (avec des ingrédients comme le concombre et l'eau de rose), antistress (lavande et sauge), stimulants (café), aphrodisiaques (champagne) et médicaments (herbes).

→ Les portiers peuvent se montrer tatillons. Arrivez de bonne heure, bien habillé et évitez de venir en groupe.

212-406 0400 ; www.apothekenyc.com ; 9 Doyers St, près de Bowery ; lun-sam 18h30-2h, dim 20h-2h ; S 6, J, N, Q, R, W, Z Canal St

MAXIME AUBIN ©

Shopping

20 GLOSSIER

COSMÉTIQUES

Plan p. 48, A3

Une marque américaine devenue trendy grâce à des cosmétiques naturels destinés à toutes les couleurs de peau. Jusque-là disponible uniquement sur Internet, Glossier a ouvert une première boutique à New York en 2016. On y trouve les produits qui ont fait son succès, dont le mascara sourcil (16 $), la crème hydratante (22 $) et le démaquillant (18 $).

www.glossier.com ; 123 Lafayette St, entre Howard St et Canal St ; lun-ven 12h-20h, sam-dim 11h-19h ; S 6, J, Z Canal St

21 ALLEVA DAIRY

ÉPICERIE

Plan p. 48, B2

Cette épicerie familiale plus que centenaire, où flottent des parfums alléchants, serait la plus ancienne fromagerie des États-Unis. Et comme le vin, elle se bonifie avec le temps. Au menu : antipasti, prosciutto, pepperoni, olives marinées...

→ Les savoureuses boulettes de jambon et ricotta maison (4 $ les 3) sont parfaites pour combler un petit creux.

212-226 7990 ; www.allevadairy.com ; 188 Grand St, près de Mulberry St ; tlj 9h-19h ; S 6, J, N, Q, R, W, Z Canal St ;

B, D Grand St ; 6 Bleecker St ; B, D, F, M Lafayette St

22 KAMWO HERBAL PHARMACY

PLANTES MÉDICINALES

Plan p. 48, C2

Une herboristerie à mi-chemin de la pharmacie et du musée de plantes médicinales, où l'on prépare sous vos yeux toutes sortes de remèdes à base d'herbes. C'est une adresse incontournable pour quiconque s'intéresse aux vertus de la médecine orientale, mais elle ravira aussi les passionnés de botanique et les curieux.

212-966 6370 ; www.kamwo.com ; 211 Grand St, entre Mott St et Elizabeth St ; tlj 10h-19h ; B, D Grand St ; J, Z Bowery ; 6, J, N, Q, R, W, Z Canal St

23 YUNHONG CHOPSTICKS

BAGUETTES CHINOISES

Plan p. 48, C4

Offrir un jeu de baguettes a une véritable signification en Chine, et c'est un cadeau très fréquent lors des naissances, des mariages ou des anniversaires. Cette minuscule boutique – dont la maison mère, à Pékin, a dessiné les baguettes officielles des Jeux olympiques de 2008 – vend des baguettes entre 2 et 1 000 $, selon les matériaux et la qualité.

212-566 8828 ; www.happychopsticks.com ; 50 Mott St, à hauteur de Bayard St ; tlj 10h30-20h30 ; 6, J, N, Q, R, W, Z Canal St

24 WING ON WO

PORCELAINE

Plan p. 48, C4

Ouverte en 1925, cette boutique serait la plus ancienne de Chinatown ! Un temps menacée de fermeture, elle est aujourd'hui tenue par l'arrière-arrière-petite-fille de celui qui l'avait ouverte en 1890. On peut y dénicher de belles assiettes, des vases ou des théières en porcelaine pour moins de 30 $. Désireuse de sauvegarder l'identité populaire du quartier, la nouvelle propriétaire y organise également conférences et expositions.

212-962 3577 ; www.wingonwoand.co ; 26 Mott St, à l'angle de Mosco St ; tlj 11h-18h ; 6, J, N, Q, R, W, Z Canal St ; 4, 5, 6, J, Z Chambers St

Sortir

25 MULBERRY PROJECT

BAR/CLUB

Plan p. 48, B2

Difficile à repérer de la rue, cet ancien *speakeasy* en sous-sol se situe à mi-chemin entre le bar à cocktails et la boîte de nuit. Ouvert jusqu'à 4h du matin, l'endroit accueille des DJ renommés dans une ambiance électrique. Aux beaux jours, un joli patio en bois et en pierre est ouvert au fond du bar.

Cocktails sur mesure pour 16 $, verre de vin à 13 $, bière à 8 $.

646-448 4536 ; www.mulberryproject.com ; 149 Mulberry St, près de Grand St ; tlj 18h-4h ; 6, J, N, Q, R, W, Z Canal St ; B, D Grand St

LOWER E

Orientation

LE QUARTIER HISTORIQUE → Eldridge St.

ART ALTERNATIF → Les galeries autour de Broome St.

PERLES D'ARCHITECTURE → Le Bowery abrite deux édifices conçus par des lauréats du prix Pritzker, le New Museum (Sejima + Nishizawa, p. 59) et la Sperone Westwater Gallery (Norman Foster, p. 60).

GASTRONOMIE JUIVE → Houston St.

BOIRE DANS LE COUP → Rivington St.

Incontournables

KATZ'S DELICATESSEN → Pour manger des sandwichs au pastrami, comme dans *Quand Harry rencontre Sally* (détails p. 61).

RUSS AND DAUGHTERS → La meilleure adresse pour déguster un bagel à l'esturgeon fumé (détails p. 64).

BAR AVEC VUE → Mr Purple (détails p. 65).

Hors des sentiers battus

STATUE DE LÉNINE (plan p. 58, B1) → Du haut de ses 5,50 m, le révolutionnaire semble toiser Wall Street, au loin. Commandée par l'URSS à la fin des années 1980, la statue fut achevée après la chute du régime communiste – et ne fut donc jamais installée. L'un des propriétaires du Red Square Building (250 East Houston St) la découvrit et la fit venir à New York en 1994 pour l'installer en haut de l'immeuble. En 2016, elle a déménagé sur le toit du 178 Norfolk St.

KEHILA KEDOSHA JANINA SYNAGOGUE (plan p. 58, B3) → L'étonnant lieu de culte d'une branche méconnue du judaïsme grec, celle des juifs romaniotes. La synagogue comprend un petit musée (www.kkjsm.org ; 280 Broome St à la hauteur d'Allen St ; ⏲dim 11h-16h ; Ⓢ F, J, M, Z Delancey St-Essex St).

TENEMENT MUSEUM (plan p. 58, B2) → Ce musée propose une reconstitution passionnante de la vie du quartier au tournant du XXe siècle. Visite guidée uniquement (✆212-982 8420 ; www.tenement.org ; 103 Orchard St, entre Broome St et Delancey St, tarif plein/étudiant et senior 25/20 $; ⏲tlj 10h-18h30, jusqu'à 20h30 jeu ; Ⓢ B, D Grand St).

East River
Franklin D Roosevelt Dr
LOWER EAST SIDE
Columbia St
Rivington St
Williamsburg Bridge
Broome St
Pitt St
Ridge St
Stanton St
E. Houston St
EAST VILLAGE p. 68
Clinton St
Suffolk St
Statue de Lénine
Norfolk St
Essex St
Essex St
Ludlow St
Orchard St
Allen St
Delancey St
Tenement Museum
Kehila Kedosha Janina Synagogue
Delancey St
Broome St
Grand St
Chrystie St
Bowery
Bowery St
Grand St
Forsyth St
Eldridge St
Hester St
Allen St
Orchard St
Ludlow St
Canal St
East Broadway
Lower East Side-2nd Ave
Visiter p. 59
À table p. 61
Prendre un verre p. 65
Shopping p. 66
Sortir p. 66
0
200 m
A
B
C
D
E
1
2
3
4
1
2a
2b
2c
2d
2e
2f
3
4
5
6
7
8
9
10
11
12, 13
14
15
16
17
18
19
20
21
22
23
24
25
26
27
28
29
30

..OWER EAST SIDE

..LACE AUX JEUNES

..e quartier d'immigrés de la classe ..uvrière a connu une métamorphose ..ussi complète que soudaine. ..ujourd'hui, les synagogues sont ..dossées à des bars et à des ..estaurants branchés, et les ..ssociations d'aide aux populations ..éfavorisées voisinent avec le New ..useum et la galerie d'art imaginée ..ar l'architecte britannique Norman ..oster. L'ambiance bohème ..'autrefois a cédé le pas à une ..opulation jeune et aisée. Quelques ..résors ont tout de même survécu, ..omme les *delis* Russ and Daughters ..t Katz's, et la confiserie Economy ..andy Market.

Visiter

1 NEW MUSEUM

Plan ci-contre, A2

Fondé en 1977 par Marcia Tucker, le New Museum s'est installé définitivement dans le Bowery avec pour devise : "Nouvel art, nouvelles idées". Il se présente comme un espace dédié à l'art contemporain, avec des œuvres d'artistes du monde entier, confirmés ou en devenir. Le nouveau bâtiment, un édifice en sept blocs imaginé par les architectes japonais Sejima + Nishizawa (prix Pritzker – "prix Nobel" de l'architecture) et l'agence new-yorkaise Gensler, est une œuvre d'art en soi (plus intéressante que les

travaux présentés à l'intérieur, diront certains) qui a réussi à se fondre dans le paysage. Il compte désormais un nouveau voisin et allié : la Sperone Westwater Gallery (257 Bowery), projet de Norman Foster.
→ Entrée sur don libre le jeudi de 19h à 21h.
212-219 1222 ; www.newmuseum.org ; 235 Bowery, près de Prince St ; tarif plein/étudiant/senior 18/15/12 $, -18 ans gratuit ; mar-dim 11h-18h, jeu jusqu'à 21h ; Ⓢ J, Z Bowery

JOSÉ RAMÓN FERREIRA ©

2 GALERIES D'ART

Plan p. 58

Plus dispersées et moins impressionnantes que celles de Chelsea, les galeries du quartier s'offrent le luxe de miser sur des projets plus risqués et parfois polémiques. Parmi elles, citons : **Participant Inc** (253 East Houston St ; plan : 2a, B1), **Gallery Onetwentyeight** (128 Rivington St ; plan : 2b, B2), **Simon Preston** (301 Broome St ; plan : 2c, A3), **White Box** (329 Broome St ; plan : 2d, A3), **Woodward Gallery** (132A Eldridge St ; plan : 2e, A2) et **Anastasia Photo** (143 Ludlow St ; plan : 2f, B2).

Participant Inc : www.participantinc.org ; mer-dim 12h-19h ; Gallery Onetwentyeight : www.galleryonetwentyeight.org ; mar-sam 13h-19h, dim 13h-17h ; Simon Preston : www.simonprestongallery.com ; mer-dim 11h-18h ; White Box : www.whiteboxny.org ; mer-dim 11h-18h ; Woodward Gallery : www.woodwardgallery.net ; sur RDV

Sortir : les bons plans en ligne

Le Lower East Side est le quartier des fêtards par excellence. Bars, boîtes et *speakeasies* s'y succèdent à un rythme effréné, certains connaissant une gloire éphémère, d'autres s'inscrivant dans la durée.

Pour rester au courant des soirées *in* du moment, **The Danger List** (www.thedanger.com) et **Nonsense NYC** (www.nonsensenyc.com) sont deux *mailing lists* qui envoient une liste des vernissages, événements et soirées insolites à New York. S'inscrire la semaine avant votre voyage peut vous donner de bonnes idées de sorties, à l'écart des circuits touristiques.

Dans la même veine, les sites **The Skint** (www.theskint.com) et **Club Free Time** (www.clubfreetime.com) répertorient activités et événements gratuits ou à petit prix dans la ville. Consultez également **Time Out** (www.timeout.com/newyork), qui liste les bonnes adresses où faire la fête.

3 EAST RIVER PARK

Plan p. 58, E1

L'accès aux parcs et aux promenades donnant sur l'East River nécessite de traverser plusieurs routes, mais vos efforts seront récompensés. L'East River Park offre un magnifique panorama des ponts de Williamsburg, de Manhattan et de Brooklyn. En été, l'ambiance bat son plein

dans l'amphithéâtre, sur les terrains de football et de base-ball, et sur les courts de tennis.
212-639 9675 ; East River Promenade/FDR Drive, à hauteur de Montgomery St ; Ⓢ F East Broadway

4 ELDRIDGE STREET SYNAGOGUE

Plan p. 58, B4

Construite en 1887, cette impressionnante synagogue a été restaurée en 2007 et a retrouvé sa splendeur. Classée au patrimoine national, elle permet de découvrir l'histoire, les traditions et la culture des immigrants juifs qui se sont installés dans le quartier.

→ Entrée sur don libre le lundi (jusqu'à 6 personnes).

212-219 0302 ; www.eldridgestreet.org ; 12 Eldridge St à hauteur de Division St ; tarif plein/étudiant et senior/enfant 5-18 ans 14/10/8 $; dim-jeu 10h-17h, ven 10h-15h ; Ⓢ B, D Grand St ; F East Broadway

5 ESSEX STREET MARKET

Plan p. 58, B2

Les étals de ce marché historique sont à l'image de l'évolution du quartier : on y trouve aussi bien des spécialités juives et hispaniques que des produits gourmets. Il doit son existence à l'ancien maire Fiorello La Guardia, qui décida de créer une place publique de vente pour éviter le désordre causé dans les rues avoisinantes par les marchands ambulants.
212-312 3603 ; www.essexstreetmarket.com ; 120 Essex St, près de Rivington St ; lun-sam 8h-19h, dim 10h-18h ; Ⓢ F Delancey St ; J, M, Z Essex St

À table !

6 KATZ'S DELICATESSEN

CASHER

Plan p. 58, B1

Une institution pour tout New-Yorkais en mal de pastrami. L'endroit a été rendu célèbre par l'une de ses clientes, l'écrivain et scénariste Nora Ephron, qui a situé ici la fameuse scène où Meg Ryan simule un orgasme dans *Quand Harry rencontre Sally*. Le rendez-vous des noctambules en fin de soirée.

→ Les sandwichs (environ 20 $) sont gargantuesques sans pour autant être les meilleurs du quartier. Préférez la célèbre *matzo ball soup*, seule (7,45 $) ou accompagnée d'un petit sandwich (18,45 $).

212-254 2246 ; katzsdelicatessen.com ;

JOSÉ RAMÓN FERREIRA ©

JOSÉ RAMÓN FERREIRA ©

LORENA GALLIOT ©

SIHEM SOIBINET-FEKIH ©

205 East Houston St, à hauteur de Ludlow ; ⌚lun-mer 8h-22h45, jeu 8h-2h45, puis sans interruption ven 8h-dim 22h45

7 CAFÉ KATJA

CUISINE ALLEMANDE

Plan p. 58, B2

Ce restaurant dans la plus pure tradition germanique a su séduire les New-Yorkais par ses produits de qualité et sa belle variété de bières allemandes. Ici, saucisses, bretzels et choucroute sont à l'honneur : on ne fait pas dans le "light" ! Mais les ingrédients sont frais et bien préparés, les portions généreuses et l'accueil chaleureux. Que demander de plus ? Plats entre 8 et 18 $.

☎212-219 9545 ; www.cafekatja.com ; 79 Orchard St, à hauteur de Broome St ; ⌚lun 17h-23h, mar-jeu et dim 11h30-15h30 et 17h-23h, ven-sam 11h30-15h30 et 17h-minuit ; Ⓢ F Delancey St ; J, M, Z Essex St

8 SOUVLAKI GR

GREC

Plan p. 58, B1

Forte du succès de son *food truck* (voir p. 113), l'équipe de Souvlaki GR a ouvert ce petit restaurant grec sans prétention, à la décoration bleu et blanc évoquant Mykonos. À la carte, on retrouve les mêmes spécialités – des sandwichs savoureux garnis d'agneau rôti, au pain pita encore chaud – ainsi qu'une sélection de tapas grecques comme le tzatziki ou le caviar d'aubergines. Tout est fait maison à base de produits frais, et les prix restent doux : sandwichs entre 6,50 et 9 $, assiette de 3 mezze à 19,50 $.

☎212-777 0116 ; www.souvlakigr.com ; 116 Stanton St, à hauteur d'Essex St ; ⌚dim-jeu 11h-23h ; ven-sam 11h-0h30 ; Ⓢ F Delancey St ; J, M, Z Essex St

9 FREEMAN'S

AMÉRICAIN

Plan p. 58, A2

Dans ce restaurant spacieux, mais toujours bondé, on se croirait dans le pavillon de chasse d'un lord anglais passionné de taxidermie. Dans les assiettes, les plats sont travaillés et consistants. Pour réserver, il faut être au moins 6 personnes et appeler une dizaine de jours à l'avance. Gamme de prix entre 9 et 33 $.

→ Le brunch (sam-dim 10h-16h), copieux et meilleur marché que le reste de la carte, est très prisé.

☎212-420 0012 ; www.freemansrestaurant.com ; 191 Chrystie St (entrée au bout de la petite allée Freeman, sur Rivington St, entre Bowery et Chrystie) ; ⌚tlj 11h-23h ; Ⓢ F Lower East Side-2nd Ave ; 6 Spring St

10 KUMA INN

TAPAS ASIATIQUES

Plan p. 58, B2

Cette adresse confidentielle, nichée à l'étage d'un petit

immeuble d'habitation, est une création d'un disciple du chef français Daniel Boulud natif du Bronx, King Phojanakong. Les petites assiettes d'inspiration philippine et thaïlandaise, comme le thon poêlé au miso ou la salade d'algues fraîches au sésame et chili, sont savoureuses et inventives, et l'addition est adoucie par l'option BYOB (*bring your own bottle*), toujours une bonne affaire. Plats entre 9,50 et 12,50 $.

→ Espèces uniquement.

212-353 8866 ; www.kumainn.com ; 113 Ludlow St, entre Rivington St et Delancey St ; dim-mer 18h-23h, jeu-sam 18h-minuit ; Ⓢ F, J, M Delancey St/Essex St

11 TINY'S GIANT SANDWICH SHOP

AMÉRICAIN

Plan p. 58, B2

Des sandwichs, des sandwichs et encore des sandwichs... mais pas n'importe lesquels ! Énormes et délicieux, les subs et paninis de cet agréable salon de thé combleront bien plus que les petites faims. Également à emporter. Sandwichs à partir de 6,50 $, salades à 12 $.

212-228-4919 ; 129 Rivington St, entre Norfolk et Essex St ; lun-ven 7h-21h30, sam-dim 9h-21h ; Ⓢ F, M, J Delancey St/Essex St

12 ESSEX

DINER

Plan p. 58, B2

Chic et moderne avec ses deux verrières, ce restaurant offre différents points de vue pour diverses ambiances – préférez la mezzanine pour plus de calme. Très animé lors du brunch du week-end (34,95 $), les cocktails illimités aidant. Nous recommandons les *french toast*, le *mac'n'cheese* ou encore le *pulled BBQ chicken sandwich*.

→ Happy hour de 17h à 20h tous les jours sauf le samedi, et jusqu'à minuit le jeudi. Les boissons sont alors à moitié prix.

212-533 9616 ; essexnyc.com ; 120 Essex St, à l'angle de Rivington St ; lun-mar 17h-23h, mer 17h-minuit, jeu 17h-1h, ven 17h-2h, sam 10h-2h, dim 10h-23h ; Ⓢ J, M, Z Essex St ; F Delancey St

13 SHOPSIN'S

BRUNCH

Plan p. 58, B2

On vient des quatre coins de la ville pour déjeuner dans cette toute petite échoppe, cachée au sein de l'Essex Market. À la carte – immense –, œufs brouillés mixés avec des macaronis au fromage et servis entre deux pancakes, toasts au fromage, omelettes, spécialités du Sud et mexicaines... ou encore son riche milk-shake pistache, citrouille et beurre de cacahuètes (11 $) ! Tous les excès sont permis. Plats entre 11 et 30 $.

917-907 4506 ; www.shopsins.com ; 120 Essex St, près de Rivington ; mer-sam 9h-14h, dim 10h-14h ; Ⓢ F Delancey St ; J, M, Z Essex St

14 MORGENSTERN'S FINEST ICE CREAM

GLACIER

Plan p. 58, B2

Rien de moins que les meilleures glaces de la ville ! Chez ce glacier à la devanture bleue, on élabore de succulents parfums à partir de produits frais et sans arômes artificiels. Toute simple, la glace à la vanille bourbon est à tomber, les variantes au chocolat sont toutes aussi excellentes… et les nappages sont un pur bonheur – goûtez, pour voir, aux cacahuètes enrobées de miel.

→ Certes un peu cher (4,50 $ la boule), mais cela en vaut la peine !

212-209 7684 ; www.morgensternsnyc.com ; 2 Rivington St, près de Bowery St ; tlj 8h-23h, jusqu'à minuit ven-sam ; Ⓢ 6 Spring St ; F 2nd Ave ; J, Z Bowery ; B, D Grand St

15 JAJAJA PLANTAS MEXICANA

MEXICAIN

Plan p. 58, B4

Tout de bois vêtue, cette adresse branchée prouve que cuisine mexicaine et véganisme peuvent faire bon ménage avec une carte sans aucun produit d'origine animale. Goûtez par exemple au ceviche aux algues hijiki (12 $) ou au taco de chorizo au seitan (8 $), tous deux excellents.

→ Carte spéciale brunch les samedis et dimanches de 11h à 16h.

646-883 5453 ; www.jajajamexicana.com ; 162 East Broadway, à l'angle de Rutgers St ; jeu-sam 11h-1h, dim-mer 11h-minuit ; Ⓢ F East Broadway

16 RUSS AND DAUGHTERS

CASHER

Plan p. 58, B1

La meilleure adresse de la ville pour acheter du caviar ou du poisson fumé (l'esturgeon, le sabre et le saumon sont ses produits phares). Immigré d'Europe de l'Est, Joel Russ a ouvert son commerce de *delicatessen* en 1914. Aujourd'hui, ses descendants font perdurer la tradition et restent fidèles aux recettes les plus classiques de la gastronomie juive. Optez pour un bagel au *cream cheese* et à l'esturgeon fumé, à emporter.

→ Le Russ and Daughters Café (127 Orchard St ; tlj 9h-22h, dès 8h sam-dim) a ouvert ses portes en 2014, à moins de 400 m de l'enseigne historique.

212-475 4880 ; www.russanddaughters.com ; 179 East Houston St, près d'Orchard St ; tlj 8h-18h, jeu jusqu'à 19h ; Ⓢ F Lower East Side-2nd Ave ; J, M, Z Essex St

JOSÉ RAMÓN FERREIRA ©

Prendre un verre

17 MR PURPLE
BAR AVEC VUE
Plan p. 58, B1

Si les prix sont dans la moyenne des bars new-yorkais – verre de vin 12-15 $, cocktail 16 $, bière 7 $ –, ce *rooftop* perché au 15e niveau s'en distingue par sa piscine en plein air et sa vue dégagée sur le One World Trade Center et l'Empire State Building. L'hiver, l'endroit se meut en chalet montagnard – serveurs en chemise de bûcheron, peaux de bêtes au sol. Sombre et très sonore, l'ensemble ressemble à une boîte de nuit.

212-237 1790 ; www.mrpurplenyc.com ; 180 Orchard St, entre East Houston et Stanton St ; lun-mar 16h-2h, mer 16h-3h, jeu-ven 16h-4h, sam 11h-4h, dim 11h-2h ; S F 2nd Ave ou Delancey St ; J, M, Z Essex St

18 CASA MEZCAL
BAR MEXICAIN
Plan p. 58, B3

Le mezcal est un alcool originaire d'Oaxaca, au Mexique. Comme son nom l'indique, Casa Mezcal en propose toute une sélection, en fonction du type d'agave utilisé, de la méthode de distillation et des fruits, des herbes ou des arômes qui ont été ajoutés. Le lieu fait également restaurant, avec des spécialités de la région d'Oaxaca tournant autour de 17-27 $.

→ Préférez les classiques, sans adjonction : le mezcal "blanco" (incolore, vieilli pendant moins de 2 mois), "reposado" (entre 2 mois et 1 an) ou "añejo" (1 an minimum).

212-777 2600 ; 86 Orchard St, près de Broome St ; dim-mar 12h-22h30, mer-jeu 12h-23h, ven-sam 12h-minuit ; S J, M, Z Essex St

19 TOP HOPS
BAR AVEC VUE
Plan p. 58, B2

"Boire et festoyer, toujours" est la devise de cette cave à bière familiale moderne. Il faut dire que les références ne manquent pas : plus de 700 bières en bouteille (8-10 $ l'unité), et une vingtaine de pressions renouvelées régulièrement. À visiter en semaine pour s'assurer une place assise.

→ Planches de charcuterie et fromage (20 $) idéales à l'heure de l'apéro.

212-254 4677 ; www.tophops.com ; 94 Orchard St, entre Delancey St et Broome St ; lun-jeu 13h-minuit, ven-sam 12h-2h, dim 12h-22h ; S F Delancey St ; J, M, Z Essex St

20 THE ROOF AT PUBLIC HOTEL
BAR AVEC VUE
Plan p. 58, A1

Au 18e étage du Public, ce *rooftop* ouvert en juin 2017 offre une vue à couper le souffle sur Manhattan grâce à sa baie vitrée et ses deux terrasses. Décoration tendance bling-bling – tables en marbre, bar couleur or ; cocktails à 15 $, bières à 8 $.

→ Appelez : l'endroit est parfois privatisé.

212-735 6000 ; www.publichotels.com/restaurants/the-roof-and-garden ; 215 Christie St, entre East Houston St et Stanton St ; lun-mer 19h-2h, jeu-ven 19h-4h, sam 16h-4h, dim 16h-2h ; S F 2nd Ave

21 NURSE BETTIE
BAR "BURLESQUE"
Plan p. 58, B2

Une ambiance décontractée un tantinet kitsch règne dans ce bar aux murs de brique nue, décoré de cadres et d'objets des années 1950. La sympathique "infirmière Bettie" propose un happy hour tous les jours, entre 18h et 22h (toute la nuit le dimanche), avec des verres – bière ou cocktail – à 5 $.

→ Spectacles burlesques gratuits, généralement le mercredi et le jeudi à 22h.
212-434 9072 ; nursebettie.com ; 106 Norfolk St, à hauteur de Delancey St ; tlj 18h-4h ; Ⓢ J, M, Z Essex St ; F Delancey St

Shopping

22 ECONOMY CANDY MARKET

CONFISERIE

Plan p. 58, B2

Cette entreprise familiale fait le bonheur des gourmands depuis 1937. Ici, on remonte le temps et on peut dénicher les madeleines de son enfance. Impressionnante sélection de bonbons, de chocolats et de fruits secs.

→ Goûtez le halva, une confiserie à la consistance proche du nougat, très appréciée en Inde, au Pakistan et en Iran.

212-254 1531 ; www.economycandy.com ; 108 Rivington St, près d'Essex St ; lun et sam 10h-18h, mar-ven et dim 9h-18h ; Ⓢ F Delancey St

23 CLAW & CO

VÊTEMENTS ET ACCESSOIRES

Plan p. 58, B2

Célèbre graffeuse new-yorkaise, Claudia Gold dit "Claw Money" s'est fait connaître dans les années 1990 pour ses tags représentant une patte à trois griffes. Désormais styliste, elle a ouvert en 2015 une boutique dédiée à son univers proposant T-shirts imprimés (34 $), baskets personnalisées (à partir de 120 $) et une belle sélection de vêtements vintage.

212-995 2440 ; www.clawandco.com ; 101 Delancey St, près de Ludlow St ; lun-ven 11h-19h, sam 12h-19h, dim 12h-18h ; Ⓢ F Delancey St ; J, M, Z Essex St

Sortir

24 THE BOWERY BALLROOM

CONCERTS

Plan p. 58, A2

D'une capacité de 500 places, voici l'une des meilleures salles de concerts de New York. Elle est logée dans une ancienne cordonnerie et jouit d'une excellente acoustique. Un espace plus petit est réservé aux musiques électroniques et alternatives. Tarifs (de 10 à 50 $ environ) et horaires sur le site Internet.

212-533 2111 ; www.boweryballroom.com ; 6 Delancey St, près de Bowery ; Ⓢ 6 Spring St ; F 2nd Ave ; J, Z Bowery ; B, D Grand St

25 ARLENE'S GROCERY

CAFÉ-CONCERT

Plan p. 58, B1

Cette ancienne épicerie de quartier, reconvertie en bar, s'est imposée dans les années 1990 comme un haut lieu du hard rock. L'endroit a accueilli des groupes devenus célèbres, comme The Strokes. Les clients les plus fidèles sont les habitants du coin, sensibles à la politique tarifaire (les concerts n'excèdent jamais les 15 $).

212-995 1652 ; arlenesgrocery.net ; 95 Stanton St, près de Ludlow St ; lun-ven 16h-4h, sam-dim 14h-4h ; Ⓢ F Lower East Side-2nd Ave ; J, M, Z Essex

26 MERCURY LOUNGE

CLUB

Plan p. 58, B1

Ce club doublé d'une salle de concerts d'une capacité de 250 places vit se lancer à la fin des années 1990 la carrière du groupe de rock new-yorkais The Strokes. Aujourd'hui, la salle accueille un mélange de DJ en vogue et de groupes de rock, folk, indie-pop ou grunge indépendants, pour une programmation éclectique. Entrée (10-35 $) selon programmation.

212-260-4700 ; www.mercuryloungenyc.com ; 217 East Houston St, près d'Essex St ; lun-sam 17h30-4h ; Ⓢ F 2nd Ave ou Delancey St ; J, M Essex St

27 THE SLIPPER ROOM

CABARET

Plan p. 58, B1

L'endroit, rénové en 2012, ressemble aux maisons d'opéra parisiennes du début du XXe siècle avec son balcon et ses couleurs chaudes. Côté programmation, les spectacles mélangent effeuillage, magie et performances de cirque. Un vrai théâtre de variétés.

→ Les spectacles n'excèdent pas 15 $ à condition de réserver sur le site Internet du théâtre.

212-253 7246 ; www.slipperroom.com ; 167 Orchard St, près de Stanton St ; Ⓢ F 2nd Ave ou Delancey St ; J, M Essex St

28 MEHANATA BULGARIAN BAR

BAR-CLUB

Plan p. 58, B2

L'ambiance dans ce club est inégale – calme certains soirs, déjantée d'autres. Avec sa musique klezmer et ses balançoires en guise de sièges, c'est l'une des adresses préférées des étudiants. L'attraction phare est l'Ice Cage, un énorme réfrigérateur transparent où l'on s'enferme pendant deux minutes pour avaler un maximum de shots de vodka...

→ Les "klezmer dance parties" du jeudi soir sont une valeur sûre.

212-625 0981 ; www.mehanata.com ; 113 Ludlow St, entre Rivington St et Delancey St ; jeu-sam 20h-4h ; Ⓢ F Delancey St ; J, M, Z Essex St

29 THE DELANCEY

BAR-CLUB-CONCERTS

Plan p. 58, C2

Le Delancey attire une clientèle jeune qui apprécie la terrasse plantée de palmiers en été et l'ambiance à l'intérieur, avec un DJ qui mêle rock et disco.

212-254 9920 ; www.thedelancey.com ; 168 Delancey St, entre Clinton St et Attorney St ; tlj 17h-4h ; Ⓢ F, J, M, Z Delancey St-Essex St

30 ROCKWOOD MUSIC HALL

CAFÉ-CONCERT

Plan p. 58, A1

Ce bar propose une programmation intéressante et variée de concerts (jusqu'à sept groupes différents dans la même journée). Ouvert à tous ceux qui ont envie d'écouter de la bonne musique autour d'un verre.

→ Entrée gratuite ou jusqu'à 15 $ selon la programmation : consultez le site Internet.

212-477 4155 ; www.rockwoodmusichall.com ; 196 Allen St, à hauteur d'East Houston St ; lun-jeu 17h30-1h30, ven 17h30-2h30, sam 14h30-3h, dim 14h30-1h30 ; Ⓢ F 2nd Ave ; 6 Bleecker St ; N, R Prince St

EAST VI

Orientation

ANIMATION NOCTURNE → Alphabet City.

AMBIANCE COMMUNAUTAIRE → Tompkins Square Park (détails p. 71).

SHOPPING VINTAGE → De 6th St à 11th St, entre 2nd Ave et Ave A.

Incontournables

RUSSIAN AND TURKISH BATHS → Une institution vieille d'un siècle (détails p. 72).

TOMPKINS SQUARE PARK → Cœur new-yorkais de la contestation, le parc s'est assagi depuis (détails p. 71).

JOE'S PUB → Un pub populaire (détails p. 78) au sein du Joseph Papp Public Theater (425 Lafayette St), organisateur du festival Free Shakespeare in the Park (p. 243), chaque été à Central Park.

Hors des sentiers battus

CUBE D'ASTOR PLACE (plan p. 70, A2) → Une sculpture en forme de cube de l'artiste Bernard Rosenthal en équilibre sur l'un de ses angles trône au centre d'Astor Place (entre East 8th St et Lafayette St ; Ⓢ6 Astor Pl ; R, W 8th St-NYU).

WILLIAM BARNACLE TAVERN (plan p. 70, B2) → Fréquenté par Al Capone et John Dillinger dans les années 1920, cet ancien *speakeasy* fut un des hauts lieux du trafic d'alcool pendant la Prohibition. On peut en visiter les tunnels de contrebande (à 13h, 14h30 et 16h) grâce au musée situé à la même adresse, **The Museum of the American Gangster** (www.museumoftheamericangangster.org ; 80 St Marks Pl ; tarif plein/réduit 20/15 $; ⌚tlj 13h-18h ; Ⓢ6 Astor Pl ; L 1st Ave).

TRASH AND VAUDEVILLE (plan p. 70, B2) → Nouvelle adresse pour cette caverne regorgeant de vêtements punk, qui rappelle le temps où le quartier accueillait une scène alternative (www.trashandvaudeville.com ; 96 East 7th St ; Ⓢ6 Astor Pl).

CBGB (plan p. 70, B4) → Ce club de légende a lancé le punk rock grâce aux Ramones... Le magasin du créateur John Varvatos occupe désormais les lieux, mais les murs sont encore couverts d'affiches décrépites et de graffitis (315 Bowery ; ⓈF 2nd Ave).

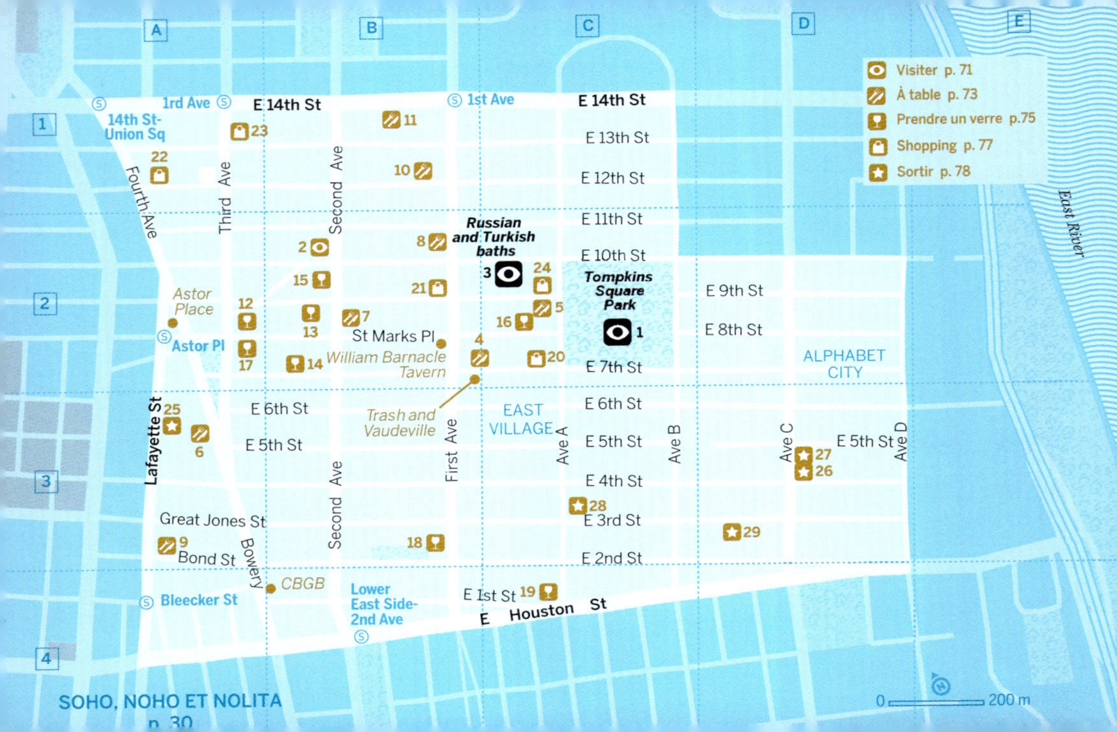

Visiter p. 71
À table p. 73
Prendre un verre p.75
Shopping p. 77
Sortir p. 78
East River
ALPHABET CITY
EAST VILLAGE
Tompkins Square Park
Russian and Turkish baths
St Marks Pl
William Barnacle Tavern
Trash and Vaudeville
Astor Place
CBGB
E 14th St
E 13th St
E 12th St
E 11th St
E 10th St
E 9th St
E 8th St
E 7th St
E 6th St
E 5th St
E 4th St
E 3rd St
E 2nd St
E 1st St
E Houston St
1st Ave
First Ave
Second Ave
Third Ave
Fourth Ave
Ave A
Ave B
Ave C
Ave D
Lafayette St
Great Jones St
Bond St
Bowery
14th St-Union Sq
1rd Ave
Astor Pl
Bleecker St
Lower East Side-2nd Ave
SOHO, NOHO ET NOLITA p. 30
200 m

EAST VILLAGE

VIE DE QUARTIER

Dans les années 1960, des artistes, comme Andy Warhol, des étudiants et des musiciens débarquent à East Village et en font un quartier bohème. Aujourd'hui, il y règne une ambiance très communautaire : les restaurants, les bars et les théâtres alternatifs côtoient les jardins et les potagers partagés entre voisins. C'est aussi le quartier des fripes. L'East Village est idéal pour se perdre au fil des rues, pour acheter des vêtements vintage, pour faire un tour au Tompkins Sq Park et pour aller boire un verre en soirée. C'est à Alphabet City que la vie nocturne est la plus animée.

Visiter

1 TOMPKINS SQUARE PARK

Plan ci-contre, C2

Émeutes ouvrières contre la misère en 1874, manifestations contre la guerre du Vietnam, expulsions médiatisées des squatteurs en 1990... Ce parc d'Alphabet City symbolise à lui seul l'esprit protestataire du quartier. Au début des années 1990, le quartier s'est gentrifié et les SDF et les toxicomanes ont été chassés pour donner une image plus policée du quartier. Aujourd'hui, on y trouve des aires de jeux pour enfants, des terrains de basket et toutes sortes d'équipements sportifs.

Les habitants aiment s'y retrouver pour jouer aux échecs, pique-niquer sur les pelouses et jouer de la guitare ou des percussions. Le lieu idéal pour s'imprégner de l'atmosphère du quartier.

Le parc accueille, en août, le Charlie Parker Jazz Festival (www.summerstage.org) et, de juin à début septembre, le festival Film on the Green (face-foundation.org) dédié au cinéma français.

Les jardins partagés

Nombreux dans l'East Village et dans le Lower East Side, les jardins partagés sont un exemple réussi de l'exploitation commune d'une parcelle de terrain contribuant à l'embellissement d'un quartier. Les habitants se chargent de leur entretien : ils plantent des fleurs, cultivent des potagers... En contrepartie, chacun peut profiter des fruits et des légumes récoltés ou de l'espace pour organiser des fêtes. Lancé dans les années 1970, le mouvement en faveur des jardins communautaires a été très important dans les années 1980. Des groupes écologistes, les Green Guerillas, se sont mobilisés pour réclamer à la municipalité la réquisition des parcelles inoccupées qui attiraient les drogués et devenaient des dépotoirs.

Ces espaces sont généralement ouverts au public en semaine de 9h à 18h. Quelques jardins notables :

- **Le Petit Versailles** (247 East 2nd St ; alliedproductions.org)
- **6&B Garden** (6th St-Ave B ; www.6bgarden.org)
- **9th St Garden** (East 9th St-Ave C)
- **All People's Garden** (3rd St, entre Ave C et Ave D)
- **Brisas del Caribe** (237 East 3rd St, entre Ave B et Ave C)

JOSÉ RAMÓN FERREIRA ©

www.nycgovparks.org ; entrée par 7th St-Ave A ; tlj 6h-minuit ; Ⓢ F Lower East Side-2nd Ave

2 ST MARK'S IN THE BOWERY

Plan p. 70, B2

Cette église a été bâtie en 1799 à l'emplacement de la plantation (*bouwerie*) du gouverneur hollandais Peter Stuyvesant, dont le corps repose dans la crypte. À l'intérieur, ne manquez pas les beaux vitraux, de style abstrait.

Des spectacles de danse et de poésie y sont parfois organisés. Consultez le site Internet.

212-674 6377 ; stmarksbowery.org ; 131 East 10th St-2nd Ave ; lun-ven 9h-17h ; Ⓢ N, R 8th St-NYU ; 6 Astor Pl ; F Lower East Side-2nd Ave

3 RUSSIAN AND TURKISH BATHS

Plan p. 70, C2

Ce n'est pas un spa chic, mais un établissement historique vieux d'un siècle, aménagé de façon très basique. Dans la tradition des bains russes, les habitués restent dans une pièce chauffée à haute température et se frictionnent avec des bouquets de feuilles de chêne. Ce traitement permet d'améliorer la circulation sanguine. Effet rouge tomate garanti ! L'entrée pour la journée

JOSÉ RAMÓN FERREIRA ©

MAXIME AUBIN ©

(48 $) inclut les saunas et la piscine. On peut aussi s'offrir un massage au sel de la mer Morte et des traitements à l'argile noire.

→ Mixtes, les bains sont toutefois réservés aux femmes le mercredi de 10h à 14h, et aux hommes le jeudi de 12h à 17h et le dimanche de 8h à 14h.

✆ 212-674 9250 ; www.russianturkishbaths.com ; 268 East 10th St, entre 1st Ave et Ave A ; 48 $ la journée ; ⏲ lun-mar et jeu-ven 12h-22h, mer 10h-22h, sam 9h-22h, dim 8h-22h ; Ⓢ L 1st Ave

À table !

4 CARACAS AREPAS BAR

SUD-AMÉRICAIN

Plan p. 70, B2

Souvent pris d'assaut, ce chaleureux snack vénézuélien propose une belle sélection d'*arepas* – des petits pains de farine de maïs croustillants à l'extérieur, chauds et tendres à l'intérieur. Les garnitures, à base de viande rôtie, de fromage frais vénézuélien, de banane plantain ou d'avocat, sont savoureuses.

→ Deux *arepas* (en moyenne 10 $ l'une) constituent un repas copieux.

✆ 212-228 5062 ; www.caracasarepabar.com ; 91 East 7th St, près de 1st Ave ; ⏲ tlj 12h-23h ; Ⓢ 6 Astor Pl

5 SUPERIORITY BURGER

VÉGÉTARIEN

Plan p. 70, C2

Cette minuscule échoppe enfumée (6 places) prépare de succulents burgers végétariens, à la garniture bien intrigante. Optez par exemple pour le délicieux New Creation (7 $), au Yuba (peau de tofu) grillé, à accompagner idéalement d'une salade de brocolis sauce aubergine (4 $). Préparez-vous à faire la queue, l'endroit est souvent pris d'assaut.

→ Carte de salades régulièrement renouvelée.

✆ 212-256 1192 ; www.superiorityburger.com ; 430 East 9th St, entre 1st Ave et Avenue A ; ⏲ tlj 11h30-22h ; Ⓢ L 1st Ave

6 GYU-KAKU

BARBECUE JAPONAIS

Plan p. 70, A3

Le *yakiniku* (barbecue japonais) connaît un fort engouement à New York et ce restaurant de chaîne est l'un des meilleurs endroits de la ville pour se plier à la tendance à prix imbattables. On s'installe autour d'une table équipée d'un gril avec extracteur de fumée, et l'on cuit soi-même les fines tranches de viande, notamment du bœuf wagyu maturé 21 jours.

→ Du lundi au jeudi entre 21h30 et 23h, la formule pour deux personnes avec bœuf, porc, poulet et accompagnements ne coûte que 55 $.

JOSÉ RAMÓN FERREIRA ©

JOSÉ RAMÓN FERREIRA ©

212-475 2989 ; www.gyu-kaku.com ; 34 Cooper Sq, entre East 5th St et East 6th St ; lun-jeu 11h30-23h, ven-sam 11h30-minuit, dim 11h30-22h, Ⓢ 6 Astor Place

7 VESELKA

UKRAINIEN

Plan p. 70, B2

Reconnaissable à sa fresque improbable, ce restaurant de quartier, ouvert en 1954, propose des spécialités ukrainiennes et polonaises à petits prix, notamment un large choix de *pierogi* (gros raviolis farcis à la viande, au fromage ou végétariens ; 8,50 $ les 4). Goûtez également le bortsch (soupe de betteraves ; à partir de 5,50 $) et le *bigos* (ragoût au chou ; 18 $). Le tout à n'importe quelle heure du jour ou de la nuit.

212-228 9682 ; www.veselka.com ; 144 2nd Ave, entre St Marks Pl et 9th St ; tlj 24h/24 ; Ⓢ 4, 6 Astor Pl ; L 3rd Ave ; N, R 8th St-NYU

8 MOMOFUKU NOODLE BAR

CUISINE DE CHEF

Plan p. 70, B2

Ici, la cuisine est élaborée et novatrice, le service impeccable et les prix abordables (plats entre 8 et 20 $). Malgré son nom japonais, le Momofuku sert une cuisine américaine d'inspiration asiatique. C'est l'une des adresses préférées du chef avant-gardiste espagnol Ferran Adrià. L'une des spécialités de la maison est le duo de poulets frits, à l'américaine et à la coréenne, pour les groupes de 4 à 8 personnes, qu'il faut réserver sur Internet (150 $ pour la table).

→ Pas de réservations. Mieux vaut éviter le samedi et le dimanche.

212-777 7773 ; noodlebar-ny.momofuku.com ; 171 1st Ave, près de 11th St ; lun-jeu et dim 12h-16h30 et 17h30-23h, ven et sam jusqu'à 1h ; Ⓢ L 1st Ave ; 6 Astor Pl

9 THE SMILE

CAFÉTÉRIA

Plan p. 70, A3

Cette cafétéria chic et confidentielle est installée dans le sous-sol d'un bâtiment datant de 1830 et ne se voit pas de la rue. On y sert des petits-déjeuners et des déjeuners très sains – élaborés à partir de produits locaux –, dont raffolent les habitués du quartier. C'est le meilleur choix du coin pour manger léger quand on est pressé. Plats entre 8 et 28 $.

→ La maison a ouvert deux autres adresses, Smile To Go (22 Howard St, Chinatown) et Smile To Go Dumbo (53-83 Water Street).

646-329 5836 ; www.thesmilenyc.com ; 26 Bond St, près de Lafayette St ; lun-ven 8h-23h, sam 9h-23h, dim 9h-22h ; Ⓢ 6 Bleecker St ; B, D, F, M Broadway-Lafayette St

10 SARITA'S MAC AND CHEESE

AMÉRICAIN

Plan p. 70, B1

Le spécialiste des macaronis au fromage ! Ici, les plats sont servis directement dans des caquelons et les recettes sont aussi originales que savoureuses : goûtez par exemple la Parisienne, au brie et aux champignons et la Napoletana, à la mozzarella et au basilic, excellentes. Trois formats au choix (8-20 $ environ).

→ Happy hour du dimanche au jeudi (14h30-18h30), avec bière et verre de vin à moins de 4 $ pour toute commande.

✆ 212-358 7912 ; www.smacnyc.com ; 345 East 12th St, entre 1st Ave et 2nd Ave ; ⏲ dim-jeudi 11h-23h, ven-sam 11h-minuit ; Ⓢ L 1st Ave

11 ARTICHOKE BASILLE'S PIZZA

PIZZERIA

Plan p. 70, B1

Cadre très simple, assiettes en papier, et menu limité à 5 pizzas phares, vendues en part (4,75-6 $) ou entières (pour 3-4 personnes, 26-30 $). La qualité est au rendez-vous, avec des ingrédients très frais et des portions généreuses. Spécialité du lieu : la pizza blanche à la crème d'épinards et aux cœurs d'artichaut.

✆ 212-228-2004 ; www.artichokepizza.com ; 321 East 14th St, entre 1st Ave et 2nd Ave ; ⏲ tlj 11h-5h ; Ⓢ L 1st Ave ; 4, 5, 6, N, Q, R 14th St

Prendre un verre

12 ANGEL'S SHARE

COCKTAILS

Plan p. 70, A2

Cet élégant bar à cocktails clandestin spécialiste du saké (environ 10 $) se cache dans un restaurant japonais, Village Yokocho (la porte d'entrée se trouve en haut des marches situées dans la salle). L'ambiance est idéale pour un rendez-vous romantique ou pour prendre un verre et déguster de délicieux amuse-bouches japonais en rêvassant devant l'immense baie vitrée.

→ Groupes de 4 personnes maximum.

✆ 212-777 5415 ; www.villageyokocho.com ; Village Yokocho, 8 Stuyvesant St-9th St, 2ᵉ étage ; ⏲ dim-mer 18h-1h30, jeu-sam 18h-2h30 ; Ⓢ 6 Astor Pl ; L 3rd Ave ; N, R 8th St-NYU

13 DECIBEL

BAR À SAKÉS

Plan p. 70, B2

Un autre joyau caché que ce *speakeasy* japonais, repérable à son discret panneau lumineux (ouvrez bien les yeux !). Un escalier conduit au sous-sol, où se trouve un petit bar *made in Japan* dissimulé derrière un rideau de perles proposant une trentaine de sakés à tous les prix (à partir de 10 $). La nourriture est également délicieuse. L'endroit est souvent plein.

SIHEM SOIBINET-FEKIH ©

→ Goûtez le saké chaud et le vin de prune.
✆212-979 2733 ; sakebardecibel.com ; 240 East 9th St, près de 2nd Ave ; ⏲lun-sam 18h-2h45, dim 18h-1h ; Ⓢ6 Astor Pl ; N, R 8th St-NYU

JOSÉ RAMÓN FERREIRA ©

14 MC SORLEY'S OLD ALE HOUSE

PUB

Plan p. 70, B2

Imperméable à la branchitude de l'East Village, ce pub irlandais n'a pas changé d'un iota (ou presque) depuis son ouverture en 1854. Cet établissement – l'un des plus anciens de New York – n'a commencé à admettre les femmes qu'en 1970, et ne sert encore que deux bières maison, une blonde et une brune (3 $, ou 5,50 $ les deux). Un lieu riche en histoires – le barman pourra vous raconter celle des os de dinde suspendus au lustre depuis...1914 !
✆212-474 9148 ; 15 East 7th St, entre 2nd Ave et 3rd Ave ; ⏲lun-sam 11h-1h, dim 13h-1h ; Ⓢ6 Astor Pl

15 KINGSTON HALL

BAR

Plan p. 70, B2

Comme son nom l'indique, ce bar a pour thème central la Jamaïque, avec son décor en panneaux de bois tropical et son cocktail signature servi dans une noix de coco. La table de billard au fond de la salle et la bande-son à dominante soul et groove rajoutent à l'ambiance décontractée du lieu, parfaite pour un verre tranquille en fin de soirée. Prix très raisonnables pour le quartier : cocktails autour de 13 $, bières en bouteille à 6 $, à accompagner de Jerk Chicken Wings, des ailes de poulet à la sauce très relevée.
→ Happy hour jusqu'à 20h les soirs de semaine : deux boissons pour le prix d'une.
✆212-673-2663 ; www.kingstonhall.com ; 149 2nd Ave, près d'East 10th St ; ⏲dim-jeu 16h-2h, ven-sam 16h-4h ; Ⓢ6 Astor Pl ; L 1st Ave

16 PDT

COCKTAILS

Plan p. 70, C2

Dans le snack à hot dogs se trouve une vieille cabine téléphonique qui mène au bar. On y commande un délicieux cocktail (15 $), un verre de vin ou une bière, que l'on peut accompagner d'un hot dog. Mais chut, "PDT" (Please don't tell, "ne le dites à personne") !
→ Goûtez aux cocktails : le barman, Jim Meehan, est une référence.
✆212-614 0386 ; Crif Dogs, 113 St Marks Pl, près d'Ave A ; ⏲tlj 18h-2h, jusqu'à 3h ven-sam ; Ⓢ6 Astor Pl ; N, R 8th St-NYU

17 BARCADE

BAR À JEUX

Plan p. 70, A2

Replongez en enfance dans ce bar dédié aux jeux d'arcade des années 1980 et 1990 : l'occasion de défier ses amis à Pacman, Mortal Kombat ou Crazy Taxi pour seulement 25 ¢ la partie. Côté carte, les délicieux cocktails à base de saké ou soju commencent à 12 $.
→ Deux autres adresses à Chelsea et Williamsburg.
✆212-4388 0522 ; www.barcadestmarks.com ; 6 St Marks Pl, entre 2nd Ave et 3rd Ave ; ⏲tlj 12h-2h ; Ⓢ6 Astor Place

18 D.B.A.
DIVE BAR
Plan p. 70, B3

Le principal attrait de ce bar tout en longueur est son grand choix de bières à prix raisonnable (une soixantaine ; comptez 6-8 $), à déguster de préférence dans l'agréable patio à l'arrière, dès l'arrivée des beaux jours. Pour un verre décontracté après une visite de Chinatown ou avant de se rendre à un concert au Rockwood Music Hall.

212-475 5097 ; 41 1st Ave, entre East 2nd St et 3rd St ; tlj 12h-4h ; Ⓢ F 2nd Ave

19 BOULTON & WATT
BAR À WHISKIES
Plan p. 70, C4

Ce bar-restaurant à la déco industrielle est l'une des bonnes adresses de la ville pour se plier au *pickleback* (10 $). Ce rituel typiquement new-yorkais consiste à faire suivre un shot de whisky d'un autre de jus de pickle, qui atténue le goût de l'alcool dans la bouche.

▷ Happy hour du lundi au vendredi de 12h à 19h : cocktails à 9 $, bières et verres de vin à 6 $.

646-490 6004 ; www.boultonandwattnyc.com ; 5 Avenue A, à l'angle de Houston St ; lun-jeu 12h-2h, ven 12h-4h, sam-dim 10h-4h ; Ⓢ F Delancey St ; M 2nd Ave ; J, Z Essex St

Shopping

20 BUTTER LANE CLASSES
CUPCAKES ET COURS DE PÂTISSERIE
Plan p. 70, C2

En plus de vendre de délicieux cupcakes, cette charmante boutique enseigne l'art de la pâtisserie et dévoile les secrets de fabrication d'un cupcake parfait. On peut s'inscrire à un cours collectif de 2 heures (groupes d'une dizaine de personnes ; 75 $) ou demander des sessions de groupe privées. Réservations à classes@butterlane.com.

212-677 2880 ; butterlane.com ; 123 East 7th St, près d'Ave A ; lun-mer, dim 11h-22h, jeu 11h-23h, ven-sam 11h-minuit ; Ⓢ L 1st Ave

21 FABULOUS FANNY'S
LUNETTES VINTAGE
Plan p. 70, B2

"Quitte à en porter, autant s'amuser", affiche le slogan de cette boutique spécialisée dans les montures de lunettes vintage : lunettes d'aviateur des Première et Seconde Guerres mondiales, montures des années 1960, 1970 et 1980 côtoient des pièces de création contemporaine – comme la ligne Spectaculars, inspirée de modèles rétro. Les prix oscillent entre 40 et 240 $.

212-533 0637 ; www.fabulousfannys.com ; 335 East 9th St, près de 1st Ave ; tlj 12h-20h ; Ⓢ 6 Astor Pl ; L 1st Ave

22 CURE THRIFT SHOP
FRIPERIE, VINYLES
Plan p. 70, A1

Ouvert en 2008, ce magasin reverse une

JOSÉ RAMÓN FERREIRA ©

partie de ses recettes à la recherche contre le diabète et au soutien aux malades. Ici on trouve de tout, des robes à franges des années 1920 aux chapeaux de cow-boys, et des vestes en jean's délavées aux pièces de créateurs comme Dolce & Gabbana, Chloé ou Stella McCartney. Les prix vont de quelques dollars à plusieurs centaines. Petite section de vinyles plutôt variée.
212-505 7467 ; www.curethriftshop.com ; 111 East 12th St, près de 4th Ave ; tlj 12h-21h ; N, R, Q, 4, 5, 6 14th St-Union Sq ; L 3rd Ave

23 KIEHL'S
PARFUMERIE
Plan p. 70, A1

Fondée en 1851 par John Kiehl, cette entreprise de cosmétiques fait aujourd'hui partie du groupe L'Oréal, qui a conservé l'esthétique minimaliste des produits, conditionnés comme des médicaments. Vous trouverez dans ce magasin historique tous les produits de la marque, y compris des produits et des savons pour les chiens et pour les chevaux ! Les plus gourmands iront se restaurer à la cafétéria-salon de thé.
212-677 3171 ; www.kiehls.com ; 109 3rd Ave, près de 13th St ; lun-sam 10h-21h, dim 11h-19h ; 4, 5, 6, L, N, Q, R 14th St-Union Sq ; L 3rd Ave

24 MR.THROWBACK
FRIPERIE, ARTICLES DE SPORT
Plan p. 70, C2

Les articles de cette minuscule friperie sont issus en grande partie des collections personnelles de son fondateur, Michael Spitz. On y trouve des maillots collectors d'anciennes stars du basket, du base-ball et du hockey (à partir de 40 $), des casquettes (à partir de 30 $) et des figurines de joueurs (5 $). Ouvrez l'œil, la boutique reçoit souvent la visite de basketteurs américains.
917-261 7834 ; www.mrthrowback.com ; 437 East 9th St, entre 1st Ave et Ave A ; lun-sam 12h-20h, dim 12h-18h ; L 1st Ave

Sortir

25 JOE'S PUB AT THE PUBLIC
JAZZ
Plan p. 70, A3

Fondé en 1998, Joe's Pub est une adresse très prisée pour écouter des concerts de jazz. La programmation, éclectique, met à l'honneur des musiciens confirmés ou de jeunes talents. Entrée entre 10 et 30 $ avec consommation selon la programmation.
Mieux vaut acheter ses places à l'avance sur Internet et arriver tôt pour avoir une bonne table près de la scène.
212-539 8778 ; www.joespub.com ; Joseph Papp Public Theater, 425 Lafayette St, entre East 4th St et Astor Pl ; tlj 18h-2h ; 6 Astor Pl ; N, R 8th St-NYU

NUBLU / PIN PIN ©

26 NUBLU

BAR DE NUIT – CONCERTS

Plan p. 70, D3

Il est aisé de passer devant cet établissement "clandestin" d'Alphabet City sans le remarquer... La porte d'entrée, entourée de poubelles et de graffitis, se reconnaît à son néon bleu.
À l'intérieur, on découvre un bar plutôt sombre proposant une excellente musique (DJ ou concerts). Aux beaux jours, le jardin s'avère des plus agréables pour prendre un verre entre amis.

✆ 347-529 5923 ; www.nublu.net ; 62 Ave C, entre 4th St et 5th St ; ⏲ tlj 20h-4h ; Ⓢ F 2nd Ave

27 5C CAFE AND CULTURAL CENTER

CONCERTS

Plan p. 70, D3

Un lieu authentique ! Ce centre culturel a vu le jour dans les années 1980 et a survécu aux années difficiles d'Alphabet City. Son secret le mieux gardé : on peut assister tous les jours à des concerts, principalement jazz, pour un prix qui dépasse rarement les 10 $.
Ces concerts sont si prestigieux que tous les musiciens de jazz de New York s'y pressent. Consultez le programme sur le site.

✆ 212-477 5993 ; www.5cculturalcenter.org ; 68 Ave C-5th St ; ⏲ dim-mer 17h-minuit, jeu-sam 17h-1h ; Ⓢ F Lower East Side-2nd Ave

28 UCB EAST

COMEDY CLUB

Plan p. 70, C3

Le bon plan des amoureux d'impro et de stand-up. Créé en 1993 à Chicago, Upright Citizen Brigade a depuis emménagé à New York. Pour 10 $ ou moins, vous pourrez assister à des sketchs de jeunes talents ou de comiques amateurs. Il arrive également que des stars (Louis C.K., Amy Poehler, Amy Schumer, Chris Rock...) fassent leur apparition en fin de représentation. Consultez la programmation sur le site Internet.

✆ 212-366 9231 ; ucbtheatre.com ; 153 East 3rd St, près d'Ave A ; ⏲ selon programmation ; Ⓢ F 2nd Ave

29 NUYORICAN POETS CAFE

SLAM

Plan p. 70, D3

Reconnaissable à sa fresque extérieure à l'effigie de son fondateur, Miguel Pinero, ce café accueille tous les jours artistes et amateurs de poésie, qui viennent partager leurs verbes. Le micro est ouvert à tous le lundi. Performances de slam le mercredi.
Entrée 8-30 $.

→ Mieux vaut réserver en ligne, certaines représentations sont souvent complètes.

✆ 212-780 9386 ; www.nuyorican.org ; 236 East 3rd St, entre Ave B et Ave C ; ⏲ tlj 12h-2h ; Ⓢ J, M, Z Essex St ; F Delancey St

GREENWICH VILLAGE ET WEST VILLAGE

Orientation

LÈCHE-VITRINES → Bleecker St.

VIE ÉTUDIANTE → Washington Square Park (détails p. 85).

JOUEURS D'ÉCHECS → À l'angle de Thompson St et de 3rd St.

Incontournables

C. O. BIGELOW → Une pharmacie vieille de près de 200 ans (détails p. 90).

MINETTA TAVERN → Un restaurant qui a vu passer écrivains et poètes (détails p. 86).

STRAND BOOKSTORE → Librairie familiale et véritable institution (détails p. 91).

Hors des sentiers battus

66 PERRY STREET (plan p. 82, D2) → La façade de l'appartement de Sarah Jessica Parker dans *Sex and the City* (entre Bleecker St et West 4th St ; Ⓢ 1 Christopher St-Sheridan Sq).

BEDFORD STREET (plan p. 82, D4) → Au 90, vous reconnaîtrez probablement l'immeuble où habitent les personnages de la série *Friends*. Au 86, le très discret Chumley's a accueilli une pléiade de grands auteurs à l'époque de la Prohibition et servi de décors à plusieurs films dont *Accords et désaccords* (2000) de Woody Allen (Ⓢ 1 Christopher St-Sheridan Sq).

TRIANGLE DE HESS (plan p. 82, D3) → Cette plaque posée sur un trottoir et pas plus grande qu'une part de pizza est la plus petite propriété privée de New York. Dans les années 1910, la ville souhaitait élargir ses principaux axes et fit détruire plusieurs immeubles dans le quartier, dont celui de David Hess, furieusement opposé au projet. Ses héritiers découvrirent quelques années plus tard qu'une minuscule parcelle triangulaire avait été oubliée dans l'acte d'expropriation. Refusant d'en faire don à la ville, ils firent installer dessus une mosaïque à la mémoire de la ténacité de leur aïeul (110 7th Ave South ; Ⓢ 1 Christopher St-Sheridan Sq).

A
B
C
D
1
2
3
4
5
Visiter p. 84
À table p. 85
Prendre un verre p. 88
Shopping p. 90
Sortir p. 91
CHELSEA ET MEATPACKING DISTRICT p. 92
8th Ave-14th St
14th St
Greenwich Ave
Seventh Ave
Eighth Ave
15
7
8
Horatio St
Jane St
W 12th St
18
Bethune St
Hudson St
Bank St
West 4th Street
Bleecker St
W 11th St
Perry St
66 Perry St
27
West Side Hwy
Bank St
Charles St
Triangle de Hess
W 11th St
Greenwich St
W 10th St
12
Perry St
28
20
Hudson River
Charles St
Grove St
W 10th St
Bedford Street
Pier 26 Downtown Boathouse
Christopher St
2
Barrow St
Washington St
Hudson St
Morton St
St Lukes Pl
Leroy St
West Side Hwy
W Houston St
0
200 m

E
F
G
H
1
2
3
4
5
6th Ave-14th St
E 14th St
W 13th St
E 13th St
W 12th St
E 12th St
4th Ave
W 11th St
E 11th St
W 10th St
E 10th St
Greenwich Ave
Sixth Ave (Avenue of the Americas)
Fifth Ave
W 9th St
E 9th St
WEST
ILLAGE
GREENWICH
VILLAGE
W 8th St
E 8th St
Astor Pl
8th St-NYU
Christopher St
West Waverly Pl
Washington Sq North
Waverly Pl
ristopher St-
heridan Square
Washington Pl
Washington Square Park
New York University
Broadway
Lafayette St
Jones St
W 4th St-Washington Sq
Washington Sq South
NOHO
W 3rd St
Great Jones St
Mac Dougal St
Sullivan St
Thompson St
LaGuardia Pl
Leroy St
Carmine St
Bond St
Seventh Ave S
Downing St
Bleecker St
Bleecker St
W Houston St
Broadway-Lafayette St
Houston St
SOHO, NOHO ET NOLITA
p. 30
1
3
4
5
6
9
11
13
14
16
17
21
22
23
24
25
26

GREENWICH VILLAGE ET WEST VILLAGE

LA VIE DE BOHÈME

Le Village englobe trois quartiers : East Village, Greenwich Village et West Village. Même si chacun possède sa propre personnalité, ils respirent tous la bohème. Greenwich Village a joué un rôle important dans l'essor de la musique folk dans les années 1960 et s'est imposé comme porte-drapeau de l'opposition à la guerre du Vietnam et de la lutte pour les droits des homosexuels. Aujourd'hui, la New York University (NYU) occupe de nombreux bâtiments et la transformation du quartier est évidente. Bien des célébrités new-yorkaises ont élu domicile dans West Village, qui n'a rien perdu de son charme.

Visiter

1 JEFFERSON MARKET

Plan p. 82, E2

Il y a encore 50 ans, cette bibliothèque de quartier était un centre de détention. Les délinquants y étaient jugés dans la salle même où les enfants lisent aujourd'hui. Dans les années 1960, des voisins réussirent à sauver de la démolition le bâtiment à l'étonnante tour néogothique. Ils confièrent les travaux de rénovation à Giorgio Cavaglieri, un architecte italien, exilé à New York après l'avènement du fascisme.

→ Après la visite, on peut aller s'aérer dans le parc contigu, tout petit mais idyllique.

✆ 212-243 4334 ; www.nypl.org/locations/jefferson-market ; 425 Ave of the Americas, à hauteur de 10th St ; ⏲ lun-jeu 10h-20h, ven-sam 10h-17h, dim 13h-17h ; Ⓢ A, B, C, D, E, F, M 4th St-Washington Sq

2 CHRISTOPHER ST PIER – HUDSON RIVER PARK

Plan p. 82, C4

Sur la promenade longeant l'Hudson, à hauteur de Christopher St, cet embarcadère en ciment recouvert de pelouse a des allures de parc flottant. En été, les New-Yorkais y accourent pour prendre le soleil, se reposer, lire ou faire du yoga.

→ La promenade offre une vue imprenable sur le New Jersey et la statue de la Liberté.

Angle Christopher St et West Side Hwy ; Ⓢ 1 Christopher St-Sheridan Sq

3 WASHINGTON SQUARE PARK

Plan p. 82, F3

Le fief de la New York University (NYU) : les petites maisons à son extrémité nord sont en majorité habitées par des professeurs de renom et tout autour se dressent des facultés, la bibliothèque et l'assemblée de l'université. Le parc est toujours très animé. Des musiciens jouent près de la fontaine ou sous l'arc, ce qui n'a pas l'air de perturber les nombreux joueurs d'échecs. L'arc de triomphe, à l'origine en bois, a été érigé en 1889 pour célébrer le centenaire de l'investiture de George Washington, avant d'être remplacé par un monument en marbre blanc six ans plus tard.

→ Au début du XIXe siècle, cette place était le site d'exécutions publiques et une fosse commune ; entre 10 000 et 20 000 personnes sont enterrées sous les fontaines.

5th Ave, à hauteur de Waverly Pl ; Ⓢ A, B, C, D, E, F, M 4th St-Washington Sq

À table !

4 BAR PITTI

ITALIEN

Plan p. 82, F4

La Toscane est à l'honneur dans ce restaurant à l'ambiance conviviale, où il n'est pas rare de croiser des visages connus. Quand le temps le permet, la terrasse est très agréable. Le chef inscrit les 15 plats du jour sur une ardoise. Comptez 14 $ environ pour les plats de pâtes et 7 $ pour les desserts.

→ Pas de cartes de crédit.

✆ 212-982 3300 ; 268 6th Ave, près de Bleecker St ; ⏲ tlj 12h-23h30 ; Ⓢ A, B, C, D, E, F, M 4th St-Washington Sq ; 1 Houston St

SEAN PAVONE / FOTOLIA ©

JOSÉ RAMÓN FERREIRA ©

Kayak sur l'Hudson

La New York City Downtown Boathouse (www.downtownboathouse.org) est une association à but non lucratif visant à encourager les loisirs sur l'Hudson. Tous les week-ends, de mi-mai à mi-octobre, des kayaks (1 ou 2 places) sont mis gratuitement à disposition de tous ceux qui ont envie de naviguer sur le fleuve, entre 9h et 17h (dernier départ à 16h30) – également les mardis, mercredis et jeudis soir (17h30-19h) de mi-juin à mi-septembre. En cas de forte affluence, le prêt ne doit pas excéder 30 minutes, autrement le temps passé sur l'eau est à la discrétion du visiteur. C'est une façon unique de découvrir la ville et, par une chaude journée d'été, un loisir rafraîchissant à partager en famille. Prévoyez un maillot de bain ou des vêtements de rechange et un cadenas, des casiers étant mis à disposition.

Les départs ont lieu depuis le **Pier 26** (plan p. 82, B4 ; face à l'intersection de North Moore St et de West St ; Ⓢ1 Franklin St), sur l'Hudson.

De mi-juin à mi-septembre, l'association s'installe également sur un petit ponton au nord de Governor's Island (voir p. 25 ; plan sur le site Web de l'association) le samedi de 11h à 16h (dernier départ 15h30).

Downtown Boathouse propose aussi des cours gratuits, généralement le mercredi. Consultez la section agenda du site Internet.

JOSÉ RAMÓN FERREIRA ©

5 MINETTA TAVERN

AMÉRICAIN

Plan p. 82, F4

Emblématique du Village, ce restaurant a vu passer Hemingway, Ezra Pound, Eugene O'Neill ou Dylan Thomas. L'esprit des lieux, entre bistrot parisien et café new-yorkais, est toujours là, la cuisine est savoureuse (plats 20-35 $ le midi) et les cocktails sont des valeurs sûres.

→ Bon choix : le hamburger aux oignons caramélisés et au cheddar (22 $ le midi).

✆ 212-475 3850 ; www.minettatavernny.com ; 113 MacDougal St, près de Bleecker St ; ⏲ lun-mar 17h30-minuit, mer 12h-15h 17h30-minuit, jeu-ven jusqu'à 1h, sam à partir de 11h, dim 11h-15h 17h30-minuit ; Ⓢ A, B, C, D, E, F, M 4th St-Washington Sq

6 POMMES FRITES

FRITERIE

Plan p. 82, F3

Cette friterie belge prisée des New-Yorkais s'est implantée ici en 2016 après l'incendie d'un premier établissement. Attablé dans un décor mélangeant vieille pierre, bois et lanternes, vous aurez le choix entre un cornet *regular* (5,75 $), *large* (7,50 $) ou *double* (9,25 $). Sauces originales – vin rouge, mayonnaise à l'aubergine fumée... – mais en supplément (3,75 $ les 3).

JOSÉ RAMÓN FERREIRA ©

SIHEM SOIBINET-FEKIH©

L'établissement est petit et souvent bondé : mieux vaut prendre à emporter.
212-674-1234 ; pommesfritesnyc.com ; 128 Macdougal St, près de West 3rd St ; tlj 11h-1h, jusqu'à 3h ven-sam ; A, B, C, D, E, F, M West 4th St

7 BENNY'S BURRITOS

MEXICAIN

Plan p. 82, D1

La meilleure sélection de burritos du quartier ! Son décor très coloré avec ses murs couleur ocre sur lesquels sont accrochées des peintures kitsch des Beatles séduit une clientèle jeune et métissée. L'accueil est chaleureux mais parfois chaotique, les serveurs vous reçoivent avec un petit plateau de tortillas accompagnées de sauce. Comptez à partir de 8,95 $ le burrito sans viande et 10,95 $ pour la très copieuse Grande Quesadilla. Les portions sont généreuses tout comme les cocktails, notamment le fameux bulldog (margarita, tequila et bière). Les végétariens ne seront pas déçus puisque le restaurant leur dédie une partie de sa carte.

Commandez le guacamole, à tomber, et évitez les soirs de week-end.
212-633-9210 ; 113 Greenwich Ave, à l'angle de Jane St ; dim-mer 11h30-22h, jeu jusqu'à 23h, ven-sam 11h30-minuit ; 1, 2, 3, A, C, E 14 St ; L 8 Ave

8 CAFÉ CLUNY

FRANÇAIS

Plan p. 82, C2

Le décor de ce restaurant clair mêle habilement éléments de bistrot français et touches design new-yorkaises. La cuisine combine des classiques hexagonaux avec une touche américaine pour un résultat réussi : frisée au bacon et fourme d'ambert (16 $), steak *sirloin* (aloyau)-frites (38 $)…

Un menu entrée-plat-dessert à 40 $ est proposé entre 17h30 et 18h30.
212-255 6900 ; www.cafecluny.com ; 284 West 12th St, près de 8th Ave ; lun-mer 8h-22h, jeu-ven 8h-23h, sam 9h-23h, dim 9h-22h ; A, C, E 14th St ; L 8th Ave, 1 Christopher St-Sheridan Sq

9 TOMOE SUSHI

JAPONAIS

Plan p. 82, F4

Minuscule (six tables seulement) et très réputé, ce restaurant voit se former tous les jours une longue file d'attente devant ses portes. Les clients japonais disent avoir l'impression de se retrouver à Tokyo (surtout si on s'installe dos à la vitrine, qui donne sur une rue typique du Village).

Le *yamakake* (sashimi de saumon sur patate douce japonaise, 7,50 $) et le *negimaki* (fines tranches de bœuf teriyaki enroulées autour de jeunes pousses

d'oignon vert, 9,75 $) sont les spécialités de la maison.
☎212-777 9346 ; www.tomoesushi.com ; 172 Thompson St, près de Houston St ; ⏲mar-sam 13h-15h et 17h-23h, dim-lun 17h-23h ; Ⓢ A, B, C, D, E, F, M 4th St-Washington Sq ; B, D, F, M Broadway-Lafayette St

10 OFRENDA

MEXICAIN

Plan p. 82, E2

La terrasse spacieuse, donnant sur une rue animée du Village, est l'un des atouts de ce restaurant, mais la cuisine n'est pas en reste, avec des classiques mexicains et tex-mex bien exécutés. Le brunch du week-end est très prisé et contrairement à d'autres spots populaires, on peut réserver.

→ Happy hour de 16h à 19h : bières à 5 $ et margaritas à 7 $, à accompagner de petites assiettes à partager (8 $).

☎212-924 2305 ; ofrendanyc.com ; 113 7th Ave, près de Christopher St ; ⏲lun-mer 16h-23h, jeu-ven 16h-1h, sam 11h-1h, dim 11h-23h ; Ⓢ 1 Christopher St-Sheridan Sq

11 BAR 6

FRANCO-MAROCAIN

Plan p. 82, E1

Sympathique bistrot au cadre chaleureux et à la cuisine d'inspiration française et marocaine. On y sert des classiques comme la soupe à l'oignon gratinée (13 $) et un savoureux tajine de poulet (23 $). Demandez une table dans la salle du fond, plus agréable.

☎212-691 1363 ; www.barsixny.com ; 502 Ave of the Americas, près de 13th St ; ⏲tlj 11h-minuit ; Ⓢ 1, 2, 3, 14th St

12 BIG GAY ICE CREAM SHOP

GLACIER

Plan p. 82, D3

En plein cœur du Village, ce glacier est l'un des plus populaires du quartier. Les créations sont originales, décalées et un brin décadentes – "Bea Arthur" à la vanille, à la confiture de lait et aux miettes de cookies ; "American Globs" aux bretzels et à la sauce au chocolat… Milk-shake et cookies glacés également.

☎212-414 0222 ; www.biggayicecream.com ; 61 Grove St, à l'angle de 7th Ave ; ⏲dim-jeu 12h-22h, ven-sam 12h-minuit ; Ⓢ 1 Christopher St-Sheridan Sq

13 WOGIES

BAR-GRILL

Plan p. 82, E2

Originaire de Philadelphie, Aaron Hoffman a donné le surnom de son père, grand amateur de cheesesteak, à ce bar chaleureux : l'endroit idéal pour déguster ce délicieux sandwich au bœuf recouvert de fromage fondu (13 $), né en Pennsylvanie. Le soir, la bière coule à flots quand les fans des Eagles – l'équipe de football américain de Philadelphie – viennent suivre un match sur l'un des 7 écrans à disposition.

→ Happy hour du lundi au vendredi jusqu'à 20h avec bières pression à 3 $.

☎212-229 2171 ; www.wogies.com ; 39 Greenwich Ave, à l'angle de Charles St ; ⏲tlj 11h30-2h, jusqu'à 3h jeu, jusqu'à 4h ven-sam ; Ⓢ 1 Christopher St-Sheridan Sq ; F, M 14th St ; L 6th Av

Prendre un verre

14 OFF THE WAGON

BAR DES SPORTS

Plan p. 82, F4

Difficile de résister à la ferveur de ce *sports bar* qui diffuse des compétitions sportives sur 17 écrans. L'établissement, dont les boiseries rappellent les pubs traditionnels, est très apprécié des étudiants de la New York University (NYU), située à côté. S'il y a un happy hour tous les jours, la meilleure affaire se conclut le dimanche soir, avec bières pression ou en bouteille à 4 $ à partir de 20h. Une carte de sandwichs et de hot dogs est également proposée à des prix variant de 7 à 12 $.

→ Traversez la pièce et montez au premier étage pour une partie de beer-pong.

212-533 4487 ; www.nycbestbar.com/off/ ; 109 Macdougal St, près de Milena Ln ; lun-ven 14h-4h, sam-dim 12h-4h ; Ⓢ A, B, C, D, E, F, M West 4th St

15 ART BAR

BAR LOUNGE

Plan p. 82, C1

À l'avant, un bar classique, un peu trop étroit et bruyant. La vraie bonne surprise se trouve à l'arrière : une vaste salle ornée d'œuvres d'art originales, à l'éclairage tamisé. Les divans moelleux accueillent une clientèle essentiellement composée de couples ou de groupes de copines venues papoter. Bières en bouteille entre 5 et 6,50 $, cocktails à 8,50 $.

→ Hamburgers et sandwichs (8,50 $) sont également proposés.

212-727 0244 ; www.artbar.com ; 52 8th Ave, à hauteur de West 4th St ; lun-dim 16h-4h ; Ⓢ A, C, E 14th St

16 VOL DE NUIT

BAR À BIÈRES

Plan p. 82, F3

Ce bar porte fièrement l'étendard de la Belgique dans le Village, avec ses spécialités de moules-frites et sa belle sélection de bières belges pression (7 $) ou bouteille (7-17 $). Musique house branchée, ambiance jeune et décontractée, patio à l'arrière. Parfait pour les groupes.

212-982 3388 ; www.voldenuitbar.com ; 148 West 4th St, près d'Avenue of the Americas ; tlj 16h-1h, jusqu'à 3h jeu-ven ; Ⓢ A, C, E, B, D, F, M West 4th St

17 THE UNCOMMONS

BAR À JEUX

Plan p. 82, F3

Petit mais lumineux, ce café sert tous les classiques du genre : bières, thés, pâtisseries (1,5-3 $), sandwichs (5-6 $)... Mais c'est pour ses étagères croulant sous les boîtes de jeux de société que l'on vient ici. Pour 5 $ par personne (10 $ ven-dim), on a ainsi accès en illimité à plus de 1 700 références, de la très classique bataille navale au jeu de plateau le plus pointu.

→ En cas d'affluence, le temps de jeu est limité à 3 heures.

646-543 9215 ; www.uncommonsnyc.com ; 230 Thompson St, entre West 3rd St et Bleecker St ; lun-jeu 8h30-minuit, ven-sam 8h30-1h, dim 8h30-23h ; Ⓢ A, B, C, D, E, F, M West 4th St ; N, R, W 8 St

18 ENTWINE

FRANCO-AMÉRICAIN

Plan p. 82, B2

Agréable bar à vins sur deux étages, qui propose une belle sélection d'assiettes d'inspiration turque ou italienne (environ 8-12 $) parfaites pour un apéro dînatoire. Bonnes salades également (12 $). Le week-end, le "Brunch turc" connaît un beau succès. Aux beaux jours, agréable jardin à l'arrière.

212-727 8765 ; www.entwinenyc.com ; 765 Washington St, près de West 12th St ; lun 16h-minuit, mar-mer 16h-1h, jeu-ven 16h-2h, sam 12h-2h, dim 12h-minuit ; Ⓢ A, C, E, L 14th St-8th Ave

19 LITTLE BRANCH

SPEAKEASY

Plan p. 82, E4

En arrivant, on découvre une porte grise percée d'un judas et une plaque en métal portant le nom de l'établissement – sonnez pour découvrir une salle intimiste en sous-sol, à l'éclairage tamisé. Discret la semaine, l'endroit est bien plus facile à repérer le samedi, lorsque la file d'attente s'allonge sur le trottoir. Cocktails de qualité (8-15 $), concerts de jazz certains soirs après 22h.

212-929 4360 ; 20 7th Ave South, à hauteur de Leroy St ;

dim-mar 19h-2h30, mer-sam 19h-3h ; Ⓢ 1 Houston St ; A, B, C, D, E, F, M 4th St-Washington Sq

20 THE GARRET

SPEAKEASY

Plan p. 82, D3

Il faut emprunter un escalier caché au fond du restaurant Five Guys pour accéder à ce bar branché au premier étage. Les New-Yorkais s'y retrouvent très tôt le week-end (dès 14h !) dans une ambiance sombre et sonore, digne des meilleures boîtes de nuit de la ville. Bonne carte de cocktails (à partir de 14 $), bières (7 $).

Le bar dispose de trois petites tables où manger son hamburger commandé en bas.

212-675 6157 ; www.garretnyc.com ; 296 Bleecker St, à l'angle de Barrow St ; lun-mer 17h-1h, jeu-ven 17h-1h, sam 14h-2h, dim 14h-1h ; Ⓢ 1 Christopher St-Sheridan Sq

Shopping

21 C. O. BIGELOW

PARAPHARMACIE

Plan p. 82, E2

Fondée en 1838, cette pharmacie est l'une des plus anciennes du pays. Thomas Edison, Eleanor Roosevelt ou Mark Twain y avaient leurs habitudes. Aujourd'hui, on y trouve les brosses et les peignes Mason Pearson et Kent, le dentifrice italien Marvis, ainsi que les produits de la marque C. O. Bigelow (sticks à lèvres, crème pour les mains...).

212-533 2700 ; www.bigelowchemists.com ; 414 6th Ave, entre 8th St et 9th St ; lun-ven 7h30-21h, sam 8h30-19h, dim 8h30-17h30 ; Ⓢ A, B, C, D, E, F, M 4th St-Washington Sq

22 STAR STRUCK VINTAGE CLOTHING

FRIPERIE

Plan p. 82, E2

Cette friperie du Village propose le meilleur du style rock des années 1970 et 1980. Vestes en cuir, boucles de ceinture, et surtout une collection impressionnante de T-shirts (20 à 30 $) à l'effigie des groupes de l'époque comme les Pink Floyd, les Sex Pistols ou Queen. Certains, issus des concerts et des tournées, sont collectors.

646-691 5357 ; www.starstruckvintage.com ; 47 Greenwich Ave, entre Perry St et Charles St ; lun-sam 11h-20h, dim 12h-19h ; Ⓢ F, M 14th St ; L 6th Ave

23 BEACON'S CLOSET

FRIPERIE

Plan p. 82, F1

Ce dépôt-vente branché, bien fourni en vêtements de marque et, à l'occasion, en pièces de grands couturiers, est très prisé des fashionistas au portefeuille modeste. Faute de trouver la pièce unique que l'on recherche, on peut toujours repartir avec des lunettes de soleil vintage ou un petit haut d'été à 10 $.

Trois autres adresses à Park Slope, Greenpoint et Bushwick.

917-261 4863 ; www.beaconscloset.com ; 10 West 13th St, entre 5th Ave et 6th Ave ; tlj 11h-20h ; Ⓢ 4, 5, 6, M, Q, R, L Union Sq ; 1, 2, 3 14th St

24 CONSIDEROSITY

CADEAUX

Plan p. 82, E3

Cette jolie boutique propose une sélection soignée de bougies, bijoux, art de la table et objets de décoration. Le lieu se veut une mini-caverne d'Ali Baba, permettant de trouver des cadeaux à prix doux pour toute occasion.

646-397 4438 ; 191 West 4th St, à l'angle de Barrow St ; lun-sam 11h-20h, dim 11h-18h ; Ⓢ A, B, C, D, E, F, M West 4th St-Washington Sq ; 1 Christopher St

25 STRAND BOOKSTORE

LIBRAIRIE

Plan p. 82, H1

Cette librairie indépendante appartient à la même famille depuis 1927 et n'a rien perdu de son charme. Son catalogue compte plus de deux millions de références. On y trouve les dernières sorties, mais aussi des livres d'occasion, des essais et des pièces de collection (premières éditions ou exemplaires signés). Le rayon art et photographie est très complet.

212-473 1452 ; www.strandbooks.com ; 828 Broadway, à hauteur d'East 12th St ; lun-sam 9h30-22h30, dim 11h-22h30 ; Ⓢ 4, 5, 6, L, N, Q, R 14th St-Union Sq

Sortir

26 LE POISSON ROUGE

BAR MUSICAL

Plan p. 82, F4

En proposant une programmation éclectique qui allie spectacles pointus et représentations plus grand public, cette salle à mi-chemin de la boîte de nuit et du bar musical connaît un grand succès. Ses propriétaires affirment vouloir concilier culture et rébellion, et les New-Yorkais sont ravis de les aider dans cette mission.

→ Tous les vendredis et les samedis à 19h, le bar du haut accueille une soirée bingo animée par des drag-queens. Ambiance déjantée garantie.

212-505 3474 ; lepoissonrouge.com ; 158 Bleecker St, à hauteur de Thompson St ; entrée 5-20 $; lun-mer 17h-2h, jeu-ven 17h-4h, sam 13h-4h, dim 13h-2h ; Ⓢ A, B, C, D, E, F, M 4th St-Washington Sq ; 6 Bleecker St

27 SMALL'S

JAZZ

Plan p. 82, D2

Cette salle en sous-sol attire une clientèle de puristes. Il y a bien un bar, mais le principal attrait de l'endroit, sombre et assez exigu, est la qualité de son acoustique et son exceptionnelle affiche de jeunes talents. Pour les amateurs de jazz, il n'y a pas de meilleure adresse.

→ Tentez de négocier le prix d'entrée (20 $) en fin de soirée. Demandez 10 $, poliment et avec le sourire !

646-476 4346 ; www.smallsjazzclub.com ; 183 West 10th St, près de West 4th St ; Ⓢ 1 Christopher St-Sheridan Sq

28 MARIE'S CRISIS

PIANO-BAR

Plan p. 82, D3

Envie d'entonner en chœur les chansons de *West Side Story*, de *Mamma Mia* ou de *La Mélodie du bonheur* ? Pas besoin de se rendre à Broadway ! Ce bar gay accueille chaque soir des amoureux du music-hall, qui viennent reprendre les classiques distillés par le pianiste – certains habitués sont d'ailleurs d'anciens comédiens. Installez-vous au bar ou près des tables pour profiter de l'ambiance. Spectacle et bonne humeur garantis.

→ Entrée libre mais n'hésitez pas à laisser un pourboire au pianiste.

212-243 9323 ; mariescrisis.us ; 59 Grove St, près de South 7th Ave ; tlj 16h-3h, jusqu'à 4h ven-sam ; Ⓢ 1 Christopher St-Sheridan Sq

CHELSEA ET MEATPACKING DISTRICT

SEA

Orientation

FLOWER DISTRICT → West 28th St, entre Avenue of the Americas et 7th Ave (détails p. 98).

GALERIES D'ART → West 20th St-West 27th St (entre 10th Ave et 12th Ave ; détails p. 98).

GRANDS COUTURIERS → Meatpacking District.

Incontournables

CHELSEA MARKET → Dans l'ancienne usine de biscuits Nabisco (détails p. 103), créateurs de l'Oreo.

HIGH LINE → Une ancienne voie de chemin de fer transformée en espace vert (détails p. 97).

CHELSEA HOTEL → Un hôtel légendaire (détails p. 97).

HUDSON RIVER GREENWAY → Une balade le long du fleuve (plan p. 94, A1 à C5).

Hors des sentiers battus

SALLES DE SPECTACLES DE WEST 19TH ST (plan p. 94, C3 à G3) → À l'écart de Broadway, elles attirent les amateurs de danse contemporaine : citons le **Joyce Theater** (www.joyce.org ; à l'angle de 8th Ave ; ⓈA, C, F 14th St), **New York Live Arts** (www.newyorklivearts.org ; 219 West 19th St, entre 7th Ave et 8th Ave ; Ⓢ1, 2 18th St), **The Kitchen** (thekitchen.org ; 512 West 19th St, entre 10th Ave et 11th Ave ; ⓈA, C, F 14th St).

ASYA GEISBERG GALLERY (plan p. 94, C1) → À l'écart des galeries majeures de Chelsea, cet espace d'exposition fait la part belle aux artistes new-yorkais émergents (✆212-675-7525 ; www.asyageisberggallery.com ; 537b West 23rd St, entre 10th Ave et 11th Ave ; ⓈC 23rd St).

THE GOLF CLUB AT CHELSEA PIERS (plan p. 94, B3) → Le Pier 59 de Chelsea abrite un complexe sportif luxueux avec piscine... et club de golf ! L'occasion de travailler son swing sur un practice de 180 m avec vue imprenable sur l'Hudson River. Le prix est fonction du nombre de balles frappées : 94/172 pour 30/50 $, location de club incluse (www.chelseapiers.com/golf ; 59 Chelsea Piers ; ⓈA, C, E 14th St ; L 8th Ave).

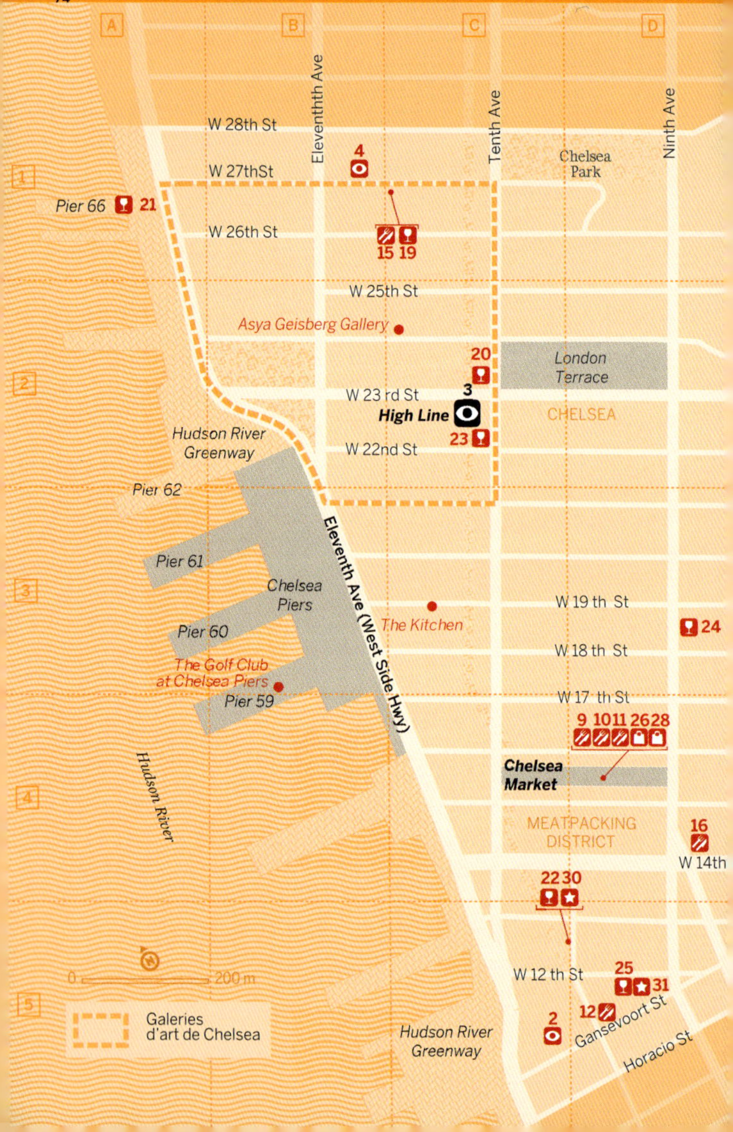
A
B
C
D
1
2
3
4
5
W 28th St
W 27thSt
W 26th St
W 25th St
W 23 rd St
W 22nd St
Eleventhth Ave
Tenth Ave
Ninth Ave
Chelsea Park
4
Pier 66
21
15 19
Asya Geisberg Gallery
20
London Terrace
3
High Line
23
CHELSEA
Hudson River Greenway
Pier 62
Pier 61
Chelsea Piers
Pier 60
The Golf Club at Chelsea Piers
Pier 59
Eleventh Ave (West Side Hwy)
The Kitchen
W 19 th St
W 18 th St
W 17 th St
24
9 10 11 26 28
Chelsea Market
MEATPACKING DISTRICT
16
W 14th
22 30
Hudson River
0
200 m
W 12 th St
25
31
12
2
Gansevoort St
Horacio St
Hudson River Greenway
Galeries d'art de Chelsea

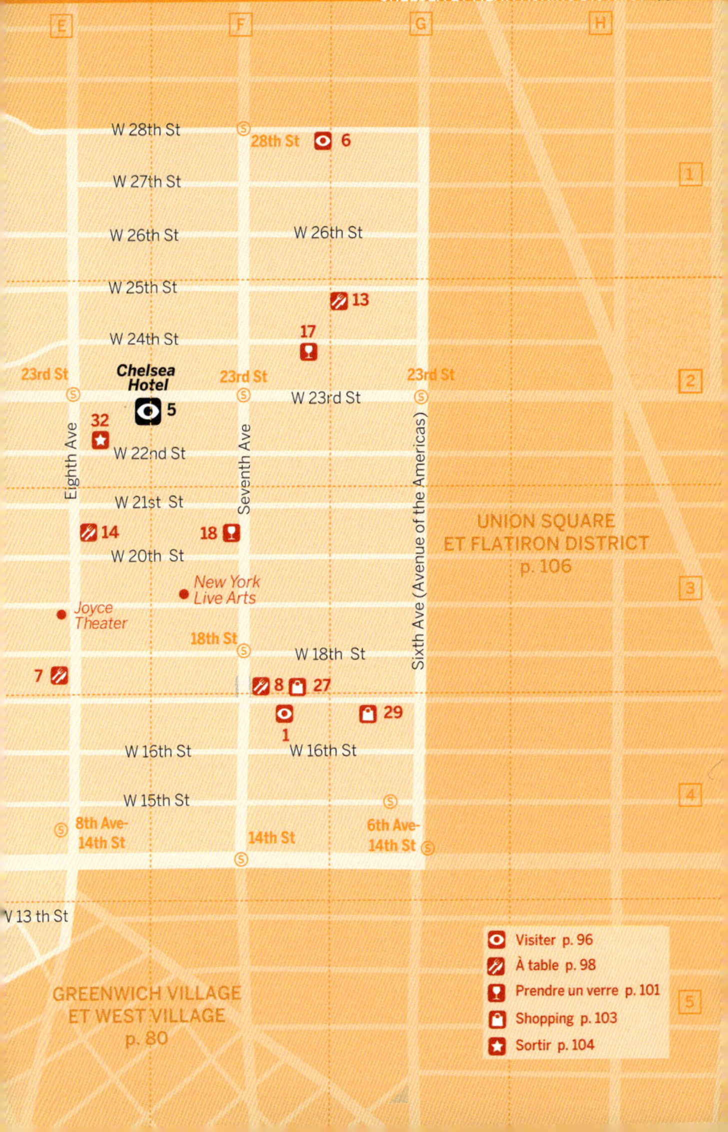
E
F
G
H
1
2
3
4
5
W 28th St
28th St
6
W 27th St
W 26th St
W 26th St
W 25th St
13
17
W 24th St
23rd St
Chelsea Hotel
23rd St
23rd St
W 23rd St
5
32
W 22nd St
Eighth Ave
Seventh Ave
Sixth Ave (Avenue of the Americas)
W 21st St
14
18
W 20th St
UNION SQUARE ET FLATIRON DISTRICT p. 106
New York Live Arts
Joyce Theater
18th St
W 18th St
7
8
27
29
1
W 16th St
W 16th St
W 15th St
8th Ave-14th St
14th St
6th Ave-14th St
V 13 th St
GREENWICH VILLAGE ET WEST VILLAGE p. 80
Visiter p. 96
À table p. 98
Prendre un verre p. 101
Shopping p. 103
Sortir p. 104

CHELSEA ET MEATPACKING DISTRICT

LA PLUS GRANDE GALERIE DU MONDE

Chelsea est l'un des quartiers de New York les plus agréables à vivre. Résidentiel et élégant, il possède des bâtiments classés et d'anciens entrepôts hérités de l'ère industrielle transformés en boutiques, en restaurants et en discothèques. On y trouve de très bons commerces, le meilleur marché de la ville et un nombre impressionnant de galeries d'art contemporain. Le quartier abrite également la plus grande communauté gay de Manhattan. Le Meatpacking District, quant à lui, est connu pour ses boîtes de nuit VIP ultrasélectes.

Visiter

1 RUBIN MUSEUM OF ART

Plan p. 94, F4

Consacré à l'art de l'Himalaya, ce musée fondé par le philanthrope Donald Rubin compte plus de 1 000 pièces : peintures, sculptures, tissages, objets rituels... Achetés en 1998, les anciens bâtiments des magasins Barneys ont été réaménagés par le cabinet d'architecture Beyer Blinder Belle. Le graphiste Milton Glaser (auteur du logo "I love New York") est responsable de l'image de l'institution.

→ **Entrée gratuite le vendredi à partir de 18h : le café du musée accueille alors soirées DJ et événements.**

212-620 5000 ; www.rubinmuseum.org ; 150 West 17th St, près de 7th Ave ; tarif plein/réduit 15/10 $, -12 ans gratuit ; lun et jeu 11h-17h, mer 11h-21h, ven 11h-10h, sam-dim 11h-18h ; Ⓢ A, C, E 14th St ; 1 18th St

2 WHITNEY MUSEUM OF AMERICAN ART

Plan p. 94, C5

Riche de 18 000 œuvres, ce musée spécialisé dans l'art américain des XXᵉ et XXIᵉ siècles occupe désormais un magnifique édifice contemporain au bord de l'Hudson, œuvre de Renzo Piano. Il organise une biennale très prisée présentant un ambitieux panorama de l'art contemporain.

→ Entrée sur don libre le vendredi à partir de 19h. Des visites guidées gratuites sont organisées chaque jour : consultez le site Internet.

212-570 3600 ; www.whitney.org ; 99 Gansevoort St, près de Washington St ; tarif plein/senior et étudiant 25/18 $, gratuit -18 ans ; mer-lun 10h30-18h, ven-sam jusqu'à 22h ; Ⓢ A, C, E 14th St ; L 8th Ave

3 HIGH LINE

Plan p. 94, C2

Ce parc construit sur une ancienne voie ferrée surélevée est un bel exemple de reconversion réussie, où nature et décor urbain se mêlent à la perfection. Habitants du quartier et touristes viennent s'y promener ou, en été, siroter un verre de vin au café panoramique au niveau de 15th St. Plusieurs accès sont possibles, mais nous vous recommandons l'entrée à l'angle de Gansevoort St et de 10th Ave (Meatpacking District), pour remonter jusqu'à 34th St. L'une des promenades les plus agréables de la ville.

→ Beaux points de vue, en particulier sur l'Empire State Building.

www.thehighline.org ; tlj 7h-22h, jusqu'à 19h déc-mars, jusqu'à 23h juin-sept ; Ⓢ A, C, E, L 14th St-8th Ave ; C, E 23rd St-8th Ave ; 1, 2, 3 14th St-7th Ave ; 1 18th St-7th Ave ; 1 23rd St-7th Ave

4 APERTURE FOUNDATION

Plan p. 94, B1

Installée depuis 2005 à Chelsea, cette fondation promeut la photographie comme mode d'expression artistique et expose l'œuvre de grands noms de la photographie contemporaine. Elle a également publié plus d'une centaine de monographies d'artistes – Robert Adams, Diane Arbus, Robert Capa, Bruce Davidson, Joan Fontcuberta, Nan Goldin, Sebastião Salgado... – et édite une revue très cotée dans le milieu.

→ Entrée gratuite.

212-505 5555 ; www.aperture.org ; 547 West 27th St, près de 11th Ave, 4ᵉ étage ; lun-sam 10h-17h30 ; Ⓢ C, E 23rd St

5 CHELSEA HOTEL

Plan p. 94, F2

Si les murs de cet hôtel pouvaient parler, ils révéleraient de grands secrets et conteraient quelques pages de l'histoire de la culture américaine. Mark Twain, Stanley Kubrick, Leonard Cohen, Jack Kerouac,

Patti Smith, Arthur Miller, ou encore Édith Piaf et le couple Sartre-Beauvoir, ont dormi ici. Dylan Thomas séjournait à l'hôtel lorsqu'il sombra dans un coma éthylique fatal en 1953, et Sid Vicious, des Sex Pistols, poignarda sa fiancée Nancy dans l'une des chambres, en octobre 1978. Fermé pour rénovation depuis plusieurs années, l'hôtel doit rouvrir début 2019. D'ici là, vous devrez vous contenter d'admirer sa façade, classée monument historique.

www.chelseahotels.com ; 222 West 23rd St, entre 7th Ave et 8th Ave ; Ⓢ 1 23rd St ; C, E 23rd St

6 FLOWER DISTRICT

Plan p. 94, F1

Le quartier des fleurs de Chelsea a eu ses années de gloire, mais les prix élevés des loyers ont fait disparaître beaucoup de commerces. Cette oasis de verdure concentrée autour de 26th St s'anime à partir de 5h du matin, quand commence la livraison des plantes. Jusqu'à 10h, l'activité est intense : les fleurs sont vendues aux décorateurs, aux hôtels et aux restaurants. L'après-midi, ce sont plutôt les particuliers, venus acheter au détail.

→ **Certains fleuristes acceptent de vendre aux particuliers au prix de gros.**

Entre 6th Ave et 7th Ave et entre 26th St et 28th St ; Ⓢ 1 28rd St ; C, E 23rd St

Les galeries d'art de Chelsea

La zone des galeries se situe entre 20th St et 27th St et 10th Ave et 12th Ave. Si certaines donnent sur la rue, d'autres sont installées dans les étages des immeubles – consultez chelseagallerymap.com pour visualiser leur emplacement. Petite sélection : **Allan Stone Projects** (www.allanstoneprojects.com ; 535 West 22th St), **Gagosian Gallery** (www.gagosian.com ; 522 West 21st St et 555 West 24th St), **Walter Wickiser Gallery** (www.walterwickisergallery.com ; 210 11th Ave), **Marlborough Gallery** (www.marlboroughchelsea.com ; 545 West 25th St), **Pace Gallery** (www.pacegallery.com ; 534 West 25th St, 510 West 25th St et 537 West 24th St), **Julie Saul Gallery** (www.saulgallery.com ; 535 West 22nd St), **David Zwirner Gallery** (www.davidzwirner.com ; 525 West 19th St). Le **Baron Building 210 Art** (11th Ave-25th St) regorge de galeries.

Les vernissages ont lieu le jeudi soir à partir de 18h. Pour l'occasion, les rues de Chelsea bourdonnent de collectionneurs, d'étudiants en art et de *beautiful people* venus pour l'open bar et les DJ sets. L'ambiance est mémorable. Mais si vous voulez profiter des œuvres au calme, préférez le lendemain matin.

À table !

7 CHIPOTLE

FAST-FOOD TEX-MEX

Plan p. 94, E3

Cette chaîne de restauration tex-mex veut rompre avec la mauvaise image des fast-foods en se montrant "éthique" dans son choix de produits (volaille et bœuf élevés en plein air, légumes bio) et dans le traitement de ses employés. Et cette adresse est la cuisine-labo du chef de la chaîne ! Tout est frais, préparé sur place et savoureux... à prix fast-food : 8,65 $ le burrito géant, la salade ou le "*bowl*".

✆ 212-620 4015 ; www.chipotle.com ; 149 8th Ave, entre 17th St et 18th St ; ⌚ tlj 10h45-23h ; Ⓢ A, C, E, L, 1, 2 14th St

8 CAFETERIA

DINER

Plan p. 94, F3

Un *diner* chic et moderne ouvert 24h/24, qui sert

SIHEM SOIBINET-FEKIH ©

JOSÉ RAMÓN FERREIRA ©

des petits-déjeuners complets délicieux aux plus matinaux, des déjeuners informels aux plus paresseux, des brunchs le week-end aux petits veinards qui arrivent à entrer et des dîners à ceux qui savent que, quelle que soit l'heure, la cuisine reste ouverte (un seul problème : la liste d'attente est longue aux heures de pointe). Plats entre 12 et 30 $.

Le meilleur : les hamburgers et le tartare de thon.

212-414 1717 ; www.cafeteriagroup.com ; 119 7th Ave, entre 17th St et 18th St ; 24h/24 ; Ⓢ 1 18th St ; A, C, F, M 14th St

9 LOS TACOS N°1

MEXICAIN

Plan p. 94, D4

Dans le Chelsea Market, ce stand blanc et rouge propose rien de moins que les meilleurs tacos du quartier. Au poulet, au bœuf, au porc – ou végétariens –, ils sont croustillants et ne coûtent pas plus de 3,75 $ pièce. Pour les plus grandes faims, on pourra choisir les yeux fermés quesadillas ou *mulas* (galettes de maïs frites), entre 4 et 5,25 $.

212-256 0343 ; www.lostacos1.com ; Chelsea Market, 75 9th Ave ; lun-sam 11h-21h, dim 11h-20h ; Ⓢ A, C, E 14th St

10 LOBSTER PLACE

POISSONNERIE-TRAITEUR

Plan p. 94, D4

Installée dans le Chelsea Market, cette poissonnerie, l'une des meilleures de la ville, vend aussi des plats cuisinés (sushis, sashimis, salade de poulpes ou tataki de thon) et de délicieuses soupes du jour (3 ou 4 recettes au choix) vraiment bon marché et préparées avec du poisson et des coquillages de première qualité. On peut manger aux petites tables installées à la sortie, ou bien sur la High Line, face au soleil couchant.

Parmi les spécialités de la maison : la soupe de crabe aux pommes de terre, la soupe de langouste et la soupe de saint-jacques au bacon (4,95 $ la petite, 9,95 $ la grande – vraiment énorme et servie dans un bol de pain).

212-255 5672 ; www.lobsterplace.com ; Chelsea Market, 75 9th Ave ; lun-sam 9h30-21h, dim 10h-20h ; Ⓢ A, C, E 14th St

11 BEYOND SUSHI

SUSHI VÉGÉTARIEN

Plan p. 94, D4

Le couple derrière cette chaîne de restaurants, dont celui-ci se trouve à l'intérieur du Chelsea Market, s'est donné pour but de convaincre le public que les sushis végétariens peuvent être tout aussi

MAXIME AUBIN ©

savoureux que les sushis classiques, sans participer au problème de la surpêche mondiale. Pari réussi : les makis et autres rolls sont joliment présentés et toujours très frais, pour un repas sain et équilibré à petits prix (à partir de 5,95 $ la barquette).
☎212-929 2889 ; www.beyondsushinyc.com ; Chelsea Market, 75 9th Ave ; ⌚lun-sam 11h-20h30, dim 11h-20h ; Ⓢ A, C, E 14th St

12 BUBBY'S
AMÉRICAIN
Plan p. 94, D5

Ici, on ne travaille qu'avec des produits de saison, directement issus des exploitations agricoles et sans intermédiaire. Si le brunch, proposé toute la semaine, est plutôt cher (22 $ les œufs Bénédicte), les bons burgers (autour de 18 $) caleront même les plus grosses faims tant ils débordent d'ingrédients. Service sans chichis, mais parfois chaotique en cas d'affluence. Immense terrasse donnant sur la High Line, prise d'assaut aux beaux jours.
☎212-206 6200 ; www.bubbys.com ; 73 Gansevoort St, au pied de la High Line ; ⌚dim-jeu 8h-22h ven-sam 8h-23h ; Ⓢ A, C, E 14th St ; L 8th Ave

13 JOHNY'S LUNCHEONETTE
SANDWICHS
Plan p. 94, G2

Encerclé de restaurants chics et de chaînes à la mode, ce *hole in the wall* résiste à l'envahisseur depuis plus 25 ans grâce à une carte de délicieux sandwiches copieux et très abordables. Spécialité de la maison, le Famous Sloppy Johny (8,75 $) – au poulet grillé et au bacon – est à tomber.
→ Café ou thé gratuit en semaine jusqu'à 11h30 pour toute commande de sandwich.
☎212-243 6230 ; www.johnysluncheonette.com ; 124 West 25th St, entre 6th Ave et 7th Ave ; ⌚lun-ven 7h30-17h, sam-dim 8h30-16h ; Ⓢ 1, 2 23rd St ; N, Q, R, W 28th St

14 INTERMEZZO
DRAG BRUNCH
Plan p. 94, E3

Dans ce restaurant italien, le spectacle n'est pas dans l'assiette – les plats sont bons sans être exceptionnels – mais bien dans la salle. Chaque samedi et dimanche, une drag-queen exubérante et loufoque envahit l'espace pour le brunch, dans un show mélangeant danse, chant et improvisation. L'humour est trash, très en dessous de la ceinture, pour un spectacle interactif 100% new-yorkais.
→ Formule avec champagne ou cocktails à volonté à 25 $.
☎212-929 3433 ; www.intermezzony.com ; 202 8th Ave, entre West 20th St et 21st St ; ⌚sam-dim 12h-17h ; Ⓢ A, C 23rd St

15 THE HEATH
AMÉRICAIN RÉTRO
Plan p. 94, C1

Le restaurant du McKittrick Hotel s'inscrit tout entier dans l'univers insolite de *Sleep No More* (voir p. 105). L'ambiance et le décor soigné transportent le visiteur dans le New York aristocrate des années 1920. Côté cuisine, on revisite des classiques de la cuisine anglaise avec une touche de modernité. Une scène accueille des concerts, généralement de jazz. Plats entre 25 et 40 $.

→ Un menu est proposé en combinaison avec le billet du spectacle *Sleep No More* mais il est aussi possible de réserver pour dîner uniquement.

212-564 1662 ; www.mckittrickhotel.com ; 542 West 27th St, entre 10th Ave et 11th Ave ; mer-sam 18h-23h, fermé dim-mar ; Ⓢ C, E 23rd St ; 1 23rd St

16 GANSEVOORT MARKET

MARCHÉ

Plan p. 94, D4

Récemment déplacé dans un tout nouvel espace près du Chelsea Market, ce vaste marché gastronomique est le dernier en date à avoir ouvert à New York. Une quinzaine de stands y vendent tacos, burgers, gaufres, glaces, pâtisseries... Ouvert 7j/7.

646-449 8400 ; www.gansmarket.com ; 353 West 14th St, près de 9th Ave ; tlj 7h-21h ; Ⓢ A, C, E, L 14th St/8th Ave

Prendre un verre

17 TÍA POL

BAR À TAPAS

Plan p. 94, C2

Parquet, murs en brique rouge, tables éclairées à la bougie... Petit mais charmant, ce bar à tapas fait le plein à l'happy hour (du mardi au vendredi jusqu'à 18h30) lorsque les amoureux viennent y déguster un bon verre de vin (6 $). Idéal pour un début de soirée au calme, avant d'aller dîner ailleurs – les tapas, chères, ne sont pas à la hauteur.

212-675 8805 ; www.tiapol.com ; 205 10th Ave, près de West 22nd St ; lun 17h30-23h, mar-jeu 12h-23h, ven 12h-minuit, sam 11h-minuit; dim 11h-22h30 ; Ⓢ A, C, E, 1, 2 23rd St

18 BAR VELOCE

BAR À VINS

Plan p. 94, F3

L'établissement de Chelsea est plus vaste et moins étouffant que l'original à East Village. On y propose du vin italien ainsi qu'une belle sélection de grappas et d'amarettos, accompagnés de petits plats (5-15 $), italiens aussi, dans un cadre lumineux et minimaliste.

212-629 5300 ; www.winebarveloce.com ; 176 7th Ave, entre 20th St et 21st St ; tlj 17h-1h, jusqu'à 2h ven-sam ; Ⓢ 1 18th St ou 23rd St

19 GALLOW GREEN

BAR

Plan p. 94, C1

Le toit-terrasse du McKittrick Hotel ne manque pas de charme avec ses allées fleuries, ses bougies et ses tables en bois brut. La jeunesse

JOSÉ RAMÓN FERREIRA ©

LORENA GALLIOT ©

dorée de Manhattan vient y siroter des cocktails sophistiqués ou une coupe de champagne en écoutant des concerts. Vins au verre 13-16 $, cocktails 17 $.

→ Les serveurs sont aussi des figurants du spectacle *Sleep No More* (p. 105), et attirent parfois les clients dans des salles dissimulées pour participer au spectacle.

✆ 212-564 1662 ; www.mckittrickhotel.com ; 542 West 27th St, entre 10th Ave et 11th Ave ; ⏲ lun-jeu 17h-23h, ven 17h-1h, sam 11h-1h, dim 11h-23h ; Ⓢ C, E 23rd St ; 1 23rd St

20 THE HALF KING

PUB

Plan p. 94, C2

Un pub irlandais à l'ambiance très décontractée tenu par un trio de journalistes reconnus (Sebastian Junger, auteur du best-seller *En pleine tempête*, la documentariste Nanette Burstein et Scott Anderson, rédacteur en chef). L'été, on peut s'installer au jardin. Bières pression à partir de 5 $.

→ Des lectures et des rencontres littéraires sont organisées le lundi à 19h.

✆ 212-462 4300 ; www.thehalfking.com ; 505 West 23rd St-10th Ave ; ⏲ tlj 12h-4h ; Ⓢ C, E 23rd St

21 PIER 66 MARITIME

BAR FLOTTANT

Plan p. 94, A1

Ce bar animé, aménagé sur une barge jouxtant un bateau-phare de 1929 (on peut en visiter les cales), est parfait pour profiter de la vue sur l'Hudson tout en sirotant une bière. Pour le trouver, suivez 26th St jusqu'à l'extrémité ouest de l'île et traversez la voie rapide (West Side Highway). Bières pression 8 $, cocktails 13-14 $.

→ Vendredi et samedi soir, mieux vaut arriver avant 19h pour trouver une table.

✆ 212-989 6363 ; pier66maritime.com ; Pier 66, 26th St-West Side Highway ; ⏲ tlj 11h30-minuit ; Ⓢ C, E 23rd St

22 THE STANDARD BIERGARTEN

BRASSERIE ALLEMANDE

Plan p. 94, C5

Sous la High Line, une brasserie spacieuse et chic se cache dans le Standard Hotel. Bien que la commande la plus appropriée soit une bière allemande (8 $) accompagnée d'une saucisse et de bretzels (12 $), les plus distingués pourront aussi commander des huîtres. Une bonne option après une balade sur la High Line et dans les galeries de Chelsea.

✆ 212-645 4100 ; www.standardhotels.com ; 848 Washington St, près de Little West 12th St ; ⏲ lun-jeu 15h-1h, ven-sam 12h-2h, dim 12h-1h ; Ⓢ A, C, E, L 14th St-8th Ave

23 PLUNGE BAR & LOUNGE

BAR AVEC VUE

Plan p. 94, D5

Réservé à une clientèle branchée ne souffrant ni de vertige ni d'agoraphobie, ce bar aux grandes baies vitrées est situé au 14e et dernier étage du très chic Hotel Gansevoort. L'adresse étant souvent bondée le week-end, allez-y de préférence en semaine pour profiter au mieux de la vue imprenable sur les toits de la ville et le New Jersey.

212-206 6736 ; www.hotelgansevoort.com ; Hotel Gansevoort, 18 9th Ave, à hauteur de West 13th St, 14e étage ; lun-jeu 17h-minuit, ven 17h-4h, sam 11h-4h, dim 11h-minuit ; Ⓢ A, C, E 14th St ; L 8th Ave

24 BATHTUB GIN

SPEAKEASY

Plan p. 94, D5

Derrière la porte dérobée de ce café se cache un des plus anciens *speakeasies* de la ville, qui doit son nom aux baignoires en cuivre dans lesquelles on mélangeait baies de genièvre et gin durant la Prohibition. Ambiance tamisée, avec abat-jour à franges et petites tables en alcôve ; fait également restaurant. Un vestiaire est prévu avant l'entrée dans le bar. Le physio peut être tatillon.

Les cocktails (16 $ environ) sont élaborés par de vrais mixologistes et peuvent s'accompagner de tapas (10-24 $). Concerts de jazz le lundi à 19h.

646-559 1671 ; www.bathtubginnyc.com ; Stone Street Coffee Company, 132 9th Ave, entre 18th St et 19th St ; lun-mer 17h-2h, jeu 17h-3h, ven 17h-4h, sam 16h-4h, dim 11h30-2h ; Ⓢ A, C, E 14th St ou 23th St

25 THE LODGE AT STK

ROOFTOP

Plan p. 94, D5

Direction les Alpes dans ce *rooftop* aux airs de chalet montagnard. Caché sur le toit de l'hôtel STK Meatpacking, The Lodge est moins intéressant pour sa vue que pour son atmosphère cosy et chaleureuse. Les New-Yorkais viennent s'y réchauffer l'hiver autour de délicieux cocktails chauds comme le Ginger Toddy (16$) au bourbon et au gingembre ou le Mexican Hot Chocolate (16$), un chocolat chaud à la tequila et au grand marnier.

Terrasse agréable l'été.

646-624 2444 ; 26 Little West 12th St, entre Washington St et 9th Ave ; lun 18h-23h, mar-jeu 18h-minuit, ven-sam jusqu'à 0h30, dim 17h-22h ; Ⓢ A, C, E 14th St ; L 8th Ave

Shopping

26 CHELSEA MARKET

MARCHÉ

Plan p. 94, D4

Magnifiques étals de poisson, de viande et de fruits secs, épiceries, boulangeries, pâtisseries, boutiques de mode et de déco, cafétérias, restaurants et une librairie se partagent les allées de cet agréable marché couvert installé dans les entrailles de l'ancienne usine de biscuits Nabisco – le biscuit Oreo est né ici en 1912. Tuyaux, horloges et autres éléments de l'ère industrielle ont été conservés et donnent au lieu un charme particulier.

www.chelseamarket.com ; 75 9th Ave, près de 15th St ; lun-sam 7h-2h, dim 8h-22h ; Ⓢ A, C, E 14th St ; L 8th Ave

27 HOUSING WORKS
FRIPERIE
Plan p. 94, F3

Cette boutique de l'association Housing Works propose une section de vêtements hommes et femmes située à gauche de l'entrée. Les vêtements sont classés en camaïeu et s'avèrent d'assez bonne qualité et de tous les styles. On peut ainsi trouver une paire de chaussures neuve signée Eli Tahari pour moins de 30 $, des hauts à partir de 5 $, des pantalons homme pour 15 $ environ. Les recettes viennent en aide aux personnes sans domicile ou séropositives.

718-838 5050 ; www.housingworks.org ; 143 West 17th St, entre 7th Ave et 6th Ave ; lun-sam 10h-19h, dim 12h-18h ; Ⓢ 1, 2, 3 Chamber St

28 ARTISTS AND FLEAS
MARCHÉ DE CRÉATEURS
Plan p. 94, D4

Moins grand que celui de Williamsburg, ce temple du *made in New York* installé dans le Chelsea Market présente l'avantage d'être ouvert tous les jours. Designers et créateurs locaux y vendent objets déco, vêtements, lunettes de soleil, montres, bijoux, savons bio ou encore œuvres d'art, répartis sur une trentaine de stands.

JOSÉ RAMÓN FERREIRA ©

Autres adresses à Williamsburg (70 N 7th St) et à Soho (568 Broadway).

917-488 0044 ; www.artistsandfleas.com ; Chelsea Market, 88 10th Ave, près de West 15th St ; lun-sam 10h-21h, dim 10h-20h ; Ⓢ A, C, E 14th St ; L 8th Ave

29 PIPPIN VINTAGE JEWELRY
BIJOUX D'OCCASION
Plan p. 94, G4

Dans cette adorable boutique de bijoux anciens, certaines pièces remontent aux années 1920. Bagues, colliers de perles, broches, boucles d'oreilles, montres anciennes pour hommes mais aussi quelques pierres précieuses et des chapeaux pour femmes des années 1950 et 1960. Hormis les pièces les plus chères, exposées dans une vitrine, la plupart des articles, plutôt bon marché, sont proposés à des prix allant de 20 à 50 $.

Suivez le panneau "Home Vintage" jusqu'à une petite maison préfabriquée, où sont exposés du mobilier et des objets anciens.

212-505 5159 ; www.pippinvintage.com ; 112 West 17th St, près de 6th Ave ; lun-sam 11h-19h, dim 12h-18h ; Ⓢ F, M 14th St ; 1 18th St

Sortir

30 LE BAIN AT THE STANDARD
CLUB
Plan p. 94, C5

Tout dans cette boîte située au dernier étage de l'hôtel Standard a un air de vacances : la terrasse avec transats, la pelouse artificielle, le kiosque à crêpes et le Jacuzzi au milieu de la piste de danse. L'entrée est assez sélecte.

→ Entrée gratuite, sauf événement.
✆ 212-645 7600 ; lebainnewyork.com ; Standard Hotel, 848 Washington St, au niveau de West 13th St ; ⌚ lun 16h-minuit, mar-jeu 16h-4h, ven-sam 14h-4h, dim 14h-3h ; Ⓢ A, C, E 14th St ; L 8th Ave

31 CIELO
CLUB
Plan p. 94, D5

L'une des pistes de danse les plus bondées du Meatpacking District (ce qui n'a rien d'étonnant vu sa petite taille). Les DJ de renommée internationale passent de la house de très belle facture. Les videurs peuvent se montrer tatillons ; mieux vaut réserver une table. Les boissons sont chères, mais moins que dans les boîtes ultrabranchées du Meatpacking comme le PH-D.
✆ 646-543 8556 ; www.cieloclub.com ; 18 Little West 12th St, à hauteur de 9th Ave ; entrée 25 $; ⌚ mar-dim 22h-4h ; Ⓢ A, C, E 14th St ; L 8th Ave

32 BARRACUDA
DRAG-SHOW
Plan p. 94, E2

Véritable institution du quartier – l'établissement existe depuis 1995 –, ce petit bar tout en longueur accueille des drag-shows parmi les meilleurs de la ville. Travestis, les comédiens y enchaînent chansons, traits d'humour et danses dans une ambiance électrique. Bières à partir de 8 $, cocktails 12 $. Les spectacles ont lieu 3 à 4 fois par semaine : ne manquez pas le célèbre Tina Burner s'il est à l'affiche – généralement le mercredi à 23h30.
→ Happy hour tous les jours de 16h à 21h, jusqu'à 20h le week-end, avec deux verres pour le prix d'un.
✆ 212-645 8613 ; 275 West 22nd St, près de 8th Ave ; ⌚ tlj 16h-4h ; Ⓢ A, C, E 23rd St

Sleep No More et le McKittrick Hotel

Trois entrepôts abandonnés et une ancienne boîte de nuit ont donné naissance au **McKittrick Hotel** (530 West 27th St, entre 10th Ave et 11th Ave), qui n'a d'hôtel que le nom. En réalité, l'espace de 9 300 m² est composé de plus d'une centaine de pièces sur cinq étages qui servent de décor au spectacle interactif *Sleep No More*, qui fait fureur à New York depuis 2011.

C'est la compagnie londonienne PunchDrunk qui a créé cette adaptation très "années 1930" du *Macbeth* de Shakespeare. Le public évolue, masqué et silencieux, au sein même des scènes, invité à se promener librement dans le décor. On peut suivre un personnage tout du long, se perdre dans le dédale des pièces ou encore être attiré dans un recoin par l'un des figurants. Les acteurs non plus ne parlent pas, laissant place à une interprétation axée sur la danse et l'expression corporelle. La nudité est fréquente et le jeu parfois osé.

Le succès de cette production étonnante ne faiblit pas, et les réservations doivent se faire plus d'un mois à l'avance (www.sleepnomore.com) – préférez les séances du lundi au mercredi, plus "abordables" (99,50 $ par personne) : le samedi, les billets peuvent grimper jusqu'à 145 $! Le lieu abrite un restaurant, The Heath (p. 100), un bar *rooftop*, le Gallow Green (p. 101), ainsi qu'un club de jazz, le Manderley Bar.

UNION SQUARE, FLATIRON DISTRICT ET GRAMERCY PARK

Orientation

AMBIANCE HISTORIQUE → Gramercy Park (détails p. 110) et Irving Place.

ESPACE VERT → Union Square (détails p. 109).

ARCHITECTURE, LOFTS ET ANTIQUITÉS → Flatiron District.

LITTLE INDIA → Entre 28th et 30th Ave, près de Lexington Ave.

Incontournables

FLATIRON BUILDING → L'un des immeubles les plus originaux et les plus célèbres de New York (détails p. 110).

UNION SQUARE → Son marché bio est l'un des plus courus de la ville (détails p. 109).

Hors des sentiers battus

MAISON DE WASHINGTON IRVING (plan p. 108, C4) → Le célèbre auteur de *La Légende de Sleepy Hollow* aurait habité une petite maison de brique à l'angle de 17th St et de la portion de rue rebaptisée depuis Irving Place. À la fin du XIXe siècle, elle fut occupée par Elisabeth Marbury, l'agent littéraire d'Oscar Wilde et de George Bernard Shaw, qui y tenait un salon avec sa compagne, l'actrice Elsie de Wolfe (122 East 17th St ; Ⓢ4, 5, 6, L, N, Q, R 14th St-Union Sq).

NATIONAL ARTS CLUB (plan p. 108, C3) → Expositions artistiques gratuites allant de la sculpture à la photographie dans un magnifique écrin de style victorien (www.nationalartsclub.org ; 15 Gramercy Park South ; Ⓢ6 23 rd St).

HORLOGE D'UNION SQUARE (plan p. 108, C4) → À l'angle de la 4th Ave et de la 14th St, ce compteur géant défilant de manière apparemment aléatoire a longtemps mystifié les New-Yorkais. En fait, il s'agit tout simplement de... l'heure. Ou, plus exactement, de l'heure relative à minuit. Par exemple, s'il affiche 070437000235616, il est 07 h 04 min et 37,0 sec du matin (lire de gauche à droite), et il reste 16 heures, 56 minutes, et 23,0 secondes jusqu'à minuit (lire de droite à gauche). Le chiffre du milieu est censé correspondre aux centièmes de seconde. Un bruit d'explosion et un jet de vapeur émanant d'un trou dans le bâtiment voisin marquent midi et minuit. L'œuvre, intitulée *The Metronome*, fut installée par Kristin Jones et Andrew Ginzel en 1999.

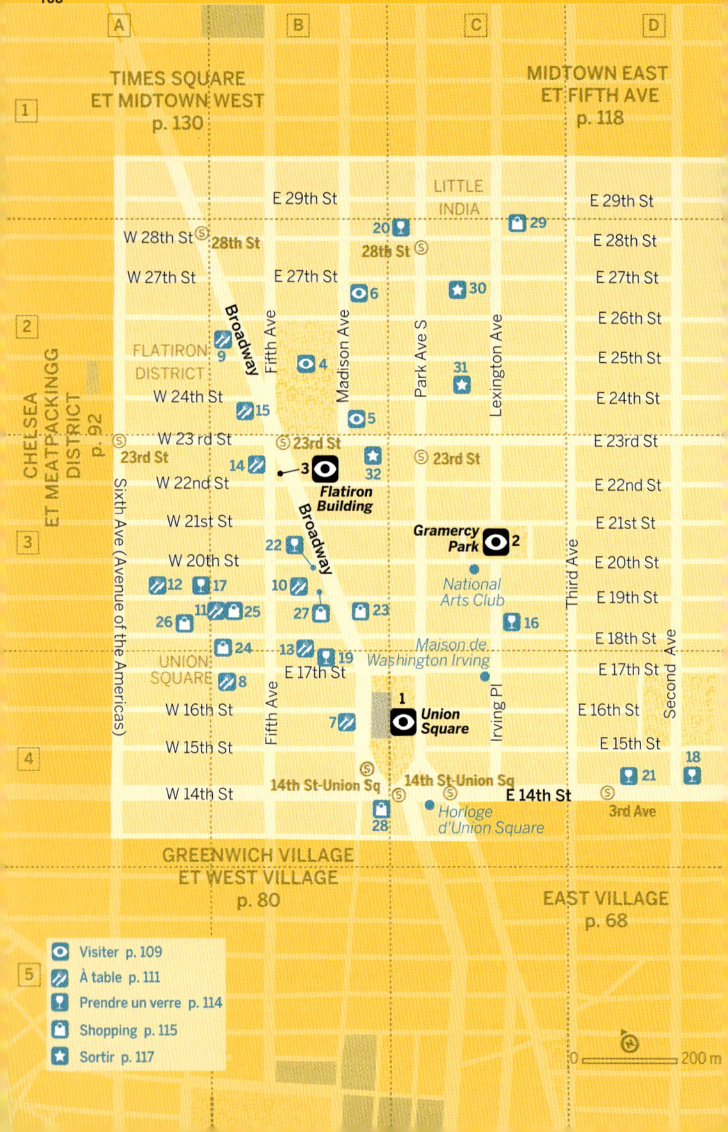

A
B
C
D
1
2
3
4
5
TIMES SQUARE ET MIDTOWN WEST p. 130
MIDTOWN EAST ET FIFTH AVE p. 118
CHELSEA ET MEATPACKINGG DISTRICT p. 92
GREENWICH VILLAGE ET WEST VILLAGE p. 80
EAST VILLAGE p. 68
LITTLE INDIA
FLATIRON DISTRICT
UNION SQUARE
E 29th St
W 28th St
28th St
28th St
E 28th St
W 27th St
E 27th St
E 26th St
E 25th St
W 24th St
E 24th St
W 23 rd St
23rd St
23rd St
23rd St
E 23rd St
W 22nd St
E 22nd St
W 21st St
E 21st St
W 20th St
E 20th St
E 19th St
E 18th St
E 17th St
W 16th St
E 16th St
W 15th St
E 15th St
W 14th St
14th St-Union Sq
14th St-Union Sq
E 14th St
3rd Ave
Broadway
Fifth Ave
Madison Ave
Park Ave S
Lexington Ave
Third Ave
Second Ave
Irving Pl
Sixth Ave (Avenue of the Americas)
Flatiron Building
Gramercy Park
National Arts Club
Maison de Washington Irving
Union Square
Horloge d'Union Square
Visiter p. 109
À table p. 111
Prendre un verre p. 114
Shopping p. 115
Sortir p. 117
0
200 m

UNION SQUARE, FLATIRON DISTRICT ET GRAMERCY PARK

HISTOIRE, LOFTS ET VERDURE

Ces trois quartiers limitrophes sont très différents les uns des autres. Union Square, important centre financier et lieu de réunions politiques et syndicales au XIXe siècle, déborde d'activités et de restaurants, de supermarchés et de boutiques. Le Flatiron District, plus clairsemé, est le quartier des antiquaires et d'anciens entrepôts reconvertis en lofts. Gramercy Park conserve, quant à lui, son charme victorien : c'est un lieu enchanteur, un peu mélancolique à la tombée de la nuit en hiver.

Visiter

1 UNION SQUARE

Plan ci-contre, C4

Animée et trépidante, Union Square est un point névralgique de Manhattan et l'un des principaux nœuds de transports de la ville – la majorité des lignes de métro s'y croisent. De tout temps, Union Square a été le théâtre de nombreux attroupements et manifestations, et reste encore au cœur des rassemblements populaires. Chaque semaine, son célèbre marché bio (Union Square Greenmarket) attire des milliers de personnes, venues s'approvisionner en produits frais.

JULIETTE STEPHENS ©

COURTESY OF THE MADISON SQUARE PARK ©

Du 16 novembre au 24 décembre, un marché de Noël rassemble plus de cent artisans qui viennent vendre leurs produits sur la partie sud de la place.

☎ 212-788 7476 ; unionsquarenyc.org ; 14th St, à hauteur de Broadway ; marché ⏰ lun, mer, ven et sam 8h-18h ; Ⓢ 4, 5, 6, L, N, Q, R 14th St-Union Sq

2 GRAMERCY PARK

Plan p. 108, C3

Ce parc entouré de belles demeures historiques serait un enchantement... si l'on pouvait y entrer ! Privé, il est réservé aux résidents qui s'acquittent d'une cotisation, ainsi qu'aux diverses institutions historiques et religieuses du quartier et au Gramercy Park Hotel (qui possède douze jeux de clés pour ses clients). L'écrivain E. B. White (1899-1985), auteur du fameux livre pour enfants *Stuart Little*, situe l'histoire de cette petite souris dans ce parc.

Entre 20th St et 21st St, Park Ave et Irving Pl ; Ⓢ 6 23rd St

3 FLATIRON BUILDING

Plan p. 108, B3

Construit en 1902 sur une parcelle de terrain triangulaire, le Flatiron, reconnaissable à sa forme en fer à repasser (d'où son nom), a été l'un des premiers gratte-ciel de la ville. Le prestigieux architecte Daniel Burnham, membre de l'école de Chicago, a recréé un palais Renaissance revu dans le style Beaux-Arts. L'immeuble abrite aujourd'hui des bureaux.

→ Pour les fans de Spiderman, le Flatiron est le siège du journal fictif *The Daily Bugle*, où travaille Peter Parker.

175 5th Ave, près de 22nd St ; Ⓢ 6, N, R 23rd St

4 MADISON SQUARE PARK

Plan p. 108, B2

Jusqu'à l'explosion démographique après la guerre de Sécession, ce parc marquait la frontière nord de Manhattan. Aujourd'hui, les employés du quartier viennent s'y détendre, les enfants y gambader et les écureuils y sautiller. Le kiosque à hamburgers Shake Shack, très prisé avec ses tables installées sous des loupiotes (voir p. 163), contribue à l'attrait du lieu.

→ Avis aux photographes : en face du parc, l'îlot piétonnier (23rd St, entre Broadway St et 5th Ave) est le meilleur point de vue sur le Flatiron Building.

☎ 212-520 7600 ; madisonsquarepark.org ; Madison Ave, à hauteur de 23rd St ; ⏰ tlj 6h-23h ; Ⓢ 6, N, Q, R, W 23rd St

5 METROPOLITAN LIFE TOWER

Plan p. 108, B2

Construite en 1909, cette tour Art déco évoque le campanile de Saint-Marc à Venise : haute de 213 m,

elle a détenu le record du monde jusqu'en 1913, quand le Woolworth Building (241 m) l'a dépassée. Jusqu'en 2005, elle a abrité le siège de la compagnie d'assurances Met Life. Elle a été ensuite rachetée par des investisseurs israéliens, qui ont fait construire un hôtel de luxe (Mariott Edition). Comme celui de l'Empire State Building, l'éclairage de la tour change de couleur chaque jour.
1 Madison Ave, entre 23rd St et 24th St ; Ⓢ6, N, R 23rd St

6 NEW YORK LIFE INSURANCE BUILDING

Plan p. 108, B2

Imaginé par le grand architecte Cass Gilbert, ce gratte-ciel occupe un pâté de maisons entier à lui tout seul : c'est un hommage à la cathédrale anglaise de Salisbury, où se mêlent des éléments néogothiques et modernes. Ses 187 m de hauteur sont divisés en 40 étages et une flèche dorée pyramidale achève la construction au faîte de l'édifice. Inaugurée un an avant le krach de 1929, la tour accueille encore à ce jour le siège de la compagnie d'assurances New York Life.
51 Madison Ave, entre 26th St et 27th St ; Ⓢ6, N, R 23rd St

À table !

7 COFFEE SHOP

DINER-BAR

Plan p. 108, B4

Ce *diner* est une institution à Union Square : les aspirants mannequins et quelques célébrités s'y retrouvent sur sa terrasse ; même les serveurs semblent attendre l'appel de leur agent pour monter sur les planches à Broadway ! Le week-end, ils sont relayés par les étudiants de la New York University. Le hamburger-frites (15 $) est un choix sûr dans un menu où l'on trouve aussi quelques spécialités mexicaines et brésiliennes. Plats entre 12 et 22 $, grande sélection de bières.
✆212-243 7969 ; www.thecoffeeshopnyc.com ; 29 Union Sq West, à hauteur de 16th St ; tlj 7h-23h ; Ⓢ4, 5, 6, L, N, Q, R 14th St-Union Sq

8 BASTA PASTA

ITALIEN FUSION

Plan p. 108, B4

Un restaurant italien tenu par des Japonais ? *Only in New York!* Les chefs aux fourneaux dans la cuisine ouverte mêlent saveurs méditerranéennes et touches nippones avec grand succès. Les pâtes, maison, sont excellentes. Nous conseillons les parpadelles aux shiitakés, les farfalles au sashimi de saumon et asperges, et les spaghettis au jambon cru, servis dans une demi-roue de parmesan. Accueil souriant, cadre moderne et agréable. Plats autour de 20 $.
→ Réservation conseillée.
✆212-366-0888 ; www.bastapastanyc.com ; 37 West 17th St, entre 5th Ave et 6th Ave ; tlj 12h-14h30, 18h-23h ; Ⓢ4, 5, 6, L, N, Q, R 14th St-Union Sq

9 NUM PANG

CAMBODGIEN

Plan p. 108, B2

Ce petit snack cambodgien vend une variante locale très savoureuse de son cousin vietnamien plus célèbre, le sandwich *banh mi*. La spécialité de la maison est le sandwich au porc braisé, succulent, mais les bols de nouilles, de riz et les salades sont tout aussi recommandables. Les portions, généreuses, sont inversement proportionnelles aux prix, tout petits (sandwich à partir de 8 $). À emporter uniquement.
→ Num Pang possède plusieurs adresses en ville, dont une juste au sud d'Union Sq (28 East 12th St, à hauteur d'University Pl). Consultez le site Internet pour les détails et les heures d'ouverture.

MAXIME AUBIN ©

SIHEM SOIBINET-FEKIH ©

☎212-647 8889 ; www.numpangnyc.com ; 1129 Broadway, entre 25th St et 26th St ; ⏲lun-sam 11h-22h, dim 12h-21h ; Ⓢ6, N, R 23rd St ; N, R 28th St

10 THAI VILLA

THAÏLANDAIS

Plan p. 108, B3

Une adresse coup de cœur tant pour son cadre enchanteur – boiseries, fontaine, lustres rutilants... – que pour sa carte, où s'alignent les classiques de la gastronomie thaïlandaise, tous savamment exécutés et très abordables. Optez par exemple pour le pad thaï (14 $) ou le panang curry (14 $). Réservation conseillée.

☎212-802 9999 ; www.thaivillanyc.com ; 5 East 19th St, entre 5th Ave et Broadway ; ⏲lun-jeu 11h30-22h15, ven 11h30-23h15, sam 12h-23h15, dim 12h-22h15 ; ⓈN, R, W East 23rd St

11 DOUGH

DONUTS

Plan p. 108, B3

Rien de moins que les meilleurs donuts de la ville ! Fany Gerson, la créatrice de cette pâtisserie aux allures de laboratoire gourmand, a ouvert sa première boutique à New York en 2010... et possède aujourd'hui 4 points de vente en ville. Laissez-vous séduire par les parfums, originaux, tels le beignet confiture de lait-amandes ou celui au chocolat et caramel salé : un régal pour moins de 3 $! On peut alors manger sur place tout en regardant la confection des beignets par la baie vitrée qui sépare la cuisine du comptoir.

☎212-243 6844 ; www.doughdoughnuts.com ; 14 West 19th St, entre 5th Ave et 6th Ave ; ⏲lun-jeu 6h-20h, ven 6h-21h, sam 7h-21h, dim 7h-20h ; Ⓢ1 18th St ; L, N, Q, R, 4, 5, 6 14th St-Union Sq ; F, M, N, R, 6 23rd St

12 FLATIRON BURGER AND LOBSTER

BURGER ET HOMARD

Plan p. 108, A3

Dans cet immense restaurant au décor rutilant mais chic, la carte est simple. Pour 20 $, on a le choix entre un burger ou un homard – bouilli ou grillé –, accompagnés de frites et de salade. Le restaurant est très vite bondé les soirs de week-end mais on pourra profiter d'un verre au bar – cocktails, bières et vins – en attendant son tour.

☎646-833 7532 ; www.burgerandlobster.com ; 39 West 19th St, entre 5th Ave et 6th Ave ; ⏲lun 11h30-22h, mar-jeu et sam-dim 11h30-23h, ven 11h30-minuit ; Ⓢ1 18th St ; N, R 23rd St

13 UNION FARE

FOOD COURT

Plan p. 108, B3

Déjeunez parmi les travailleurs du quartier dans cette ancienne

Les food trucks

À New York, les *food trucks*, ces micro-snacks ambulants encastrés dans des camions, ont le vent en poupe. Tacos, pizzas, *dim sum*... les spécialités du monde entier s'adaptent pour être consommées sur le pouce, à la mode du travailleur new-yorkais pressé.

La plupart des *food trucks* n'ont pas d'emplacement fixe, mais postent sur Twitter ou Facebook leur adresse pour la journée. Quelques vendeurs notables :

- **Patacon Pisao** (pataconpisaonyc.com). Sandwichs vénézuéliens à la banane plantain frite.
- **Souvlaki GR** (www.souvlakigr.com). Ces sandwichs grecs sont tellement bons que le camion s'est doublé d'un restaurant dans le Lower East Side (voir p. 62).
- **Kimchi Taco** (www.kimchigrill.com). Une étonnante fusion de cuisines coréenne et mexicaine.
- **Wafels and Dinges** (www.wafelsanddinges.com). Énormes gaufres belges.
- **Van Leeuwen Artisan Ice Cream** (www.vanleeuwenicecream.com). Glaces artisanales bio.

Tous les ans en mai et en septembre, Madison Square Park accueille un festival des meilleurs *food trucks* : Madison Sq. Eats (dates sur urbanspacenyc.com).

librairie transformée en *food court*. Décorés dans un style industriel contemporain, les lieux s'étendent sur un *block* complet (entrées dans 17th St et 18th St). Les plats – pizzas, hamburgers et salades – sont simples, bons et abordables : comptez 12 $ environ.

→ Un bar secret et branché, The Noble Room, ouvre ses portes au sous-sol le week-end.

☎212-633 6003 ; www.unionfare.com ; 6 East 18th St, entre Broadway et 5th Ave ; ⏲lun 8h-22h, mar-mer 8h-22h30, jeu-sam 8h-23h, dim 8h-21h ; Ⓢ4, 5, 6, L, N, Q, R, W 14th St-Union Sq

14 EISENBERG'S SANDWICH SHOP

DINER

Plan p. 108, B3

Ce *diner* historique l'affiche fièrement : il fait "monter le taux de cholestérol de New York depuis 1929" grâce à des spécialités roboratives et délicieuses – goûtez notamment au Patty Melt (9,50 $), un hamburger au pain de seigle toasté et aux oignons grillés aussi gras que savoureux. Une expérience typique, à vivre accoudé au comptoir.

→ Sandwichs à partir de 7 $, plats à partir de 10 $.

☎212-675 5096 ; www.eisenbergsnyc.com ; 174 5th Ave, entre West 22nd St et 23rd St ; ⏲lun-ven 6h30-20h, sam 9h-18h, dim 9h-17h ; ⓈR, W 23rd St

15 EATALY

ITALIEN

Plan p. 108, B2

Tout à la fois épicerie, charcuterie, supermarché, cafétéria, trattoria, boutique d'ustensiles culinaires et librairie, cet espace spectaculaire de 5 000 m² est entièrement dédié à la gastronomie italienne. Vous pourrez y acheter un panini (8,80-12,80 $) à déguster dans Madison Square Park, juste en face. Au dernier étage, La Birreria permet de prendre un verre (pinte de bière à partir de 6 $, verre de vin 13 $) ou de déjeuner en plein air : le plat du jour est une valeur sûre pour un prix modéré (environ 16 $). Accès par un ascenseur situé derrière la librairie, près des caisses.

☎212-229 2560 ; www.eatalyny.com ; 200 5th Ave, à l'angle de West 24th St ; ⏲tlj 11h30-23h ; ⓈN, Q, R, W 23rd St

Prendre un verre

16 PETE'S TAVERN

BAR HISTORIQUE

Plan p. 108, C3

Le plus vieux bar de New York n'a cessé de vendre de la bière depuis son ouverture en 1864 – durant la Prohibition, un fleuriste lui servait de couverture. Habitué des lieux, l'écrivain O. Henry (pseudonyme de William Sydney Porter) y aurait écrit quelques-unes de ses nouvelles au début du XXe siècle.

→ Goûtez à la bière maison.

212-473 7676 ; www. petestavern.com ; 129 East 18th St, à hauteur d'Irving Pl ; tlj 11h-2h30, jeu jusqu'à 3h, ven-sam jusqu'à 4h ; Ⓢ4, 5, 6, L, N, Q, R 14th St-Union Sq

17 FLATIRON LOUNGE

BAR À COCKTAILS

Plan p. 108, A3

Dissimulé derrière des rideaux, l'intérieur de ce bar à cocktails vaut le détour pour son arche et ses mosaïques Art déco. Les New-Yorkais s'y retrouvent entre collègues après le bureau pour y déguster de délicieux cocktails à base de bourbon et de rhum, proposés à 10 $ en happy hour du lundi au vendredi (16h-18h). Service agréable et discret, à l'image du lieu.

→ Le week-end, réservez.

212-727 7741 ; www. flatironlounge.com ; 37 West 19th St, entre 6th Ave et 5th Ave ; lun-mer 16h-2h, jeu 16h-3h, ven 16h-4h, sam 17h-4h, dim 17h-1h ; Ⓢ1, 2 18th St ; F, M 23rd St

18 CROCODILE LOUNGE

DIVE BAR

Plan p. 108, D4

Ce bar décontracté propose une belle sélection de bières artisanales avec, en prime, une pizza gratuite par boisson achetée ! Soirée "Quiz" le mercredi, juke-box et table de skee ball au fond de la salle complètent l'atmosphère "résidence étudiante", fort sympathique.

212-477 7747 ; www. crocodileloungenyc.com ; 325 East 14th St, près de 2nd Ave ; tlj 15h-4h ; Ⓢ4, 5, 6, L, N, Q, R 14th St-Union Sq ; L 3rd Ave

19 LILLIE'S UNION SQUARE

BAR INSOLITE

Plan p. 108, B4

Portraits victoriens, canapés en velours rouge et lustres en verre confèrent une ambiance agréablement désuète à ce bar animé, idéalement situé à quelques pas d'Union Square. Il est également possible de réserver une table pour déjeuner ou dîner (plats entre 9 et 24 $).

→ Bières et verres de vin sont à 6 $ lors de l'happy hour (16h-19h lun-ven).

212-337 1970 ; 13 East 17th St, près d'Union Sq West ; tlj 11h-4h ; Ⓢ4, 5, 6, L, N, Q, R 14th St-Union Sq ; L 3rd Ave

20 THE CHURCHILL TAVERN

PUB

Plan p. 108, C2

Pub classique au décor sobre (mobilier en bois sombre, murs de brique et poutres apparentes) dédié à l'ancien Premier ministre britannique.

MAXIME AUBIN ©

Sélection de bières anglaises et écossaises entre 5 et 8 $, vins à 7 $, *fish and chips* et autres standards de la cuisine de pub, savamment exécutés.

➜ **Les petites assiettes en format tapas (saumon fumé au fromage de chèvre, cœurs d'artichauts panés et frits) sont une bonne option pour un apéro gourmand.**

212-646-476 8419 ; www.thechurchillny.com ; 45 East 28th St, près de Park Ave South ; tlj 11h30-4h ; Ⓢ4, 6, N, R 28th St

21 BEAUTY BAR

BAR INSOLITE

Plan p. 108, D4

Ce bar insolite a conservé la décoration (et les sèche-cheveux) du salon de coiffure qui s'y tenait autrefois, et propose des manucures gratuites aux clientes le vendredi soir. À l'avant, un "*dive bar* rétro", à l'arrière, une piste de danse où, passé 22h, les DJ mixent surtout des tubes des années 1960 à 1990. Parfait pour une sortie entre copines !

212-539 1389 ; thebeautybar.com ; 231 East 14th St, près de 2nd Ave ; lun-ven 17h-4h, sam-dim 14h-4h ; Ⓢ4, 5, 6, L, N, Q, R 14th St-Union Sq ; L 3rd Ave

22 BROOKS BROTHER RED FLEECE CAFE

SPEAKEASY

Plan p. 108, B3

Caché au sous-sol de la boutique Brooks Brother – la plus ancienne marque de vêtements des États-Unis –, le Red Fleece Cafe offre un voyage dans le temps avec ses fauteuils en cuir usés, ses malles en bois et ses briques au mur. Un endroit paisible où déguster un bon café (2,50 $) entre deux visites dans le quartier.

212-228 3580 ; www.brooksbrothers.com/RedFleeceCafe ; 901 Broadway, à l'angle de East 20th St ; lun-ven 8h-20h, sam-dim 10h-19h ; ⓈN, Q, R, W East 23rd St

Shopping

23 ABC HOME

GRAND MAGASIN DÉCO

Plan p. 108, B3

Ce grand magasin, dont la marchandise vient du monde entier, est situé dans un très bel immeuble de quatre étages. On y trouve des meubles et des objets pour la maison, mais aussi des bijoux, des châles et des cosmétiques, le tout sélectionné par une équipe d'experts qui voyagent autour du monde pour choisir les meilleures pièces. La déco intérieure du magasin est extraordinaire. Deux restaurants et deux cafétérias sur place également.

212-473 3000 ; www.abchome.com ; 888 Broadway, à hauteur de 19th St ; lun-mer et ven-sam 10h-19h, jeu 10h-20h, dim 12h-18h30 ; Ⓢ4, 5, 6, L, N, Q, R 14th St-Union Sq

24 ACADEMY RECORDS

DISQUES

Plan p. 108, B3

Ce disquaire est spécialisé dans l'achat et la vente de vinyles et de CD de musique classique, jazz et rock, bien que la sélection d'opéras et de comédies musicales de Broadway soit aussi excellente. Tous les employés sont des passionnés – on les croirait sortis du film *High Fidelity* de Stephen Frears – et il suffit de se laisser guider. Les prix commencent à 3 $.

212-242 3000 ; www.academy-records.com ; 12 West 18th St, entre 5th Ave et Avenue of the Americas ; dim-mer 11h-19h, jeu-sam 11h-20h ; ⓈN, R 23rd ; 4, 5, 6, L, N, Q, R 14th St-Union Sq ; F, M 14th St ; L 6th Ave

25 IDLEWILD BOOKS

LIBRAIRIE DE VOYAGE

Plan p. 108, B3

Un espace magique, qui porte l'ancien nom de l'aéroport international

JFK. Il ne s'agit pas d'une librairie de voyage conventionnelle. En plus des guides et des cartes, elle propose des manuels scolaires, des livres de cuisine, des romans et des nouvelles... tout un choix pour que le visiteur se fasse l'idée la plus complète possible du pays qui l'intéresse (y compris grâce à des éditions en langue originale). L'après-midi, il y a d'ailleurs des cours de langues.

→ Holly Golightly, l'héroïne de *Petit-Déjeuner chez Tiffany*, se rend à Idlewild à la fin de la nouvelle.

✆212-414 8888 ; www.idlewildbooks.com ; 12 West 19th St, près de 5th Ave ; ⏲lun-jeu 12h-20h, ven-sam 12h-18h, dim 12h-17h ; Ⓢ F, V 23rd St ; N, R 23rd St

26 PAPER PRESENTATION

PAPETERIE

Plan p. 108, A3

Le temple du papier. Sur près de 2 000 m², des feuilles de toutes les couleurs, textures et qualités, des enveloppes, des cartons d'invitation, des rubans et des cartes de vœux... Avec ses fournitures exclusives à prix raisonnables, ce magasin est, depuis plus de 20 ans, le paradis des esprits créatifs.

✆212-463 7035 ; www.paperpresentation.com ; 23 West 18th St, entre 5th Ave et 6th Ave ; ⏲lun-ven 9h-19h, sam-dim 11h-18h ; Ⓢ 1 18th St ; F, V 14th St

JOSÉ RAMÓN FERREIRA ©

27 FISHS' EDDY

VAISSELLE

Plan p. 108, B3

Le visiteur peut penser que ce n'est qu'une boutique de plus. Pourtant, le New-Yorkais éprouve un faible pour ce magasin spécialisé dans la vaisselle de porcelaine illustrée dont les motifs traitent de l'architecture et des traditions américaines. Les tasses à l'effigie des principaux gratte-ciel sont devenues des classiques et de nouvelles séries apparaissent à chaque saison.

→ Une tasse peut faire un beau souvenir. Les modèles "Manhattan" et "Brooklyn" sont les plus vendus.

✆212-420 9020 ; www.fishseddy.com ; 889 Broadway, près de 19th St ; ⏲lun-sam 10h-21h, dim 10h-20h ; Ⓢ N, R 23rd St-Broadway ; 6 23r St ; 4, 5, 6, L, N, Q, R 14th St-Union Sq

28 DSW

CHAUSSURES

Plan p. 108, B4

Face à Union Square, vous trouverez ici chaussures de ville et baskets pour hommes, femmes et enfants vendues jusqu'à moitié prix. On peut ainsi dénicher des escarpins de marque à 39 $ ou une paire de baskets à 55 $. Le magasin applique une réduction supplémentaire aux modèles de fin de série : jetez un coup d'œil aux présentoirs au fond de la boutique.

✆212-674 2146 ; www.dswinc.com ; 40 East 14th St, à l'angle de University Pl ; ⏲lun-sam 9h-21h30, dim 10h-21h

29 KALUSTYAN'S

ÉPICES

Plan p. 108, C2

Fondé en 1944, ce magasin d'épices de

Little India compte les meilleurs chefs de la ville parmi ses clients. Si, à l'origine, il ne vendait que des spécialités indiennes, aujourd'hui, il offre une sélection de plus de 4 000 épices, herbes, cafés, thés et autres produits du monde entier, dont plus de 50 variétés de légumes et 100 sortes de piments.

→ Petit traiteur à l'étage qui propose quelques spécialités fromagères et des sandwichs.

☎ 212-685 3451 ; www.kalustyans.com ; 123 Lexington Ave, à hauteur de 28th St ; ⏲ lun-sam 10h-20h, dim 11h-19h ; Ⓢ 6 28th St

Sortir

30 JAZZ STANDARD

CLUB DE JAZZ

Plan p. 108, C2

Dans le sous-sol du restaurant américain le Blue Smoke (dont on peut profiter de l'excellente cuisine en fréquentant le club), ce club de jazz n'a pas le charme des caves du Village, mais il accueille des musiciens talentueux et offre une meilleure acoustique.

☎ 212-576 2232 ; www.jazzstandard.com ; 116 East 27th St, entre Lexington Ave et Park Ave South ; entrée 15-30 $; ⏲ dim-lun 11h30-22h, mar-jeu 11h30-23h, ven-sam 11h20-minuit ; Ⓢ 6 28th St

31 PEOPLES IMPROV THEATER

COMEDY CLUB

Plan p. 108, C2

Sous les lumières rouges au néon, ce *comedy club* animé, fondé en 2002, garantit une belle tranche de rire à petit prix. Les billets coûtent entre 8 et 18 $ selon la programmation, qui alterne entre stand-up, sketch et comédie musicale. Lors des soirées "Open-Mic" (5 $), la scène est ouverte à tous.

☎ 212-563 7488 ; thepit-nyc.com ; 123 East 24th St, entre Park Ave et Lexington Ave ; ⏲ selon programmation ; Ⓢ 4, 6 23rd St

32 SPINN

TENNIS DE TABLE

Plan p. 108, B3

Selon l'actrice et propriétaire Susan Sarandon, jouer au ping-pong serait le meilleur moyen de tisser des liens. S'il est donc largement fréquenté par les *beautiful people* du quartier qui viennent y élargir leur réseau professionnel, cet établissement cosy et branché est aussi un bon endroit pour travailler son coup droit entre amis, autour d'un verre (bières à partir de 5 $), d'une salade (12 $) ou d'une pizza (15 $).

→ Greffez-vous à une partie déjà en cours ou réservez une table en heure creuse pour 29 $ la demi-heure.

☎ 212-982 8802 ; www.wearespin.com ; 48 East 23rd St, près de Park Ave South ; ⏲ lun-mer 11h-minuit, jeu 11h-1h, ven-sam 11h-2h, dim 11h-20h ; Ⓢ 6 23rd St ; N, Q, R, W East 23rd St

MIDTOW

MIDTOWN EAST ET FIFTH AVE

Orientation

LE QUARTIER DU SHOPPING → Sur la 5th Avenue, entre 42nd St et le bas de Central Park.

LE QUARTIER INTERNATIONAL → Les missions diplomatiques de tous les pays entourent le siège de l'ONU.

Incontournables

SAINT PATRICK'S CATHEDRAL → Une référence pour tous les catholiques du pays (détails p. 124).

EMPIRE STATE BUILDING → Une icône dans l'imaginaire de tous les touristes (détails p. 123).

GRAND CENTRAL TERMINAL → Une gare qui se visite comme un musée (détails p. 123).

Hors des sentiers battus

LA GRILLE DE MÉTRO DE MARILYN (plan p. 120, C2) → C'est devant le 590 Lexington Ave, à hauteur de 52nd St, que se trouve la célèbre grille de métro dont le souffle remonta la jupe de Marilyn dans le film *Sept ans de réflexion*. Si la scène originale fut jugée trop osée et recréée en studio, les photos du tournage sont parmi les plus célèbres de la star (Ⓢ6 Lexington Ave/51st St ; E, M Lexington Ave/53 St).

SUTTON SQUARE (plan p. 120, E1) → Pour rejouer la scène où Woody Allen conte fleurette à Diane Keaton dans *Manhattan* avec le Queensboro Bridge en toile de fond (ⓈN, R, W Lexington Ave/59th St).

GREENACRE PARK (plan p. 120, D3) → Ce minuscule parc urbain caché entre deux immeubles est une véritable oasis de verdure et de tranquillité. La population active du quartier s'y retrouve pour déjeuner devant son impressionnante cascade d'eau (217 East 51st St, entre 2nd Ave et 3rd Ave ; ⏲tlj 8h-18h ; Ⓢ6 Lexington Ave/51st St ; E, M Lexington Ave/53rd St).

Visiter p. 122
À table p. 125
Prendre un verre p. 126
Shopping p. 127
Sortir p. 129
East River
Sutton Square
E 59th St
E 58th St
E 57th St
E 56th St
E 55th St
E 54th St
E 53rd St
E 52nd St
E 51st St
E 50th St
E 49th St
E 48th St
E 47th St
E 46th St
E 45th St
Second Ave
Third Ave
Lexington Ave
Park Ave S
Madison Ave
Fifth Ave
Greenacre Park
Grille de métro de Marilyn
59th St
Lexington Ave-53rd St
51st St
Fifth Ave-53rd St
57th St
47th-50th Sts-Rockefeller Center
St Patrick's Cathedral
Grand Central Terminal
Rockefeller Plaza
MOMA
TIMES SQUARE ET MIDTOWN WEST p. 130
A
B
C
D
E
1
2
3
4
3
4
6
7
13
17
18
19
20
21
24

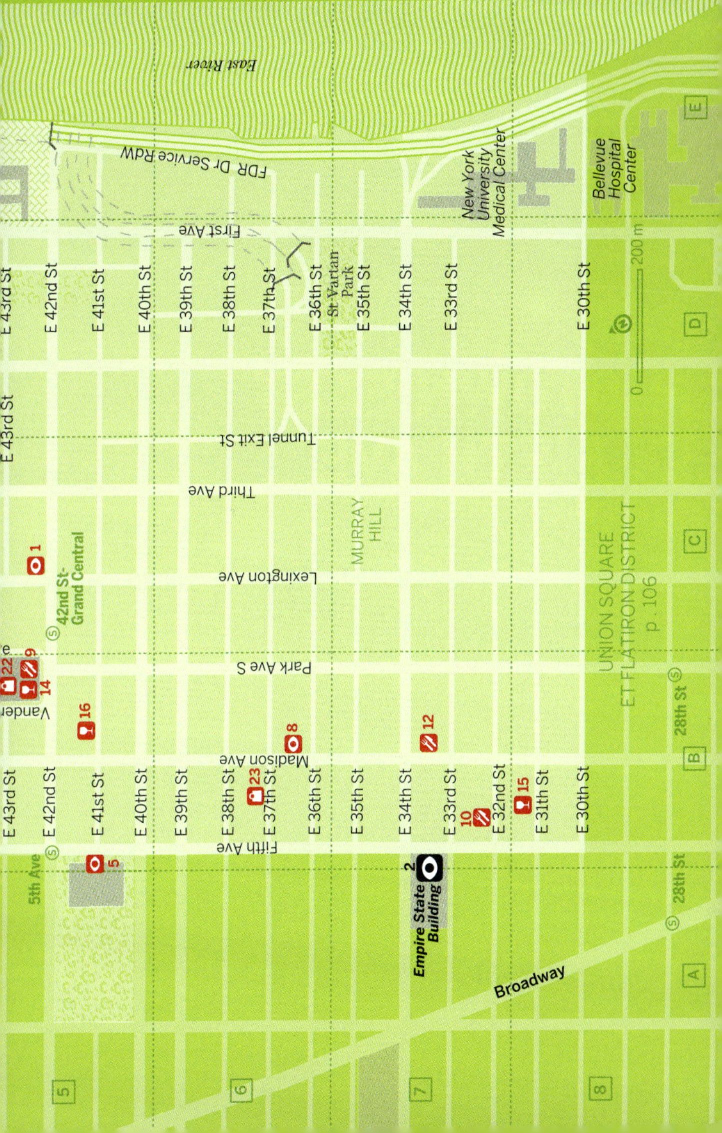
East River
FDR Dr Service Rdw
First Ave
Third Ave
Tunnel Exit St
Lexington Ave
Park Ave S
Madison Ave
Fifth Ave
5th Ave
Vander
42nd St-Grand Central
Broadway
E 43rd St
E 42nd St
E 41st St
E 40th St
E 39th St
E 38th St
E 37th St
E 36th St
E 35th St
E 34th St
E 33rd St
E 32nd St
E 31th St
E 30th St
28th St
St Vartan Park
MURRAY HILL
New York University Medical Center
Bellevue Hospital Center
Empire State Building
UNION SQUARE ET FLATIRON DISTRICT p. 106
0
200 m
A
B
C
D
E
5
6
7
8
1
2
5
8
9
10
12
14
15
16
22
23

MIDTOWN EAST ET FIFTH AVE

AU CŒUR DE LA GROSSE POMME

En perpétuelle ébullition, le centre de Manhattan réunit des monuments emblématiques et des habitations d'une rare élégance. Le long de la Cinquième Avenue (Fifth Ave), entre le Rockefeller Center et le bas de Central Park, les principales chaînes de prêt-à-porter côtoient les boutiques de luxe. C'est également un quartier international, qui abrite le siège des Nations unies et les missions diplomatiques de tous les pays.

Visiter

1 CHRYSLER BUILDING

Plan p. 120, C5

Édifié entre 1928 et 1930, ce chef-d'œuvre de l'architecture Art déco, dessiné par William Van Alen, est resté le siège du géant automobile jusque dans les années 1950. L'ornementation de la façade reprend d'ailleurs des éléments des véhicules Chrysler de l'époque. Le plus haut gratte-ciel de la ville (320 m) pendant quelques mois, il fut rapidement détrôné par l'Empire State Building. La construction de ces deux immeubles coïncida avec la Grande Dépression. Seul le hall est ouvert au public.

→ C'est de l'Empire State Building que l'on jouit de la plus belle vue sur le Chrysler Building.
405 Lexington Ave, à hauteur de 42nd St ; hall lun-ven 8h-18h ; Ⓢ 4, 5, 6, 7, S Grand Central-42nd St

2 EMPIRE STATE BUILDING

Plan p. 120, B7

Symbole de Manhattan, l'Empire State Building fut inauguré en 1931. Il perdit son titre de plus haut gratte-ciel de New York en 1974, avant de le récupérer tragiquement, le 11 septembre 2001. Ce joyau de style Art déco a subi d'intenses rénovations pour devenir plus écologique : par exemple, le système d'illumination multicolore qui éclaire son sommet la nuit est fait de milliers d'ampoules LED basse consommation.

→ Achetez vos billets sur Internet pour éviter l'attente.
212-736 3100 ; www.esbnyc.com ; 350 5th Ave, près de 33rd St ; tarif plein/senior/6-12 ans 37/35/31 $, gratuit -6 ans ; tlj 8h-2h ; Ⓢ 6 33rd St ; B, D, F, M, N, Q, R 34th St-Herald Sq

3 GRAND CENTRAL TERMINAL

Plan p. 120, B4

Construite en 1903, cette gare est l'un des édifices les plus prisés de la ville. Dans le hall principal, les guichets de vente de billets rappellent au visiteur qu'il se trouve dans une gare en fonctionnement, mais, sinon, on se croirait plutôt dans un hall de musée. Le plafond est peint d'une gigantesque fresque de Paul Helleu représentant un ciel étoilé avec les signes du zodiaque. Le point information, lieu de rendez-vous pratique pour les New-Yorkais, est surmonté d'une curieuse horloge à quatre faces. Prévoyez la visite le dimanche, ou en journée entre 11h et 15h, en dehors des heures de pointe, où l'on risque de se faire piétiner par une foule de New-Yorkais impatients.

→ Au sous-sol, un *food court* propose une vingtaine de snacks et de restaurants.

Les secrets de Grand Central Terminal

La majestueuse gare de Grand Central recèle quelques secrets pour qui sait les chercher.

Le plus étonnant est sans doute la "*whispering gallery*", le hall voûté qui se trouve juste devant l'entrée du célèbre Oyster Bar. L'acoustique des voûtes en céramique est telle qu'une personne installée face au mur dans un coin du hall pourra entendre, comme si on lui murmurait dans l'oreille, les paroles susurrées dans le mur par une autre personne se tenant dans le coin opposé. L'effet est étonnant, et le lieu est devenu un endroit privilégié pour les demandes en mariage.

Dans le même couloir, un ascenseur difficile à repérer mène à l'élégant bar à cocktails The Campbell Apartment (p. 126).

JOSÉ RAMÓN FERREIRA ©

JOSÉ RAMÓN FERREIRA © (POUR LES TROIS PHOTOS)

www.grandcentralterminal.com ; 89 East 42nd St, à hauteur de Park Ave ; ⏲tlj 5h30-2h ; Ⓢ4, 5, 6, 7, S Grand Central-42nd St

4 JAPAN SOCIETY

Plan p. 120, D4

Fondée en 1907 par une poignée d'hommes d'affaires désireux de nouer des relations privilégiées avec le Japon, cette société organise plus d'une centaine de manifestations par an. L'élégant bâtiment, œuvre de l'architecte japonais Junzo Yoshimura, se trouve près de l'ONU, sur un terrain offert par la famille Rockefeller.

→ Ne manquez pas les galeries, la bibliothèque, les jardins intérieurs ou la cascade. Accès gratuit le vendredi de 18h à 21h.

✆212-832 1155 ; www.japansociety.org ; 333 East 47th St, près de 1st Ave ; expo tarif plein/étudiant et senior 12/10 $, -16 ans gratuit, galerie en entrée libre ; ⏲mar-jeu 12h-19h, ven 12h-21h, sam-dim 11h-17h ; Ⓢ4, 5, 6, 7, S Grand Central-42nd St ; 6 51st St ; E, M Lexington Ave-53 St

5 NEW YORK PUBLIC LIBRARY

Plan p. 120, B5

Sorti de terre en 1897, cet impressionnant bâtiment en marbre de style Beaux-Arts est le siège de l'important réseau de bibliothèques publiques de la ville. Il a été déclaré monument historique national en 1965. Vous y verrez, dans une vitrine, les peluches de Christopher Robin Milne, fils d'Alan Alexander Milne, qui inspirèrent à son père certains des personnages de son roman *Winnie l'ourson*.

→ Visites guidées gratuites lundi-samedi à 11h et à 14h.

✆917-275 6975 ; www.nypl.org ; entrée libre ; 5th Ave, à hauteur de 42nd St ; ⏲lun et jeu-sam 10h-18h, mar-mer 10h-20h, dim 13h-17h ; ⓈB, D, F, M 42nd St-Bryant Park ; 1, 2, 3, 7, N, Q, R, S Times Sq-42nd St ; 4, 5, 6, 7, S Grand Central-42nd St

6 ST PATRICK'S CATHEDRAL

Plan p. 120, B3

En face du Rockefeller Center, cette cathédrale néogothique présente des vitraux impressionnants et des voûtes majestueuses. Siège de l'archevêché de New York et référence de tous les catholiques américains, elle a vu le jour pendant la guerre de Sécession, en remplacement de l'originale, à Nolita (p. 35).

→ Pendant les offices, la cathédrale est réservée aux fidèles ; les visiteurs ne sont pas admis.

✆212-753 2261 ; www.saintpatrickscathedral.org ; 5th Ave entre 50th St et 51st St ; ⏲tlj 6h30-20h45 ; ⓈB, D, F, M 47th St-50th St-Rockefeller Center ; E, M 5th Ave-53rd St

7 SIÈGE DES NATIONS UNIES

Plan p. 120, E4

Construit en 1950 par Le Corbusier, cet édifice situé en territoire international jouit d'une vue imprenable sur l'East River. La visite guidée (45 min ; billets à réserver sur Internet) permet de découvrir l'Assemblée générale, récemment rénovée, et la salle du Conseil de sécurité.

212-963 4475 ; info visites guidées 212-963 8687 ; visit. un.org ; 1st Ave, à hauteur de 46th St ; tarif plein/étudiant et senior/enfant 22/15/13 $; lun-ven 9h-16h30, sam-dim 10h-16h30 ; Ⓢ4, 5, 6, 7, S Grand Central-42nd St ; 6 51st St

8 THE MORGAN LIBRARY

Plan p. 120, B6

En 1924, J. P. Morgan Jr, fils d'un banquier et homme d'affaires très influent, décida d'ouvrir au public l'impressionnante bibliothèque de son père. En réalité, il s'agit d'une demeure de 45 pièces dessinée par l'architecte Charles Follen McKim, et récemment agrandie par Renzo Piano, qui renferme une précieuse collection de tableaux, de tapisseries, de livres et d'antiquités. Elle propose également des expositions temporaires, ainsi que des concerts et des conférences.

→ L'entrée est gratuite le vendredi entre 19h et 21h.

212-685 0008 ; www. themorgan.org ; 225 Madison Ave, à hauteur de 36th St ; tarif plein/ étudiant, senior et 13-16 ans 20/13 $, -12 ans gratuit ; mar-jeu 10h30-17h, ven 10h30-21h, sam 10h-18h, dim 11h-18h ; Ⓢ6 33rd St

À table !

9 GRAND CENTRAL OYSTER BAR AND RESTAURANT

FRUITS DE MER

Plan p. 120, B5

Plus qu'un restaurant, une institution ! Dans le sous-sol de la gare de Grand Central et sous des voûtes dessinées par l'architecte espagnol Rafael Guastavino, on déguste des huîtres de toutes tailles et de toutes provenances, mais également une délicieuse *clam chowder* (chaudrée de palourdes typiquement new-yorkaise ; 7,55 $) ou de succulentes coquilles Saint-Jacques. Huîtres 2,75 $ pièce, plats autour de 25-30 $.

212-490 6650 ; www. oysterbarny.com ; Grand Central Terminal, 89 East 42nd St, à hauteur de Park Ave ; lun-sam 11h30-21h30 ; Ⓢ4, 5, 6, 7, S Grand Central-42nd St

10 KANG HO DONG BAEKJEONG

BARBECUE CORÉEN

Plan p. 120, B7

Fondé par le comédien et ancien catcheur Kang Ho Dong, ce restaurant de K-Town offre une cuisine aussi savoureuse qu'authentique. Comptez 31,99 $ l'assiette de poitrine de bœuf pour deux à faire griller au barbecue. Tous les plats sont accompagnés de nombreux *ban chan*, des petites assiettes de légumes à partager.

212-966 9839 ; www. baekjeongnyc.com ; 1 East 32nd St, près de 5th Ave ; tlj 11h30-1h, ven-sam jusqu'à 5h ; Ⓢ4, 6 33 St ; N, Q, R, W, D, F, M 34th St-Herald Sq

11 SAKAGURA

JAPONAIS TRADITIONNEL

Plan p. 120, C5

Ce trésor de Midtown, au décor plein de cachet, est camouflé dans le sous-sol d'un immeuble de bureaux, auquel on accède par des escaliers ou un ascenseur. La cuisine est excellente, mais il doit sa notoriété à son choix unique de sakés (plus de 200 références). À midi, formule *soba* à 12,50 $. Réservation conseillée.

212-953 7253 ; www. sakagura.com ; 211 East 43rd St, près de 3rd Ave ; lun-jeu 11h30-14h20 et

18h-23h15, ven 11h30-14h20 et 18h-0h15, sam 18h-0h15, dim 18h-22h15 ; Ⓢ4, 5, 6, 7, S Grand Central-42nd St

12 TINA'S CUBAN CUISINE

CUBAIN

Plan p. 120, B7

Si le décor tristounet de ce restaurant sans chichis ne transporte pas à La Havane, la délicieuse cuisine, authentique, se charge du dépaysement ! Les sandwichs pressés au porc braisé (9 $) sont parfaits pour un déjeuner sur le pouce, et les assiettes énormes de *ropa vieja*, riz, haricots noirs et bananes plantains combleront même les très grosses faims (13 $), à prix très doux.

→ Autre adresse près du Rockefeller Center, celle-ci également ouverte le samedi de 8h à 18h (23 W 56th St, entre 5th Ave et 6th Ave).

✆ 212-679 3500 ; 179 Madison Ave, entre 33rd et 34th St ; ⏲ lun-ven 8h-20h ; Ⓢ4, 6 33rd St ; B, D, F, M, N, Q, R Herald Sq

13 PJ CLARKE'S

AMÉRICAIN

Plan p. 120, C2

L'histoire de cette institution new-yorkaise remonte à 1884 et ses murs ont vu passer nombre de célébrités : Frank Sinatra, Jacqueline Kennedy ou encore Nat King Cole y avaient leurs habitudes en leur temps. Réputé pour son hamburger au bacon (19,75 $) dont la recette est restée inchangée depuis sa création, l'établissement a servi de décor à plusieurs films dont *Révélations*, *French Connection 2* ou *Coyote Girls*.

→ Plats entre 20 et 30 $.

✆ 212-317 1616 ; pjclarkes.com ; 915 3rd Ave, à l'angle d'East 55th St ; ⏲ lun-ven 11h30-1h, sam-dim 10h-1h ; Ⓢ6, N, R 28th St

MAXIME AUBIN ©

Prendre un verre

14 THE CAMPBELL APARTMENT

BAR À COCKTAILS

Plan p. 120, B5

En 1923, le millionnaire John Campbell loua, au sein de la gare de Grand Central, un espace de 300 m² pour le convertir en un lieu de réception aux allures de petit palais excentrique. Aujourd'hui, ce bar à cocktails peut être difficile à trouver. Depuis l'intérieur de la gare, il faut franchir la porte ouest. Une fois sur Vanderbilt Ave, une porte sur la gauche signale l'entrée. Montez les escaliers : une ambiance unique et des cocktails excellents (à partir de 14 $).

✆ 212-297 1781 ; www.thecampbellnyc.com ; Grand Central Terminal, 15 Vanderbilt Ave, près de 43rd St ; ⏲ tlj 12h-2h ; Ⓢ4, 5, 6, 7, S Grand Central-42nd St

15 THE HEIGHTS

BAR AVEC VUE

Plan p. 120, B8

Installé sur le toit de l'hôtel Arlo Nomad, ce bar réserve une vue imprenable sur l'Empire State Building (à 2 *blocks*)… et la rue en contrebas grâce à sa terrasse au sol percé d'une vitre. Les bons

CAMPBELL APPARTMENT ©

SIHEM SOIBINET-FEKIH ©

cocktails (14-16 $) permettent de se remettre de ses émotions.
212-951 1141 ; www.theheightsarlonomad.com ; 11 East 31st St, entre Madison Ave et 5th Ave ; lun-mer 16h-minuit, jeu-dim 12h-1h ; Ⓢ4, 6 33 St ; R, W 28 St

16 BOOKMARKS
BAR AVEC VUE
Plan p. 120, B5

Moins bondé que le Pod 39 Rooftop, ce bar est un petit écrin de verdure chic et décontracté, prisé des avocats des cabinets alentour. Situé au 14e étage du Library Hotel, ce bar a l'avantage d'être à la fois plein air et couvert avec son salon au style années 1920. On pourra ainsi profiter de la vue depuis une chaise longue au soleil ou sous la verrière – voire siroter un verre près de la cheminée.
→ **Baptisés d'après des écrivains célèbres, les cocktails (à partir de 17 $) ne sont pas les moins chers de la ville mais témoignent de la qualité du mixologiste.**
212-204 5498 ; www.hospitalityholdings.com ; 299 Madison Ave, entrée dans East 41st St ; tlj 16h-minuit, ven-sam jusqu'à 1h ; Ⓢ4, 5, 6, 7 Grand Central-42th St

17 FLÛTE BEEKMAN
BAR À CHAMPAGNE
Plan p. 120, D3

Avec sa décoration entre ciel et mer – une pirogue est suspendue au-dessus du bar et un télescope ancien trône au fond de la pièce –, cette adresse réserve une atmosphère cosy et intimiste, idéale pour déguster une coupe de champagne (à partir de 15 $). Concerts de jazz le mercredi soir.
→ **Happy hour le mardi de 16h à 20h, avec deux verres pour le prix d'un.**
917-261 7808 ; www.flutebar.com ; 889 1st Ave, à l'angle d'East 50th St ; lun-sam 16h-2h ; ⓈE, M Lexington Av-53rd St

Shopping

18 MTC KITCHEN
USTENSILES DE CUISINE JAPONAIS
Plan p. 120, C4

L'enseigne du principal importateur d'ustensiles de cuisine japonaise propose plus de 4 000 articles, des meilleurs couteaux aux théières, en passant par des produits d'alimentation (huile de soja, miso, saké...).
→ **Cours gratuits et dégustations de saké.**
212-661 3333 ; www.mtckitchen.com ; 711 3rd Ave, entrée sur 45th St, entre 3rd Ave et 2nd Ave ; lun-ven 10h-19h ; Ⓢ4, 5, 6, 7, S Grand Central-42nd St

19 ARGOSY BOOK STORE
LIBRAIRIE
Plan p. 120, C1

Fondée en 1925, cette immense librairie familiale achète et vend des livres et des documents anciens. Elle propose, sur six étages, une multitude de premières éditions, de cartes et de documents vieux de plus d'un siècle (lettres de rédacteurs en chef de journaux, contrats de l'époque de la guerre de Sécession, lettres d'éminents médecins et écrivains...).

→ **Photos et autographes d'acteurs et de musiciens à partir de 60 $.**

212-753 4455 ; www.argosybooks.com ; 116 East 59th St, près de Park Ave ; lun-ven 10h-18h ; 4, 5, 6 59th St ; N, Q, R Lexington Ave-59th St

20 APPLE STORE

INFORMATIQUE

Plan p. 120, B1

Tous les Apple Store de la ville sont spectaculaires, mais celui de 5th Ave, à l'extrémité sud-est de Central Park, l'est encore plus avec son cube en verre en guise d'entrée. Le magasin est ouvert toute l'année, 24h/24, et propose tous les produits de la marque.

→ **N'espérez pas y faire de bonnes affaires, mais les ordinateurs sont connectés à Internet et beaucoup de touristes en profitent pour consulter leurs e-mails.**

212-336 1440 ; www.apple.com ; 767 5th Ave, à hauteur de 59th St ; 24h/24 ; N, Q, R 5th Ave-59th St

21 TIFFANY AND CO.

BIJOUTERIE

Plan p. 120, B1

Cette bijouterie, peut-être la plus célèbre du monde, est devenue une attraction touristique. On y vient pour admirer diamants et pierres précieuses, replonger dans l'ambiance du film *Diamants sur canapé* avec Audrey Hepburn ou jeter un coup d'œil sur les extraordinaires toilettes.

→ **Au 4e étage, les objets en argent (porte-clés, marque-pages...), les agendas et les porte-monnaie bleus estampillés Tiffany sont plus abordables que les trésors exposés dans les autres vitrines du magasin.**

212-755 8000 ; www.tiffany.com ; 727 5th Ave, à hauteur de 57th St ; lun-sam 10h-19h, dim 12h-18h ; F 57th St ; N, Q, R 5th Ave-59th St

22 MAGASINS DE GRAND CENTRAL TERMINAL

CENTRE COMMERCIAL

Plan p. 120, B5

La gare de Grand Central accueille un somptueux marché alimentaire de produits pour gourmets. Par ailleurs, tous les couloirs qui débouchent sur le hall principal abritent des boutiques, dont certaines valent le coup d'œil : **Aveda** (produits naturels pour la peau et les cheveux),

Cursive (déco d'intérieur, objets)... Au sous-sol, on trouvera une boutique de cupcakes, **Magnolia Bakery**, et des enseignes de restauration rapide.

→ D'avril à octobre, prenez un plat à emporter dans un des snacks de la gare, puis dégustez-le à l'extérieur, sur une des petites tables entourant le Pershing Square (une partie de la terrasse est publique).

☎ 212-340 2583 ; www.grandcentralterminal.com ; 1 East 42nd St ; ⏱ marché : lun-ven 7h-21h, sam 10h-19h, dim 11h-18h ; magasins : lun-ven 8h-20h, sam 10h-20h, dim 11h-18h ; restauration : lun-ven 7h30-22h, sam-dim 9h-20h ; Ⓢ 4, 5, 6, 7, S Grand Central-42nd St

23 COSMETIC MARKET

PRODUITS DE BEAUTÉ

Plan p. 120, B6

Cette enseigne est spécialisée dans le destockage de cosmétiques et de produits de beauté de grandes marques. Sur 450 m², crèmes hydratantes, rouges à lèvres, mascaras ou shampoings sont proposés avec des réductions allant jusqu'à 80%. Un bon plan, plus ou moins intéressant selon l'arrivage et l'écoulement des stocks.

☎ 212-725 3625 ; www.cosmeticmarketnyc.com ; 15 East 37th St, près de Madison Ave ; ⏱ lun-ven 8h-19h, sam 11h-18h, dim 12h-17h ; Ⓢ N, Q, R, W, D, F, M 34 St-Herald Sq ; 4, 6 33rd St

Sortir

24 TOMI JAZZ

CLUB DE JAZZ

Plan p. 120, D2

Ancien bar secret réservé aux Japonais, ce club de jazz a gardé sa confidentialité d'autrefois : il faut sonner à une porte dissimulée en sous-sol pour y accéder. À l'intérieur, une minuscule pièce basse sous plafond avec quelques tables éclairées à la bougie. Une atmosphère idéale pour des concerts de jazz intimistes, organisés tous les soirs à partir de 20h (gratuits la semaine pour 10 $ de consommation, 10 $ le week-end plus consommations).

→ Belle carte de sakés traditionnels comme le Kitaya (7,50 $) ou le Hakkaisan (10 $).

☎ 646-497 1254 ; www.tomijazz.com ; 239 East 53rd St, entre 2nd Ave et 3rd Ave ; ⏱ tlj 17h30-4h ; Ⓢ E, M Lexington Ave/53rd St

TIMES

TIMES SQUARE ET MIDTOWN WEST

SQUARE

Orientation

LE QUARTIER DES THÉÂTRES → Broadway (détails p. 142).

LE QUARTIER DES DIAMANTAIRES → Sur 47th St, entre 5th Ave et 6th Ave.

LE QUARTIER DE LA MODE → 7th Ave, entre 34th St et Times Square.

LE QUARTIER DES CUISINES DU MONDE → Hell's Kitchen, entre 34th St et 39th St, 8th Ave et l'Hudson.

Incontournables

LE MOMA → L'une des meilleures collections d'art moderne au monde (détails p. 136).

TOP OF THE ROCK → La meilleure vue sur Central Park et l'Empire State (détails p. 135).

ROCKEFELLER CENTER → Un site incontournable, tout particulièrement aux alentours de Noël (détails p. 135).

KIOSQUE TKTS DE TIMES SQUARE → Pour acheter ses billets de spectacles à prix réduits (détails p. 142).

Hors des sentiers battus

KOREATOWN (plan p. 132, E6-E7) → Entre 31st et 36th St et Broadway et 5th Ave. Restaurants, magasins et spas coréens se concentrent dans 32nd St, en débordant au nord et au sud dans les rues avoisinantes. Certains barbecues sont ouverts 24h/24.

INSTALLATION SONORE DE MAX NEUHAUS (plan p. 132, D4) → Une curiosité sonore dissimulée dans la cacophonie de Times Square. En vous arrêtant au-dessus de la grille d'aération située au nord de l'îlot piéton de Times Square, entre 45th St et 46th St, vous entendrez un bourdonnement continu provenant du sous-sol. Il ne s'agit pas du métro mais d'une installation artistique de Max Neuhaus. Le son est diffusé 24h/24 et 7j/7, interrogeant le flot de passants sur cette "anomalie" sonore.

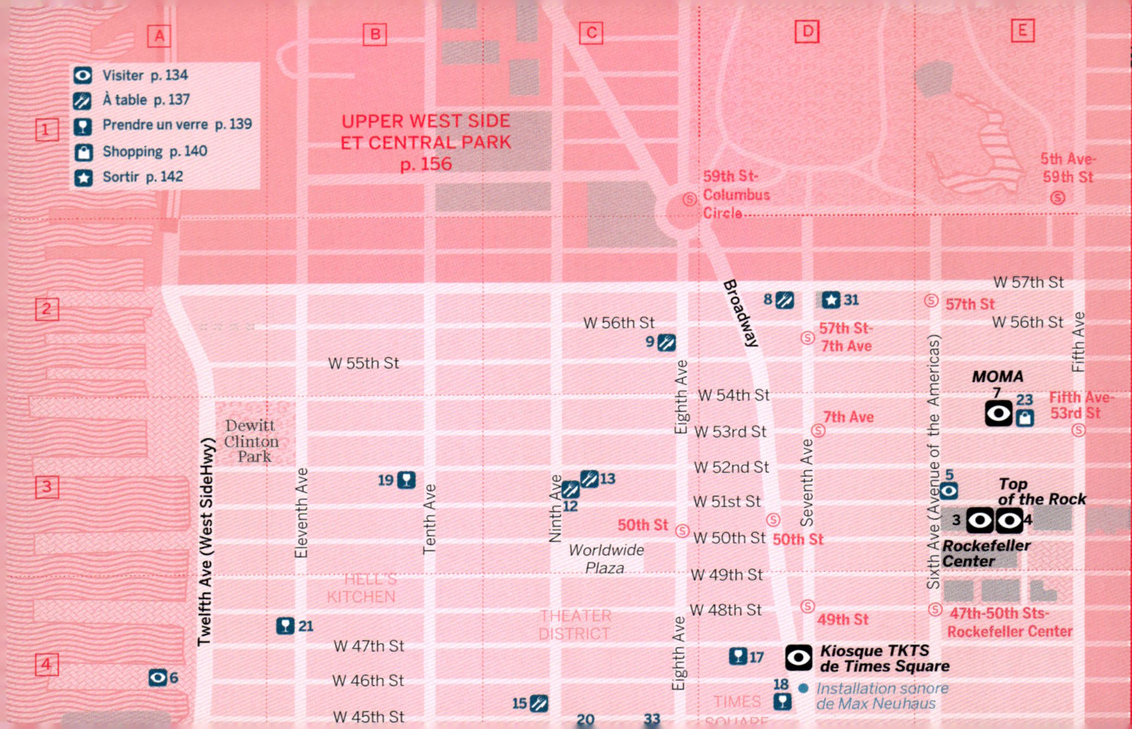
A
B
C
D
E
1
2
3
4
Visiter p. 134
À table p. 137
Prendre un verre p. 139
Shopping p. 140
Sortir p. 142
UPPER WEST SIDE
ET CENTRAL PARK
p. 156
59th St-
Columbus
Circle
5th Ave-
59th St
W 57th St
57th St
W 56th St
Fifth Ave
Broadway
8
31
57th St-
7th Ave
9
W 55th St
MOMA
7
23
Fifth Ave-
53rd St
W 54th St
Eighth Ave
W 53rd St
7th Ave
Sixth Ave (Avenue of the Americas)
Dewitt
Clinton
Park
W 52nd St
Seventh Ave
19
13
12
5
Top
of the Rock
W 51st St
3
4
Twelfth Ave (West SideHwy)
Eleventh Ave
Tenth Ave
Ninth Ave
50th St
W 50th St
50th St
Rockefeller
Center
Worldwide
Plaza
W 49th St
HELL'S
KITCHEN
W 48th St
49th St
47th-50th Sts-
Rockefeller Center
21
THEATER
DISTRICT
W 47th St
17
Kiosque TKTS
de Times Square
6
W 46th St
18
Installation sonore
de Max Neuhaus
15
TIMES
W 45th St
20
33

UNION SQUARE, FLATIRON DISTRICT ET GRAMERCY PARK p. 106
CHELSEA ET MEAPACKING DISTRICT p. 92
Fifth Ave
Sixth Ave
(Avenue of the Americas)
Broadway
Seventh Ave
Eighth Ave
Ninth Ave
Tenth Ave
Eleventh Ave
Twelfth Ave (West Side Hwy)
Renwick St
Greenwich St
Lincoln Tunnel
W 43rd St
W 42nd St
W 41st St
W 40th St
W 39th St
W 38th St
W 37th St
W 36th St
W 35th St
W 34th St
W 33rd St
W 32nd St
W 31st St
W 30th St
W 29th St
W 28th St
5th Ave
42nd St-Bryant Park
42nd St-Times Sq
42nd St Port Authority
34th St-Herald Sq
34th St-Penn Station
Penn Station
New York Public Library
Bryant Park
KOREATOWN
HERALD SQUARE
GARMENT DISTRICT
Empire State Building
Gare routière de Port Authority
Hell's Kitchen Flea Market
Jacob Javits Convention Center
Hudson River
Pier 83
Pier 81
Pier 66
1
2
10
11
14
16
22
32
24
25
26
27
28
29
30
0
200 m
A
B
C
D
E
5
6
7
8

TIMES SQUARE ET MIDTOWN WEST

THE SHOW MUST GO ON

Pour le visiteur qui se rend à Manhattan pour la première fois, les rues de Midtown West correspondent exactement aux images qu'il aura vues tant de fois dans les films, les séries et les publicités : les lumières de Times Square, la patinoire du Rockefeller Center, les concerts du Radio City Music Hall, les comédies musicales de Broadway... Le New York le plus touristique est certes ici, mais son charme est indéniable.

Visiter

1 CIRCLE LINE CRUISE

Plan p. 132, A5

Cette compagnie de ferries propose cinq parcours fluviaux différents. Celui que nous préférons est une balade classique de trois heures dans les cinq districts, qui passe par ses sept ponts et près de vingt monuments historiques. D'autres visites plus courtes incluent Ellis Island et la statue de la Liberté. Il est conseillé d'acheter ses billets sur Internet : des réductions sont parfois proposées.

→ Possibilité d'acheter des billets couplés donnant accès à d'autres sites d'intérêt de la ville, comme le musée de l'Air et de l'Espace.

☎212-563 3200 ; www. circleline42.com/ new-york-cruises.aspx ; Pier 83, près de West 42nd St ; circuit 2 heures 30 adulte/enfant 43/36 $; ⏲tlj 9h-19h ; Ⓢ1, 2, 3, 7, N, Q, R, S Times Sq-42nd St ; A, C, E 42nd St-Port Authority Bus Terminal ; B, D, F, M 42nd St-Bryant Park

2 BRYANT PARK

Plan p. 132, E5

Le nom de ce parc est un hommage à William C. Bryant, rédacteur en chef du *New York Evening Post* et abolitionniste. Aujourd'hui, c'est l'un des parcs les plus prisés de la ville, qui offre une connexion Wi-Fi gratuite, des séances de cinéma en plein air l'été (The Bryant Park Summer Film Festival, entrée libre), des cours de yoga (gratuits en été) et une patinoire (payante) en hiver. Situé juste derrière la New York Public Library (p. 124), le parc abrite également l'un des rares W.-C. publiques de la ville, impeccables et étonnamment chics.

☎212-768 4242 ; www. bryantpark.org ; 42nd St, à hauteur de 6th Ave ; ⏲jan-avr et oct-déc 7h-22h, mai 7h-23h, juin-sept 7h-minuit ; Ⓢ7 5th Ave ; B, D, F, M 42nd St-Bryant Park

LORENA GALLIOT ©

3 ROCKEFELLER CENTER

Plan p. 132, E3

Ce complexe industrialo-commercial est constitué de 14 immeubles Art déco construits par le promoteur immobilier John D. Rockefeller Jr pendant la Grande Dépression et de quatre autres ajoutés dans les années 1960, ainsi que du Lehman Brothers Building. Au centre, le GE Building (30 Rockefeller Plaza) se distingue par sa taille. Dans le lobby, levez les yeux vers les deux impressionnantes fresques de José Maria Sert, ***American Progress*** et ***Time***. Autre œuvre à ne pas manquer, la sculpture ***News***, d'Isamu Noguchi, au-dessus de l'entrée du 50 Rockefeller Plaza.

→ Émission phare de la télé américaine, *Today* est tournée chaque matin en direct depuis Rockefeller Plaza. Pour assister à l'enregistrement, réservez sur le site visit.today.com... et levez-vous tôt !

☎212-588 8601 ; www. rockefellercenter.com ; Rockefeller Pl, entre 5th Ave et 7th Ave, 48th St et 51st St ; ⓈB, D, F, M 47th St-50th St-Rockefeller Center

4 TOP OF THE ROCK

Plan p. 132, E3

Contempler New York depuis cette spectaculaire plateforme en plein air, posée 70 étages au-dessus de Midtown, est un des musts de la ville. La vue au-dessus de Central Park est imprenable.

→ Réservez vos billets sur le site, qui offre un vaste choix de visites combinées.

☎212-698 2000 ; www. topoftherocknyc.com ; 30 Rockefeller Pl, près de 6th Ave ; tarif plein/ senior/6-12 ans 36/34/30 $, gratuit -6 ans ; ⏲tlj 8h-minuit (dernier ascenseur 23h) ; ⓈB, D, F, M 47th St-50th St-Rockefeller Center

JOSÉ RAMÓN FERREIRA ©

INTREPID SEA, AIR AND SPACE MUSEUM ©

5 RADIO CITY MUSIC HALL

Plan p. 132, E3

Classée monument historique, cette salle de spectacles est née en 1932 de l'idée du producteur de music-hall Samuel Lionel Rothafel, dit "Roxy". La visite guidée permet de découvrir l'intérieur de style Art déco, et l'immense auditorium, évoquant le soleil couchant. La programmation n'est malheureusement pas toujours à la hauteur.

→ Réservez votre visite en ligne : des réductions sont parfois concédées.

✆212-247 4777 ; www.radiocity.com ; 1260 6th Ave, à hauteur de 50th St ; adulte/-12 ans 30/26 $; ⏲tlj 10h-17h ; ⓈB, D, F, M 47th St-50th St-Rockefeller Center

6 INTREPID SEA, AIR & SPACE MUSEUM

Plan p. 132, A4

Ce porte-avions de l'US Navy, qui servit pendant la Seconde Guerre mondiale et la guerre du Vietnam, est aujourd'hui un musée et un hommage permanent aux anciens combattants. Bien que ce lieu s'adresse en priorité aux admirateurs d'exploits guerriers et au public américain, son pont sert de cinéma en plein air gratuit l'été et offre une expérience inoubliable.

→ Apportez un pique-nique pour déjeuner sur le pont.

✆212-245 0072 ; www.intrepidmuseum.org ; Pier 86, 12th Ave, à hauteur de 46th St ; tarif plein/senior et étudiant/7-17 ans/3-6 ans 24/20/19/12 $; avr-oct lun-ven 10h-17h, sam-dim 10h-18h, nov-mars tlj 10h-17h ; ⓈC, E 50th St

7 MUSEUM OF MODERN ART – MOMA

Plan p. 132, E3

Fondé par Abby Aldrich Rockefeller, le MoMA accueille l'une des meilleures collections d'art moderne au monde (peinture, photographie, cinéma, architecture, sculpture...). Parmi ses trésors, *Les Demoiselles d'Avignon* de Picasso, *La Nuit étoilée* de Van Gogh, *La Persistance de la mémoire* de Dalí et les boîtes de soupe Campbell's de Warhol. Idéale pour une pause entre deux tableaux, la cafétéria italienne **Café 2**, au 2e étage, propose paninis, plats de pâtes, salades, soupes et pâtisseries (plats entre 10 et 18 $). En sortant, admirez la vitrine du magasin de chaussures de Manolo Blahnik, une authentique bonbonnière (31 West 54th St).

→ Gratuit le vendredi de 16h à 20h. Les autres jours, mieux vaut arriver dès l'ouverture pour éviter l'affluence.

✆212-708 9400 ; www.moma.org ; 11 West 53rd St, entre 5th Ave et Avenue of the Americas ; tarif plein/senior/étudiant 25/18/14 $, gratuit -16 ans ; ⏲tlj 10h30-17h30, ven jusqu'à 20h ; ⓈE, M 5th Ave/53rd St ; F 57th St

À table !

8 BROOKLYN DINER

DINER

Plan p. 132, D2

Un *diner* dans la plus pure tradition américaine, avec néons, grande baie vitrée, banquettes capitonnées et entrée à double porte battante. La carte est une compilation des classiques new-yorkais. Même les affamés arriveront difficilement à bout du gigantesque hot dog 100% bœuf (21,95 $) ou du Reuben, mille-feuille de pastrami entre deux toasts (22,50 $). Bon choix végétarien. En dessert, optez pour le cheesecake. Autre adresse au 155 West 43rd St.

→ Les Américains y dînent tôt : arrivez après 20h.

212-977 1957 ; www.brooklyndiner.com ; 212 West 57th St, entre 7th Ave et Broadway ; lun 7h30-23h, mar-ven 7h30-minuit, sam 7h-minuit, dim 7h-23h ; Ⓢ F, N, R, Q 57th St

9 GUANTANAMERA

CUBAIN

Plan p. 132, C2

Au cœur de Hell's Kitchen, ce restaurant décoré dans un style colonial/latin sert plats caribéens et mojitos dans une ambiance festive. À la carte, on retrouve les typiques *tostones rellenos* (bananes plantain, frites et farcies aux crevettes, 13 $), le *picadillo* (sauté de bœuf, 22 $), le cochon de lait grillé (23 $), les beignets et les blancs-mangers (7 $).

→ Concerts de musique cubaine tous les soirs à partir de 20h30.

212-262 5354 ; www.guantanamerany.com ; 939 8th Ave, près de 56th St ; dim-jeu 11h30-minuit, ven-sam 11h30-1h ; Ⓢ 1, A, B, C, D 59th St-Columbus Circle

10 TURNTABLE CHICKEN JAZZ

CORÉEN

Plan p. 132, D4

Tout simplement la meilleure adresse de Koreatown, juste au pied de l'Empire State Building, pour un *chimaek* : du poulet frit servi avec une bière, dont les Sud-Coréens font fréquemment leur dîner. Une vingtaine d'ailes ou de morceaux de cuisse (23,95 $) et une assiette de kimchi (3 $) rassasieront aisément deux personnes. La pinte coûte 8 $.

212-714 9700 ; www.turntablenyc.com ; 20 West 33rd St entre 5th Ave et 6th Ave ; dim-jeu 12h-22h ven-sam 12h-minuit ; Ⓢ N, Q, R, B, D, F, M 34 St-Herald Sq ; 1, 2, 3 Penn Station

11 GREEN SYMPHONY

BAR À SALADES

Plan p. 132, D5

Une cuisine savoureuse, saine et économique à deux pas de Times Square. Fréquentée surtout le midi, cette petite cantine propose une quinzaine de salades et de plats chauds – nombreuses options végétariennes – qui varient en fonction des jours et des saisons. Prix au poids : on peut déjeuner pour 10 $. Sur place (quelques tables) ou à emporter.

→ Sélection de bols de riz coréens agrémentés de légumes, de viandes et d'une sauce épicée.

JOSÉ RAMÓN FERREIRA ©

☎212-391 4747 ; 255 West 43rd St, près de 8th Ave ; ⏲lun-ven 7h30-20h30, dim 10h-18h30 ; ⓈA, C, E 42nd St-Port Authority

12 PURE
THAÏLANDAIS
Plan p. 132, C3

Ce minuscule restaurant se distingue des nombreux thaïlandais de 9th Ave (qui appartiennent tous à la chaîne Yum Yum, correcte mais sans plus) par sa décoration originale et colorée, ses plats très frais, aux ingrédients thaïlandais authentiques et ses portions raisonnables. En entrée, les bouchées vapeur aux légumes et cacahuètes sont un délice (9 $). Plats et soupes aux nouilles, faits maison, sont tous excellents (autour de 13 $) mais plutôt épicés...

→ **Pas de réservation : évitez les heures de pointe !**

☎212-581 0999 ; www.purethaicookhouse.com ; 766 9th Ave, entre 51st St et 52nd St ; ⏲lun-jeu 12h-22h30, ven-sam 12h-23h30, dim 12h-22h ; ⓈC, E 50th St

13 TOTTO RAMEN
JAPONAIS
Plan p. 132, C3

Considéré par ses (très nombreux) fans comme le meilleur restaurant de *ramen* de la ville, ce petit restaurant tout simple

SIHEM SOIBINET-FEKIH ©

aux prix honnêtes (plats 10-14 $) affiche souvent complet. Heureusement, l'enseigne a ouvert deux autres adresses : 464 West 51st St (entre 9th Ave et 10th Ave) et 248 East 52nd St (entre 2nd Ave et 3rd Ave).

→ **Plus chic, le concurrent de Totto Ramen, Ippudo (321 West 51st St, entre 8th Ave et 9th Ave), propose en plus hors-d'œuvre et plats raffinés. Goûtez les *buns* (pains de riz) au porc, moelleux et savoureux.**

☎212-582 0052 ; www.tottoramen.com ; 366 West 52nd St, entre 8th Ave et 9th Ave ; ⏲lun-ven 11h30-15h et 17h30-23h30, sam 12h30-23h30, dim 12h30-22h30 ; ⓈA, C, E 42nd St

14 LUCY'S CANTINA ROYALE
CALIFORNIEN
Plan p. 132, D7

En plein cœur du quartier de Penn Station, ce petit restaurant aux allures de hutte hawaïenne est l'adresse parfaite entre deux sessions shopping. Le restaurant offre une carte plutôt californienne et revisite les classiques américains. Les cocktails sont généreux, le burrito est à 13 $ et les salades sont à partir de 10 $.

→ **Prenez les escaliers au fond de la salle pour accéder à la terrasse sur le toit et siroter un verre au milieu des gratte-ciel.**

☎212-643-1270 ; www.lucyscantinaroyale.com ; 1 Pennsylvania Pl (West 34th St) ; ⏲dim-mar 11h30-minuit, mer-sam 11h30-1h ; ⓈA, C, E, 1, 2, 3 34th St-Penn Station

15 OBAO
VIETNAMIEN
Plan p. 132, C4

Une cuisine "fusion", d'inspiration vietnamienne, est le point fort de ce restaurant stylé au service efficace, parfait pour un dîner rapide avant un spectacle sur Broadway. La décoration est sobre mais soignée, on notera tout de même la poussière sur les abat-jour en bambou. Nous conseillons les brochettes de porc au sucre de canne (8 $), et la salade de vermicelles de riz au bœuf grillé (13 $). Réservation conseillée.

Autres adresses dans Midtown East (222 East 53rd St, entre 2nd Ave et 3rd Ave) et Financial District (38 Water St, près de Broad St).

212-245 8880 ; www.obaony.com ; 647 9th Ave, entre 45th St et 46th St ; dim-mer 11h30-22h45, jeu-sam 11h30-0h45 ; S A, C, E 42nd St

16 THE KUNJIP

BARBECUE CORÉEN

Plan p. 132, E7

Ce nouveau venu de Koreatown est vite devenu très populaire, et il y a souvent la queue pour pouvoir s'asseoir, en particulier aux tables équipées d'un gril. Rapport qualité/prix imbattable, cuisine authentique et dépaysement au rendez-vous ! Plats autour de 20 $.

Pas de réservation, mais l'attente excède rarement 15 minutes.

212-216 9487 ; 32 West 32nd St, entre 5th Ave et 6th Ave ; 24h/24 ; S N, Q, R, B, D, F, M 34 St-Herald Sq ; 1, 2, 3 Penn Station

Prendre un verre

17 THE RUM HOUSE

BAR JAZZ

Plan p. 132, D4

Ce bar agréable, dans l'hôtel Edison, est l'un des secrets les mieux gardés du quartier. Lumières tamisées, concerts de jazz tous les soirs et excellents cocktails (en particulier les spécialités à base de rhum ; 15 $). Bières aux alentours de 8 $. Parfait pour un verre après un spectacle à Broadway.

646-490 6924 ; www.edisonrumhouse.com ; 228 West 47th St, près de 8th Ave ; tlj 12h-4h ; S N, Q, R 49th St ; B, D, F, M 50th Rockefeller Center

18 THE VIEW LODGE

BAR AVEC VUE

Plan p. 132, D4

Unique en son genre, ce bar situé au 48e étage de l'hôtel Marriott Marquis a la particularité de tourner sur lui-même : il fait un tour complet en une heure, offrant une vue panoramique renouvelée sur New York. Délicieux, les cocktails sont dans la moyenne des prix du quartier (16 $). Avis aux acrophobes : les ascenseurs menant au bar, qui partent du 3e étage, sont en verre.

Venez en fin d'après-midi : l'hôtel applique une taxe de 8 $ par personne après 20h.

212-704 8900 ; www.theviewnyc.com ; 1535 Broadway, près de Times Sq ; dim-jeu 17h-minuit, ven 17h-1h30, sam 16h-1h30 ; S A, C, E 42nd St ; B, D, F, M 47th St-50th St-Rockefeller Center

19 ARDESIA WINE BAR

BAR À VINS

Plan p. 132, B3

Cette adresse à la décoration moderne est prisée à la sortie des bureaux. Sa carte affiche des vins au verre (à partir de 9 $) et à la bouteille à tous les prix. Tapas et assiettes à partager aux touches régressives, comme le sandwich glacé chocolat-vanille (7 $) ou les *sliders* au porc effiloché (miniburgers, 11 $ les 2).

Happy hour de 16h à 19h du lundi au vendredi.

212-247 9191 ; www.ardesia-ny.com ; 510 West 52nd St, près de 10th Ave ; lun-mer 16h-minuit ; jeu-ven 16h-2h, sam 14h-2h, dim 14h-23h ; S E, C 50th St

20 REUNION

SURF BAR

Plan p. 132, C4

Le thème "surf et plage" peut sembler insolite parmi les buildings de Manhattan, à deux pas de

Times Square. Central et sympathique, ce bar est fréquenté les soirs de semaine pour l'happy hour (à partir de 17h30) et s'anime à la sortie des théâtres le samedi soir. Bières et whisky-sodas à partir de 6 $, cocktails à partir de 12 $.

212-582 3200 ; www.reunionbar.com ; 357 West 44th St, près de 9th Ave ; dim-mer 17h30-2h, jeu-sam 17h30-4h ; Ⓢ A, C, E 42nd St

21 THE PRESS LOUNGE

TOIT-TERRASSE

Plan p. 132, B4

Le principal atout de ce lounge chic situé au dernier étage de l'hôtel Ink48 est sa vaste terrasse avec vue spectaculaire sur Midtown et l'Hudson. Bonne surprise : contrairement à d'autres "*rooftop bars*", celui-ci est rarement bondé, sans doute en raison de sa situation légèrement excentrée. L'entrée n'est pas payante, mais les boissons sont chères (11 $ la bière, 14 $ le verre de vin).

Dans la même veine, le Sky Room (34e étage, 330 West 40th St, près de 9th Ave) offre en prime un happy hour du mardi au vendredi de 17h à 19h, avec des cocktails à 7 $. Mieux vaut arriver de bonne heure.

SIHEM SOIBINET-FEKIH ©

212 757 2224 ; www.thepresslounge.com ; 653 11th Ave, entre 47th St et 48th St ; lun-mar 16h-1h, mer-jeu 16h-2h, ven-sam 16h-3h, dim 16h-minuit ; Ⓢ 1, A, C, E 50th St

22 EST. 1986

BAR À VINS

Plan p. 132, E7

Il serait facile – et dommage – de passer à côté de ce bar à vins niché à l'étage d'un hôtel quelconque de Koreatown. Une fois la porte franchie, on pénètre dans une salle agréable, aux lumières tamisées et au mobilier design, pour un verre dans une ambiance chic et détendue. En hiver, la cheminée ajoute une touche chaleureuse bienvenue dans les frimas new-yorkais. Vins au verre à partir de 9 $.

212-563 1500 ; www.hotelstanford.com ; hôtel Stanford, 43 West 32nd St, entre Broadway et 5th Ave ; tlj 18h-2h ; Ⓢ 4,6 33rd St ; B, D, F, M, N, Q, R Herald Sq

Shopping

23 MOMA DESIGN AND BOOK STORE

OBJETS ET LIVRES D'ART

Plan p. 132, E3

La boutique du musée d'Art moderne propose des objets d'art, des reproductions d'œuvres originales et plus de 2 000 ouvrages ayant trait à l'art. En sortant du musée, sur le trottoir d'en face, une 2e boutique (44 West 53rd St) vend des bijoux, des accessoires et des articles de décoration. Une 3e boutique du MoMA est installée à Soho (81 Spring St).

On peut accéder à la boutique sans billet d'entrée.

212-708 9700 ; www.moma.org ; 11 West 53rd St, près de 5th Ave ; dim-jeu 9h30-18h, ven 9h30-20h30, sam 9h30-21h ; Ⓢ E, M 5th Ave/53rd St ; B, D, F, M 47th St-50th St-Rockefeller Center

24 SAM ASH
INSTRUMENTS DE MUSIQUE

Plan p. 132, C6

Le paradis des guitaristes, bassistes, batteurs et musiciens en tout genre... Ce vaste espace propose les plus grandes marques de guitare à des prix imbattables, avec la possibilité de tester les instruments sur place dans un joyeux tintamarre.

→ Précisez aux vendeurs si vous quittez le pays avec l'instrument, ils prépareront une facture pour la douane.

212-719 2299 ; www.samash.com ; 333 West 34th St, entre 8th Ave et 9th Ave ; lun-sam 10h-20h, dim 11h-19h ; S 1, 2, 3, A, B, C 34th St-Penn Station

25 CLOTHINGLINE
STOCK

Plan p. 132, D6

Cet immense magasin situé dans "Garment District" (quartier des ateliers de couture) organise chaque semaine des *samples sales*, ventes à prix cassés de modèles d'exposition de créateurs et de collections de prêt-à-porter des années précédentes (J. Crew, Theory, Furla, etc.). Les ventes concernent une marque différente chaque semaine et sont annoncées deux semaines à l'avance sur le site Internet.

→ Inscrivez-vous à la newsletter avant de partir.

212-947 8748 ; www.clothingline.com ; 261 West 36th St-8th Ave, 2e étage ; mar-jeu 11h-19h ; S A, C, E 34th St-Penn Station ; 1, 2, 3 34th St-Penn Station ; PATH 33rd St

26 B&H PHOTO VIDEO
PHOTO ET VIDÉO

Plan p. 132, C7

La plus grande boutique de matériel photo et vidéo (à l'exception des chaînes) et l'une des plus fiables : le personnel de B&H ne raconte pas d'histoire et on peut se laisser conseiller les yeux fermés. Les professionnels achètent ici leur matériel. La boutique vend également du matériel informatique.

→ La majorité des employés sont des juifs orthodoxes : B&H ferme donc pour le shabbat (vendredi après-midi et samedi) et tous les jours de fête.

212-444 5000 ; www.bhphotovideo.com ; 420 9th Ave-34th St ; lun-jeu 9h-19h, ven 9h-14h, dim 10h-18h ; S A, C, E, 1, 2, 3 34th St-Penn Station

27 MACY'S
GRAND MAGASIN

Plan p. 132, D6

La Mecque du shopping à New York, avec des soldes permanents. On y trouve de tout, de la mode pour hommes, femmes et enfants aux articles de maison, en passant par les parfums. À visiter de préférence le matin ou en semaine pour éviter la foule.

→ Disponible sur le site Internet, le Visitor Savings Pass donne droit à 10% de réduction.

212-695 4400 ; www.macys.com ; lun et jeu-sam 10h-22h, mar-mer 10h-23h, dim 10h-21h ; 151 West 34th St, au niveau de Broadway ; S 1, 2, 3 34th St-Penn Station ; B, D, F, M Herald Sq

28 ROYCE'

CHOCOLATS

Plan p. 132, E5

Cette boutique au décor sobre propose des chocolats parmi les plus fins de la ville, créations de la maison japonaise Royce'. L'îlot central est garni de coffrets raffinés mais plutôt chers (environ 18 $ la boîte de 20 carrés parfum thé vert ou champagne), mais les étagères sont remplies de tablettes aux goûts variés vendues à partir de 8 $ pièce : une idée cadeau originale pour tout amateur de cacao.

→ Deux autres magasins en ville : 509 Madison Ave (entre East 52nd St et 53rd St) et 253 Bleecker St (près de Cornelia St).

646-490 7792 ; www.royceconfectusa.com ; 32 West 40th St entre 5th Ave et 6th Ave ; lun-jeu 10h-19h, ven 10h-20h, sam-dim 11h-20h ; Ⓢ B, D, F, M 42th St-Bryant Park

Sortir

29 LAS CHICAS LOCAS AT DANCE SPORT

DANSES LATINES

Plan p. 132, E7

Ce n'est pas un club ou un bar proprement dit, mais plutôt un ensemble de studios de danse (dotés de beaux parquets) qui accueillent, chaque dimanche entre 17h et 2h du matin, la plus grande soirée de danse latine de la ville : salsa, bachata, zouk, kizomba et rueda cubaine ont chacune leur salle. Snack/bar dans un coin de la salle principale vendant bières à 5 $, vins et cocktails, ainsi que des sandwichs ou *empanadas* (6 $) à grignoter.

→ Entrée à prix réduit (7 $) avant 17h15. Le site www.salsanewyork.com recense les différentes soirées latines organisées en ville. Vous pouvez également vous inscrire à la newsletter de www.latinparty.com, qui propose notamment des cours de salsa gratuits dans différents clubs de la ville (calendrier sur le site Internet).

Les spectacles de Broadway

Quand on parle des théâtres de Broadway, on désigne l'une des 40 salles du Theater District. D'une capacité de 500 places minimum, ils présentent des spectacles à la distribution prestigieuse, qui vont de la comédie musicale aux drames de Shakespeare. L'off-Broadway correspond aux salles situées en dehors du Theater District, de moins de 500 places, et dont les acteurs ne sont pas défendus par les syndicats.

Les **guichets TKTS** vendent les billets à tarif réduit (jusqu'à moins 50%) pour les pièces et les comédies musicales de Broadway et d'off-Broadway. Les queues sont impressionnantes, mais avancent très vite. Le guichet de Times Square (Broadway Ave-47th St) vend des billets pour le jour même. Ceux de South Street Seaport (Front St-John St) et de Downtown Brooklyn (Jay St-Myrtle Ave) pour le soir même ou pour la première représentation le lendemain. Astuce : le guichet à la sortie du métro Jay St-Metrotech à Brooklyn est généralement moins pris d'assaut.

À titre d'exemple, voici quelques pièces à succès qui se jouaient lors de nos recherches :

- Les familiales : *The Lion King, Wicked, Aladdin.*
- Les classiques : *Chicago, Phantom of the Opera, Anastasia.*
- Les humoristiques : *Book of Mormon, Mean Girls, Kinky Boots.*
- Les indépendantes : *Stomp, Gazillion Bubble Show.*

212-307 1111 ; www. dancesport.com ; 22 West 34th St, entre 5th Ave et 6th Ave, 4e étage ; entrée 13 $; dim 17h-2h ; B, D, F, M, N, Q, R 34th St-Herald Sq

30 DAVE & BUSTERS
JEUX D'ARCADE

Plan p. 132, D5

Un complexe impressionnant de 3 000 m² entièrement dédiés aux jeux d'arcade. Idéal pour replonger en enfance le temps d'une soirée en défiant ses amis au flipper, à la roue de la fortune ou au skee-ball. Carte rechargeable à l'entrée.

Demi-tarif le mercredi soir. L'établissement, qui dispose également d'un *sports bar* et d'un restaurant, propose des formules "combo" avec plat et ticket d'entrée déjà crédité de 10 $ pour 19,99 $.

646-495 2015 ; www. daveandbusters.com ; 234 West 42nd St, entre 7th Ave et 8th Ave, 3e niveau ; lun-jeu 10h-1h, ven-sam 10h-2h, dim 10h-minuit ; 7 Times Sq-42nd St ; A, C, E 42nd St

31 CARNEGIE HALL
MUSIQUE CLASSIQUE

Plan p. 132, D2

Cette salle de concerts est mondialement connue pour sa valeur architecturale et l'excellente acoustique de ses trois auditoriums : le Main Hall (2 800 places), le Recital Hall et le Chamber Music Hall. Se produire au Carnegie Hall est le rêve de tout musicien, d'où cette histoire drôle devenue célèbre : un touriste demande à un New-Yorkais comment accéder au Carnegie Hall. Ce dernier lui répond : "En travaillant, en travaillant."

212-247 7800 ; www. carnegiehall.org ; 154 West 57th St, à hauteur de 7th Ave ; prix variables en fonction des concerts ; F 57th St ; N, Q, R 57th St-7th Ave

32 GAGOPA
KARAOKÉ

Plan p. 132, E7

L'une des particularités insolites de Koreatown est sa concentration en karaokés, dans la plus pure tradition coréenne. Gagopa est l'un des plus anciens, camouflé au 3e étage d'un immeuble banal, accessible par un ascenseur au fond d'un couloir lugubre. Mais une fois en haut, on pénètre dans un univers de kitsch aux mille couleurs et de lumières clignotantes. Les karaokés se trouvent dans des cabines insonorisées accueillant entre 4 et 30 personnes (30-50 $ de l'heure par cabine, selon le nombre de participants).

Bar sur place, mais on peut également apporter son vin ou sa bière (pas d'alcools forts).

212-967 5353 ; www. gagopakaraoke.com ; 28 West 32nd St, entre Broadway et 5th Ave ; lun-jeu 18h30-4h, ven-sam 18h-4h, dim 19h-4h ; B, D, Q, F, M, N, Q, R 34th St-Herald Sq

33 BIRDLAND
CLUB DE JAZZ

Plan p. 132, C4

Ouvert en 1949, ce club mythique est presque aussi célèbre que la légende à laquelle il doit son nom, Charlie "Bird" Parker, qui s'y produisait régulièrement. Initialement installé au 1678 Broadway, il attirait alors VIP et célébrités – Marilyn Monroe et Gary Cooper, notamment, comptaient parmi les habitués – mais finit par fermer ses portes en 1965. Ressuscité en 1985 à cette nouvelle adresse, il propose aujourd'hui encore une belle programmation, avec des concerts chaque soir (à partir de 30 $).

212-581 3080 ; www. birdlandjazz.com ; 315 West 44th St, entre 8th Ave et 9th Ave ; A, C, E 42nd St

UPPER E

AST SIDE

Orientation

LE "MUSEUM MILE" → Une concentration impressionnante de musées de renommée internationale (5th Ave entre 82nd St et 104th St).

MADISON AVE → Une explosion de luxe et de glamour.

EAST HARLEM → Entre la 96th St au sud et la 5th Ave à l'est, il accueille une vaste communauté portoricaine, ce qui lui vaut d'être également désigné comme Spanish Harlem ou El Barrio.

Incontournables

FRICK COLLECTION → Un hôtel particulier réunissant une étonnante collection, dont trois toiles de Vermeer (détails p. 150).

METROPOLITAN MUSEUM → La meilleure façon de voyager à travers l'histoire de l'art (détails p. 148).

CAFÉ SABARSKY → Dans la Neue Gallery, une évocation de l'Europe du siècle dernier (détails p. 153).

Hors des sentiers battus

169 EAST 71ST ST (plan p. 146, C6) → Holly Golightly vit ici dans la nouvelle de Truman Capote, *Petit-Déjeuner chez Tiffany* – adaptée au cinéma sous le titre *Diamants sur canapé* (entre Lexington Ave et 3rd Ave ; Ⓢ Q, R 72nd St).

TERRAIN DE BASKET-BALL DE WEST SIDE STORY → La célèbre scène d'ouverture de *West Side Story*, dans laquelle les Sharks et les Jets s'affrontent devant un terrain de basket, a été tournée dans une aire de jeux sur 110th St entre 2nd Ave et 3rd Ave.

TEMPLE EMANU-EL (plan p. 146, B7) → Cet imposant édifice de style roman, orné de décorations en or, est la plus grande synagogue au monde (www.emanuelnyc.org ; 1 East 65th St à la hauteur de 5th Ave ; 🕒 10h-16h30 dim-jeu ; Ⓢ 6 jusqu'à 68th St-Hunter College).

GROLIER CLUB (plan p. 146, C8) → Fondé en 1884, le plus ancien cercle littéraire de la ville ouvre ses vénérables portes au public lors d'événements gratuits visant à promouvoir les lettres et la culture : lectures, conférences, expositions... Programme sur le site Internet (www.grolierclub.org ; 47 East 60th St, près de Park Ave ; 🕒 selon programmation ; Ⓢ N, R, W Lexington Ave-59th St).

A
B
C
D
E
1
2
3
4
Visiter p. 148
À table p. 152
Prendre un verre p. 154
Shopping p. 154
Sortir p. 155
Conservatory Garden
Central Park
East Meadow
Jacqueline Kennedy Onassis Reservoir
UPPER WEST SIDE ET CENTRAL PARK
Terrain de basket de West Side Story (400 m)
E 105th St
103rd St
E 102nd St
E 100th St
EAST HARLEM
E 98th St
E 97th St
E 96th St
96th St
E 95th St
E 94th St
E 93rd St
E 88th St
E 87th St
86th St
E 85th St
E 84th St
E 83rd St
Madison Ave
Park Ave
Third Ave
Fifth Ave
Lexington Ave
Second Ave
First Ave
York Ave
East End Ave
UPPER EAST SIDE
YORKVILLE
East River
Mill Rock Island
Gracie Mansion Conservancy
7
11
19
8
10
2
3
17
12
4
1

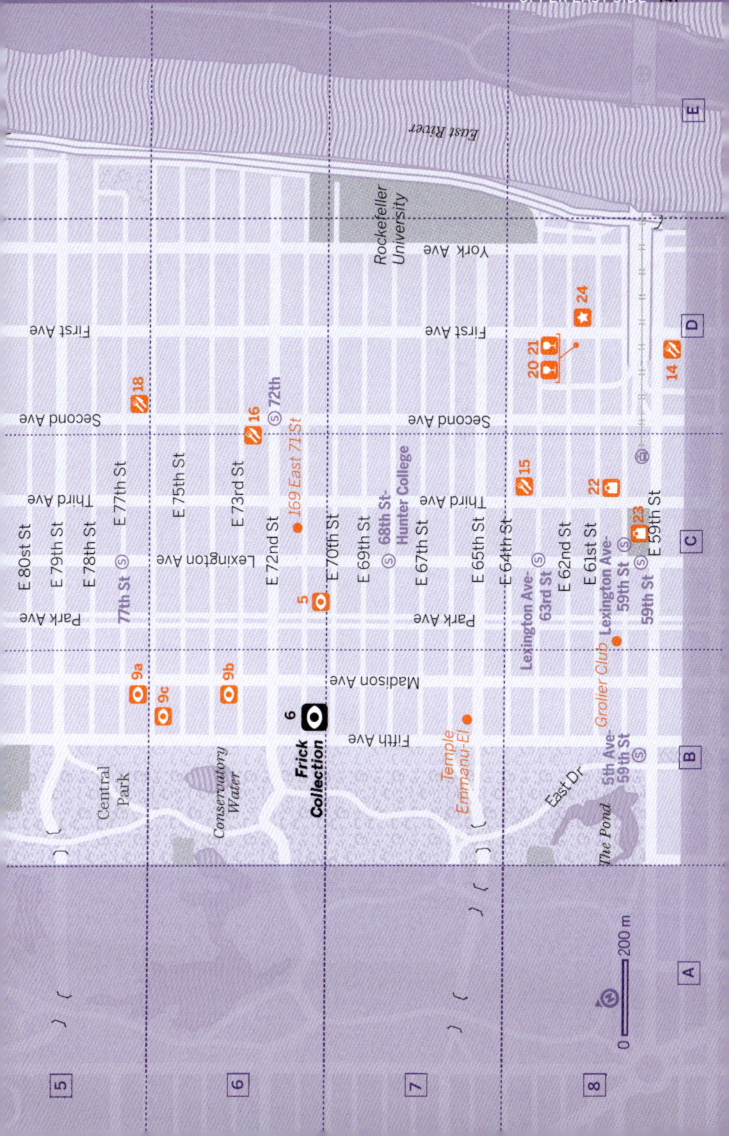
East River
Rockefeller University
York Ave
First Ave
Second Ave
Third Ave
Lexington Ave
Park Ave
Madison Ave
Fifth Ave
E 80st St
E 79th St
E 78th St
E 77th St
E 75th St
E 73rd St
E 72nd St
E 70th St
E 69th St
E 67th St
E 65th St
E 64th St
E 62nd St
E 61st St
E 59th St
77th St
72th
169 East 71 St
68th St-Hunter College
Lexington Ave-63rd St
Lexington Ave-59th St
59th St
5th Ave-59th St
Frick Collection
6
5
9a
9b
9c
14
15
16
18
20
21
22
23
24
Temple Emmanu-El
Grolier Club
Central Park
Conservatory Water
The Pond
East Dr
0
200 m
A
B
C
D
E
5
6
7
8

UPPER EAST SIDE

ART ET TRADITION

L'Upper East Side est connu pour ses institutions culturelles et ses boutiques de luxe, mais ce ne sont pas là ses seuls atouts. La Cinquième Avenue (Fifth Ave) rassemble un nombre impressionnant de musées (le Metropolitan, le Guggenheim, la Frick Collection, la Neue Gallery...). Madison Ave est jalonnée de magasins de marques prestigieuses (Prada, Valentino, Gucci...), tandis que Park Ave est une artère résidentielle aux superbes immeubles. Un quartier très huppé s'élève à l'est, avec des commerces de proximité et des appartements.

Visiter

1 METROPOLITAN MUSEUM OF ART

Plan p. 146, B4

Le Met abrite plus de deux millions d'œuvres. L'espace actuel, fruit de plusieurs agrandissements, possède une superficie 20 fois supérieure à celle du bâtiment d'origine, inauguré en 1880. La galerie consacrée à l'art égyptien n'a d'égale que ce qu'on peut trouver au Caire. La collection de peinture européenne est impressionnante, tout comme l'aile dédiée à l'art moderne et à la peinture américaine. Le musée compte également des cafés très agréables : le Great Hall Balcony at the Met, en surplomb du hall principal, est un piano-bar où siroter une coupe de champagne. La terrasse du musée, ouverte de mai à septembre, offre, quant à elle, une vue magnifique sur Central Park – et les prix des boissons et des sandwichs ne sont pas scandaleux. On y accède par l'ascenseur situé dans l'aile sud-est du rez-de-chaussée (à côté des salles consacrées à l'art du XXe siècle).

→ L'entrée au Met, sur don pour les habitants, est désormais payante pour les touristes.

☎ 212-535 7710 ; www.metmuseum.org ; 1000 5th Ave, à hauteur de 82nd St ; tarif plein/senior/étudiant 25/17/12 $; ⏲ dim-jeu 10h-17h30, ven-sam 10h-21h ; Ⓢ 4, 5, 6 86th St

2 SOLOMON R. GUGGENHEIM MUSEUM

Plan p. 146, B3

Fondé par le collectionneur et philanthrope Solomon R. Guggenheim, ce musée est consacré à l'art impressionniste, postimpressionniste, moderne et contemporain : Kandinsky, Mondrian, Chagall, Delaunay, Léger, Modigliani, Picasso... L'édifice en forme d'escargot, conçu par Frank Lloyd Wright, est aussi intéressant que les collections.

→ Entrée sur don le samedi à partir de 17h (don suggéré 10 $) ; dernière entrée 19h15.

☎ 212-423 3500 ; www.guggenheim.org ; 1071 5th Ave, à hauteur de 89th St ; tarif plein/étudiant et senior 25/18 $, gratuit -12 ans ; ⏲ 10h-17h45, jusqu'à 21h mar, jusqu'à 19h45 sam, fermé jeu ; Ⓢ 4, 5, 6 86th St

3 NEUE GALLERY

Plan p. 146, B4

Vitrine de l'art autrichien et allemand de la première moitié du XXe siècle, ce musée organise d'intéressantes expositions temporaires. Le 2e étage est dédié à d'importants artistes autrichiens (Gustav Klimt, Egon Schiele, Oskar Kokoschka, Richard Gerstl et Alfred Kubin), tandis que le 3e étage réunit des artistes allemands de différents courants (Vassily Kandinsky, August Macke, Paul Klee, Otto Dix, Marcel Breuer, Ludwig Mies van der Rohe, entre autres).

→ Entrée gratuite de 18h à 21h le premier vendredi du mois.

☎ 212-628 6200 ; www.neuegalerie.org ; 1048 5th Ave, à hauteur de 86th St ; tarif plein/senior/étudiant 20/15/10 $, entrée interdite aux -12 ans ; ⏲ jeu-lun 11h-18h ; Ⓢ 4, 5, 6 86th St

4 CARL SCHURZ PARK

Plan p. 146, E4

Un parc idéal pour se balader et profiter d'une vue spectaculaire sur l'East River, en particulier à la tombée de la nuit. Pour une raison mystérieuse, les touristes ne viennent pas jusqu'ici et on n'y croise que des joggeurs et des riverains promenant leurs chiens. C'est ici qu'a été tournée la scène de bagarre dans le film de Spike Lee, *La 25e Heure*.

→ Gracie Mansion, la résidence officielle du maire de New York, se cache à l'intérieur du parc. Elle peut se visiter gratuitement (lundi 10h, 11h et 17h) à condition de réserver sur le site www1.nyc.gov/site/gracie/visit/visit.page.

✆ 212-459 4455 ; www.carlschurzparknyc.org ; East End Ave ; Ⓢ 4, 5, 6 86th St-Lexington Ave

5 ASIA SOCIETY

Plan p. 146, C6

Fondée en 1956 par l'entrepreneur et philanthrope John Davison Rockefeller III pour promouvoir la compréhension de l'Asie aux États-Unis, cette organisation à but non lucratif dispose d'antennes dans le monde entier. Son siège de New York présente la collection d'art asiatique de la famille Rockefeller, et propose un ambitieux programme de manifestations visant à faire connaître les réalités économiques, culturelles et sociales des pays asiatiques.

→ L'entrée est gratuite le vendredi entre 18h et 21h.

✆ 212-288 6400 ; www.asiasociety.org ; 725 Park Ave, à hauteur de 70th St ; tarif plein/senior/étudiant 12/10/7 $, -16 ans gratuit ; ⌚ mar-dim 11h-18h, sept-juin nocturne jusqu'à 21h ven ; Ⓢ 6 68th St-Hunter College

6 FRICK COLLECTION

Plan p. 146, B6

Dans un hôtel particulier où vivait autrefois le multimillionnaire et philanthrope Henry Clay Frick, ce musée intimiste réunit un nombre important d'œuvres d'art, réparties dans 16 salles : Goya, le Greco, Vélasquez, John Constable, Rembrandt, Renoir, Titien... L'endroit mérite une visite, ne serait-ce que pour admirer les trois magnifiques Vermeer de la collection, l'ensemble de toiles illustrant *Les Progrès de l'amour* de Jean-Honoré Fragonard et *Saint Jean l'Évangéliste* de Piero della Francesca.

→ Entrée sur don libre le premier vendredi du mois de 18h à 21h.

✆ 212-288 0700 ; www.frick.org ; 1 East 70th St, près de 5th Ave ; tarif plein/senior/étudiant 22/17/12 $;

FRANK OUDEMAN ©

JOHN AQUINO ©

mar-sam 10h-18h, dim 11h-17h ; Ⓢ 6 68th St-Hunter College

7 EL MUSEO DEL BARRIO

Plan p. 146, B1

Ce musée fut fondé en 1969, en réaction au peu d'intérêt que les principales institutions culturelles portaient aux artistes latino-américains présents dans le pays. Son histoire est liée au mouvement de défense des droits civils et au "Nuyorican", un courant en faveur de la promotion de la création artistique des New-Yorkais d'origine portoricaine. Aujourd'hui, sa collection compte plus de 6 500 objets d'Amérique latine, des Caraïbes et des communautés hispaniques des États-Unis.

212-831 7272 ; www.elmuseo.org ; 1230 5th Ave, à hauteur de 104th St ; don suggéré tarif plein/étudiant et senior 9/5 $, gratuit -12 ans ; mer-sam 11h-18h, dim 11h-17h ; Ⓢ 6 103rd St

8 JEWISH MUSEUM

Plan p. 146, B3

Avec plus de 26 000 pièces (peintures, sculptures et objets divers), ce musée d'art juif est le plus important des États-Unis (et du monde, en dehors d'Israël). Logé dans un hôtel particulier néogothique, il présente des œuvres de Marc Chagall, de George Segal, d'Eleanor Antin et de Deborah Kass, et retrace l'évolution de la culture et de l'art juifs de l'Antiquité à nos jours, à travers des expositions temporaires.

Le samedi, c'est gratuit.

212-423 3200 ; www.thejewishmuseum.org ; 1109 5th Ave, à hauteur de 92nd St ; tarif plein/senior/étudiant 18/12/8 $, gratuit -18 ans ; ven-mar 11h-17h45, jeu 11h-20h ; Ⓢ 6 96th St

9 GALERIES D'ART

Plan p. 146

Non loin du quartier des musées, une poignée de galeries méritent une visite. Parmi elles, **Gagosian** (plan 9a, B5 ; 980 Madison Ave), **Jane Kahan** (plan 9b, B6 ; 922 Madison Ave, 2e ét.) et **Jack Tilton Gallery** (plan 9c, B6 ; 8 East 76th St). Cette dernière organise des conférences très intéressantes (attention : même si elle est ouverte au public, il est préférable d'appeler pour prendre rendez-vous).

Gagosian : 212-744 2313 ; www.gagosian.com ; lun-sam 10h-18h. Jane Kahan : 212-744 1490 ; janekahan.com ; lun-sam 10h-18h, été lun-ven 11h-17h. Jack Tilton Gallery : 212-737 2221 ; www.jacktiltongallery.com ; mar-sam 10h-18h ; Ⓢ 6 77th St

10 COOPER-HEWITT NATIONAL DESIGN MUSEUM

Plan p. 146, B3

Ce musée, logé dans l'ancien hôtel particulier (1901) du multimillionnaire et philanthrope Andrew Carnegie, est affilié à la prestigieuse Smithsonian Institution. Il s'agit de l'unique musée des États-Unis consacré à l'évolution du design : incontournable pour quiconque s'intéresse à l'architecture, au design industriel, à la joaillerie et au textile. Jardin accessible après la visite.

→ Entrée sur don le samedi de 18h à 21h. Acheter ses billets en ligne donne droit à une réduction de 2 $.

212-849 8400 ; www.cooperhewitt.org ; 2 East 91st St, à hauteur de 5th Ave ; tarif plein/senior/étudiant 18/12/9 $, gratuit -18 ans ; dim-ven 10h-18h, sam 10h-21h ; Ⓢ6 96th St ; 4, 5, 6 86th St

11 MUSEUM OF THE CITY OF NEW YORK

Plan p. 146, B1

À mi-chemin de la collection d'art et du musée d'histoire, la collection permanente de cette institution renferme des peintures, des costumes, des meubles, des jouets, des cartes, des livres et des manuscrits. Le fonds photographique est très intéressant, avec des travaux d'artistes aussi prestigieux que Jacob Riis et Berenice Abbott, et des témoignages d'une grande valeur historique sur la Grande Dépression.

212-534 1672 ; www.mcny.org ; 1220 5th Ave, à hauteur de 103rd St ; don suggéré plein/réduit 18/12 $, gratuit -19 ans ; tlj 10h-18h ; Ⓢ6 103rd St

Roosevelt Island

Rouvert en novembre 2010, le téléphérique qui relie l'Upper East Side à Roosevelt Island permet, pour un prix modique, de profiter pendant 3 minutes d'une vue spectaculaire sur la ville.

Les visiteurs désireux de partir à la découverte de cette curieuse île-dortoir pourront y emprunter le Red Bus (gratuit). Principale curiosité de l'île, un mémorial de 2 ha dédié au président Franklin D. Roosevelt à son extrémité sud. Dessiné par l'architecte Louis Kahn dans les années 1960, le projet avait vu sa construction interrompue dans les années 1970 par la mort de Kahn et la quasi-faillite de la ville de New York. Il a finalement été achevé en 2012.

Roosevelt Island Tramway : rioc.ny.gov ; Tram Plaza, 59th St, à hauteur de 2nd Ave ; aller 2,75 $ (MetroCard obligatoire) ; dim-jeu 6h-2h, ven-sam 6h-3h30 ; Ⓢ4, 5, 6 59th St ; N, R, W Lexington Ave-59th St

À table !

12 ANDRE'S CAFE

HONGROIS

Plan p. 146, D4

Cette boulangerie doublée d'un restaurant est un établissement fréquenté par plusieurs générations de New-Yorkais. Au dire de tous, il vend les meilleurs strudels de la ville. Le strudel à la pomme et celui à la ricotta sont un régal (9 $), mais la véritable pépite de la maison est le strudel au chou (8,50 $).

→ L'écrivaine Nora Ephron affirmait que seul le strudel au chou d'Andre's Cafe

parvenait à lui rappeler les saveurs de son enfance.
212-327 1105 ; www.andrescafenewyork.com ; 1631 2nd Ave, entre 84th St et 85th St ; tlj 11h30-20h30 ; Q, 4, 5, 6 86th St

13 KING'S CARRIAGE HOUSE

AMÉRICAIN

Plan p. 146, C4

La décoration de ce restaurant, avec des scènes de chasse aux murs et de la vaisselle ancienne, confère à cet ancien garage une ambiance rustique, très "Nouvelle-Angleterre". La cuisine est à l'image des lieux : traditionnelle, avec de nombreux plats typiques du Maine.

→ Menu midi et brunch à 18,95 $; menu soir à 49 $. Également ouvert à l'heure du thé (15h-17h). Réservez.

212-734 5490 ; www.kingscarriagehouse.com ; 251 East 82nd St, près de 2nd Ave ; fermé dim soir et lun ; 6 77th St ; Q, 4, 5, 6 86th St

14 UNDER THE BRIDGE

GREC

Plan p. 146, D8

Ouvert début 2016 par le chef Panos Tsaglis, ce petit restaurant caché près du pont de Queensborough propose une cuisine grecque traditionnelle, simple et saine, à partager : pommes de terre au four et citrons confis (8 $), trio de tzatziki, galettes de tomates à la feta (13 $)... Les plats plus garnis (11-31 $) feront le régal des amateurs de viande rouge comme de poisson.

212-583 0695 ; www.underthebridgenyc.com ; 1079 1st Ave, près de 59th St ; tlj 11h30-22h30, ven-sam jusqu'à 23h30 ; 4, 5, 6, N, R, W Lexington Ave/59th St

15 TONY'S DI NAPOLI

ITALIEN

Plan p. 146, C8

Ici, on prend plaisir à partager les plats gargantuesques, comme la spécialité maison : les pâtes à la sauce vodka (17/28 $ pour une demi-portion/une portion complète), servies dans un grand plat ovale, qui contenteront facilement 3 personnes. Le décor répond aux codes traditionnels de la restauration italienne avec ses murs de briques, ses nappes à petits carreaux rouges et blancs. La cuisine est familiale et l'accueil chaleureux.

→ Excellent choix pour un dîner en groupe.

212-888 6333 ; www.tonysnyc.com ; 1081 3rd Ave, entre 63rd St et 64th St ; tlj 11h30-23h, ven-sam jusqu'à 23h30 ; F Lexington Ave-63rd St ; 4, 5, 6, N, R, W Lexington Ave-59th St

16 ÜSKÜDAR

TURC

Plan p. 146, C6

Le succès non démenti de ce pilier du quartier ne tient pas à son décor, sans prétention, mais plutôt à sa cuisine turque délicieuse et authentique. Agneau grillé, poulet mariné au yaourt, mezze et salades... les portions sont généreuses et les prix restent abordables (plats entre 19 et 26 $). Réservation conseillée.

212-988 4046 ; www.uskudarnyc.com ; 1405 2nd Ave, près de 73rd St ; tlj 12h-22h30 ; Q 72nd St

17 CAFÉ SABARSKY AT THE NEUE GALERIE

SALON DE THÉ

Plan p. 146, B4

Un salon de thé d'Europe centrale en plein cœur de New York, qui rappelle l'ambiance des romans de Sándor Márai situés dans la Hongrie d'avant la Seconde Guerre mondiale. Le musée abrite un autre établissement, le Café Fledermaus, qui doit son nom à l'opérette de Johann Strauss et offre une décoration tout aussi soignée. Sandwichs, salades et plats entre 16 et 30 $.

→ À goûter absolument : un café accompagné d'un strudel aux pommes (10,50 $).

☎212-288 0665 ; www.neuegalerie.org ; 1048 5th Ave, à hauteur de 86th St ; ⏲lun et mer 9h-18h, jeu-dim 9h-21h ; Ⓢ4, 5, 6 86th St

18 BOQUERIA

TAPAS

Plan p. 146, D5

Si le cadre moderne chic se veut new-yorkais, la carte, elle, semble être en provenance directe de Barcelone, avec des tapas classiques très bien exécutées comme les *patatas bravas*, le bocadillo de chorizo ou la tortilla, proposés à 15 $ les 3 assiettes le midi. Au dessert, laissez-vous tenter par les churros au chocolat (7 $ les 5), délicieux. Quatre autres adresses en ville.

→ Happy hour du lundi au vendredi (15h30-19h) avec tapas et boissons (bières pression, cocktails, sangria...) à petits prix.

☎646-845 9060 ; www.boquerianyc.com ; 1460 2nd Ave, près d'East 76th St ; ⏲lun-jeu 12h-22h30, ven 12h-23h30, sam 10h30-23h30, dim 10h30-21h30 ; Ⓢ4, 6 77th St ; Q, R 72nd St

Prendre un verre

19 EARL'S BEER AND CHEESE

BIÈRES

Plan p. 146, C2

Ce petit bar-restaurant s'est construit autour de deux passions : la bière et le fromage – à tel point que la spécialité du lieu mélange les deux ingrédients : le Beer and Cheese (9 $) est une sorte de pain perdu cuit dans la bière, servi avec sa gousse d'ail à frotter et son cheddar fondu à tartiner. Aussi bon qu'original. L'établissement, décoré comme une maison de chasseur, ne sert que des bières de producteurs locaux comme la Mocha Gold (8 $) au café.

→ Demandez au personnel, aussi passionné qu'adorable, de vous faire goûter gratuitement les différentes bières à la carte.

☎212-289 1581 ; www.earlsny.com ; 1259 Park Ave, entre 97th St et 98th St ; ⏲lun-jeu 11h-minuit, ven-dim 11h-2h ; Ⓢ4, 6 96th St

20 SUGAR EAST

BAR LOUNGE

Plan p. 146, D8

Le paradis des fumeurs puisque cet ancien *speakeasy* en sous-sol est un des rares lieux publics de New York où la cigarette est encore autorisée. Ouvert jusqu'à 4h du matin le vendredi et le samedi, l'établissement accueille une clientèle d'habitués venus apprécier un cigare en fin de soirée dans un cadre chic et feutré. Cocktails à partir de 16 $, bières 7 $.

☎212-832 4610 ; www.sugareast.com ; 1125 1st Ave, à l'angle d'East 62nd St ; ⏲tlj 19h-2h, jusqu'à 4h ven-sam ; Ⓢ4, 5, 6, N, R, W Lexington Ave/59th St

21 TREADWELL PARK

BRASSERIE

Plan p. 146, D8

Une brasserie allemande rustique avec ses longues tables en bois, ses briques au mur, et son feu de cheminée. Les New-Yorkais viennent s'y réchauffer l'hiver autour d'une bonne bière (à partir de 7 $) et d'une partie de ping-pong (gratuite). Carte de plats américains entre 12 et 19 $.

→ Autre adresse dans le Lower Manhattan (301 South End Ave).

☎212-832 1551 ; www.treadwellpark.com ; 1125 1st Ave, à l'angle d'East 62nd St ; ⏲lun-mer 16h-2h, jeu-ven 14h-2h, sam-dim 11h-2h ; ⓈF, Q Lexington Ave-63rd St

Shopping

22 DYLAN'S CANDY BAR

CONFISERIE

Plan p. 146, C8

Bienvenue dans le monde merveilleux de *Charlie et la Chocolaterie* ! Des montagnes de chocolats, de bonbons et de confiseries s'entassent à perte de vue sur trois étages. Attention toutefois à la crise de foie !

➝ Les cocktails au chocolat servis au bar du dernier étage ne sont pas pour les enfants, pas plus que la peinture corporelle au chocolat...

☎ 646-735 0078 ; www.dylanscandybar.com ; 1011 3rd Ave, à hauteur de 60th St ; ⏲ tlj 10h-21h, jusqu'à 23h ven-sam ; Ⓢ 4, 5, 6, N, R, W Lexington Ave/59th St ; F, Q Lexington Ave/63rd St

23 BLOOMINGDALE'S

GRAND MAGASIN

Plan p. 146, C8

Cette enseigne à taille plus humaine que Macy's est connue pour le célèbre *"brown bag"* en papier recyclé avec lequel ressortent les clients après avoir fini leurs emplettes. Parfums, cosmétiques, accessoires, mode femme, homme et maison se succèdent dans les rayons. Une bonne adresse shopping tout en un.

☎ 212-705 2000 ; www.bloomingdales.com ; 1000 Third Ave, à hauteur de 59th St ; ⏲ lun-sam 10h-20h30, dim 11h-19h ; Ⓢ 4, 5, 6, N, R, W Lexington Ave/59th St

Sortir

24 DANGERFIELD'S

CAFÉ-THÉÂTRE

Plan p. 146, D8

Fondé en 1969, ce café-théâtre est le plus ancien des États-Unis. D'illustres *showmen* d'émissions de télévision comme "Late Night with Conan O'Brien" ou "Jimmy Kimmel Live !" continuent de s'y produire. Vous trouverez les horaires et le prix des places sur le site Web.

☎ 212-593-1650 ; www.dangerfields.com ; 1118 1st Ave, à hauteur de 61st St ; ⏲ dim-jeu 20h-23h, ven-sam 20h30-1h ; Ⓢ 4, 5, 6, N, R, W Lexington Ave/59th St

UPPER WEST SIDE ET CENTRAL PARK

Orientation

CRÉATION THÉÂTRALE → Lincoln Center (détails p. 165).

IMMEUBLES EMBLÉMATIQUES → Sur Broadway et Central Park West.

OASIS DE VERDURE → Central Park (détails p. 162).

Incontournables

AMERICAN MUSEUM OF NATURAL HISTORY → Pour se gaver de sciences naturelles et contempler l'univers (détails p. 160).

CENTRAL PARK → Un pique-nique à l'abri de la folie urbaine dans l'un des plus célèbres espaces verts au monde (détails p. 162).

BARNEY GREENGRASS → Le "roi de l'esturgeon" (autoproclamé) depuis près d'un siècle (détails p. 161).

Hors des sentiers battus

STRAWBERRY FIELDS (plan p. 158, D6) → Baptisé du nom de la célèbre chanson des Beatles, ce jardin dessine une larme en souvenir à John Lennon. Au cœur d'un bosquet d'ormes majestueux, une mosaïque de tesselles noires et blanches rappelle en son centre la chanson emblématique écrite par Lennon, *Imagine* (ouest de Central Park, à hauteur de West 72nd St ; Ⓢ B, C 72nd St).

MUSEUM OF ARTS & DESIGN (plan p. 158, C8) → Le MAD expose sur 4 niveaux une magnifique collection d'objets de design et d'artisanat. Entrée sur don le jeudi à partir de 18h (www.madmuseum.org ; 2 Colombus Circle entre 8th Ave et Broadway ; tarif plein/senior/étudiant 16/14/12 $, gratuit -18 ans ; ⏲ 10h-18h mar-dim, jusqu'à 21h jeu ; Ⓢ A, C, B, D, 1 59th St-Colombus Circle).

NEW YORK HISTORICAL SOCIETY (plan p. 158, C6) → Le plus ancien musée de New York fut créé en 1804 pour conserver les objets (plus de 60 000 !) portant la mémoire de la ville : le fauteuil d'investiture de George Washington, une assiette Tiffany du XIXe siècle, une attelle orthopédique de Franklin D. Roosevelt... Entrée sur don libre le vendredi de 18h à 20h. (www.nyhistory.org ; 170 Central Park West, à hauteur de West 77th St ; adulte/enfant 20/6 $; ⏲ 10h-18h mar-sam, jusqu'à 20h ven, 11h-17h dim ; Ⓢ B, C 81st St-Museum of Natural History)

HARLEM, UPPER MANHATTAN ET LE BRONX p. 166
Visiter p. 160
À table p. 161
Prendre un verre p. 164
Shopping p. 164
Sortir p. 165
A
B
C
D
E
1
2
3
4
Cathedral Pkwy (110th St)
Cathedral Pkwy (110th St)
Central Park North (110th St)
Central Park North
Central Park West
Manhattan Ave
Columbus Ave
Amsterdam Ave
Broadway
West End Ave
Riverside Dr
Fifth Ave
W 107th St
W 105th St
W 102nd St
W 100th St
W 98th St
W 97th St
W 95th St
W 93rd St
W 91st St
W 89th St
W 87th St
W 85th St
103rd St
96th St
86th St
Harlem Meer
Conservatory Garden
East Meadow
Jacqueline Kennedy Onassis Reservoir
Hudson River
UPPER WEST SIDE
2c
2i
2j
2g
4

UPPER EAST SIDE
p. 144
Fifth Ave
Conservatory Water
Central Park
East Dr
The Pond
5th Ave-59th St
W 59th St
Strawberry Fields
New York Historical Society
American Museum of Natural History
Central Park West
59th St-Columbus Circle
Museum of Arts & Design
66th St-Lincoln Center
Broadway
Columbus Ave
Amsterdam Ave
West End Ave
Riverside Dr
West Side Hwy
Freedom Pl
Hudson River
W 83rd St
W 81st St
W 79th St
W 77th St
W 75th St
W 72nd St
72nd St
79th St
W 70th St
W 68th St
W 66th St
W 65th St
W 63rd St
W 60th St
W 58th St
1
2a
2b
2d
2e
2f
2h
3
6
7
8
10
11
12
13
14
15
16
17
18
200
A
B
C
D
E
5
6
7
8

UPPER WEST SIDE ET CENTRAL PARK

MUSIQUE, NEURONES ET BOL D'AIR

L'Upper West Side, à l'ouest de Central Park, est considéré comme un moteur intellectuel et artistique pour la ville. C'est ici que se trouve le Lincoln Center, à la programmation ambitieuse, et que résident beaucoup de musiciens, d'écrivains et d'artistes. À l'est de ce quartier s'étend une oasis de verdure connue dans le monde entier, Central Park. Depuis sa création au milieu du XIXe siècle, des légions de New-Yorkais et de visiteurs viennent s'y promener, pique-niquer ou profiter du soleil.

Visiter

1 AMERICAN MUSEUM OF NATURAL HISTORY

Plan p. 158, C5

Le fonds impressionnant (plus de 30 millions de pièces) du musée, mis en valeur par une présentation didactique et interactive, laisse admiratif. Les trois salles consacrées aux dinosaures restent dans nos imaginaires grâce au cinéma. Une visite à faire avec les enfants, mais aussi vivement recommandée aux adultes.

→ Le planétarium (Rose Center for Earth & Space) est un lieu magique la nuit, quand il est tout illuminé. À ne pas manquer également, la grande baleine bleue, récemment restaurée.

✆212-769 5100 ; www.amnh.org ; 200 Central Park West, à hauteur de 79th St ; don suggéré adulte/enfant 23/13 $; ⏲tlj 10h-17h45 ; Ⓢ B, C 81St-Museum of Natural History ; 1 79th St

2 IMMEUBLES MYTHIQUES

Plan p. 158

Dans ce quartier se concentrent quelques immeubles d'habitation mythiques comme le **Dakota** (plan 2a, C6 ; 72nd St-Central Park West), où a vécu John Lennon et devant lequel il fut assassiné en 1980, ou encore le **San Remo** (plan 2b, C6 ; 145 Central Park West), l'**Eldorado** (plan 2c, C4 ; 300 Central Park West), le **Beresford** (plan 2d, C5 ; 211 Central Park West), l'**Ansonia** (plan 2e, B6 ; 2109 Broadway), l'**Apthorp** (plan 2f, B5 ; Broadway-78th St), le **Belnord** (plan 2g, B4 ; 225 West 86th St), le **Dorilton** (plan 2h, B6 ; 171 West 71st St), l'**Astor Court Building** (plan 2i, B4 ; Broadway-89th St) et le **Cornwall** (plan 2j, B4 ; 255 West 90th St).

3 TIME WARNER CENTER

Plan p. 158, C8

Les deux tours épurées du Time Warner Center abritent un centre commercial, des appartements, l'hôtel Mandarin Oriental, des bureaux de CNN et Jazz at Lincoln Center (voir p. 165). **William Sonoma** (cuisine), **Aveda** (produits de beauté naturels), **Bouchon Bakery** (pâtisserie) et **New York Running Company** (vêtements et articles de sport) font partie des boutiques que l'on peut trouver sur place.

→ Le supermarché Whole Foods, au sous-sol, possède un rayon d'alimentation bio, parfait pour un pique-nique à Central Park.

✆212-823 6300 ; www.shopsatcolumbuscircle.com ; 10 Columbus Circle, à hauteur de 59th St ; ⏲tlj 10h-21h, jusqu'à 19h dim ; Ⓢ 1, A, B, C, D 59th St-Columbus Circle

À table !

4 BARNEY GREENGRASS

CASHER

Plan p. 158, B4

Ce *delicatessen* centenaire est l'un des joyaux du quartier. Vous avez le choix entre deux ambiances : la minuscule salle à manger ou les quatre tables de l'épicerie. Installez-vous et goûtez l'une des spécialités de la maison, comme les œufs brouillés au saumon gravlax (16,50 $), accompagnés d'un bagel au fromage fondu. Pour le dessert, laissez-vous tenter par le *rugelach* (rouleau de pâte feuilletée) au chocolat (6 $).

JOSÉ RAMÓN FERREIRA ©

JOSÉ RAMÓN FERREIRA ©

Central Park

Dans une ville où l'espace privé est exigu, le parc se transforme en salon, en gymnase ou en lieu de pique-nique idéal. En été, c'est une plage sans mer, un auditorium géant pour les concerts et les représentations gratuites et un espace de choix pour pratiquer en groupe le yoga ou le tai-chi, ou pour faire son jogging en solitaire. En hiver, on peut se balader dans Central Park sous la neige et profiter de la piste de patin à glace. Secret d'initiés : quand la nuit tombe, rendez-vous à l'arrière du Metropolitan Museum (p. 148), qui donne sur le parc, pour contempler par la baie vitrée le temple de Dendur tout éclairé.

Quelques passages obligés : le plan d'eau Jacqueline Kennedy Onassis Reservoir, le Belvedere Castle, qui abrite une station météo, le zoo, le Conservatory Garden, le restaurant-cafétéria Boathouse et la mosaïque *Imagine* dédiée à John Lennon.

Le plus souvent, les touristes considèrent avoir fait le tour du parc en arrivant au lac artificiel, voire avant. C'est dommage, car faire le tour complet du réservoir (2,5 km) à la tombée de la nuit permet de profiter de l'une des plus belles vues sur Manhattan. Et la partie nord du parc est plus sauvage que la partie sud.

Pour arpenter Central Park comme un vrai New-Yorkais, vous pouvez louer un vélo à l'heure auprès de **Bike Rental Central Park** (✆212 664-9600 ; www.bikerentalcentralpark.com ; 892 9th Ave ; Ⓢ1, A, B, C, D 59th St-Columbus Circle). La boutique se trouve tout près de l'entrée du parc, à un *block* au sud de Colombus Circle sur 9th Ave.

LORENA GALLIOT ©

→ Le magasin observe les fêtes religieuses juives.

✆212-724 4707 ; www.barneygreengrass.com ; 541 Amsterdam Ave, près de 86th St ; ⏲mar-dim 8h-18h ; Ⓢ1 86th St

5 CAFE LALO

SNACK

Plan p. 158, B5

C'est dans cette charmante cafétéria que Nora Ephron a filmé la rencontre de Meg Ryan et de Tom Hanks dans *Vous avez un mess@ge*. Il y a d'autres raisons pour y déjeuner ou y bruncher, notamment les délicieuses frittatas et la vingtaine de gâteaux confectionnés chaque jour. Sandwichs et salades entre 15,50 et 17,50 $, part de gâteau 10,50 $.

→ Goûtez au fameux cheesecake (10,50 $ la part) ou, plus léger, au "frozen yogurt" aux fruits rouges, l'un des meilleurs de la ville.

✆212-496 6031 ; www.cafelalo.com ; 201 West 83rd St, près d'Amsterdam Ave ; ⏲dim-jeu 9h-1h, ven-sam 9h-3h ; Ⓢ1 86th St

6 GRAY'S PAPAYA

HOT DOGS

Plan p. 158, B6

Une institution. Bien que le slogan de la maison soit "*Where the chic Westsider dines*" ("le lieu où dînent les gens chics d'Upper West Side"), l'établissement ne propose que des hot dogs ! Des milliers d'entre eux sont vendus chaque jour. Formule "spécial récession" à 6,95 $ (2 hot dogs et un jus de papaye).

→ L'établissement est ouvert 24/24h. À emporter uniquement.

212-799 0243 ; www.grayspapayanyc.com ; 2090 Broadway, à hauteur de 72nd St ; 24h/24 ; 1, 2, 3 72nd St

7 SHAKE SHACK

HAMBURGERS

Plan p. 158, C5

Fondée en 2004 dans le Madison Square Park, cette célèbre chaîne de hamburgers et de milk-shakes a ouvert une antenne tout près du Muséum d'histoire naturelle. Excellente nouvelle pour les papilles – et le portefeuille : contrairement à ce que l'on trouve habituellement dans ce genre de restaurants, les ingrédients sont frais et de bonne qualité. Le 'Shroom Burger (hamburger au champignon portobello, 6,99 $) est l'une des spécialités de la maison.

→ Le rez-de-chaussée est exigu, mais il y a davantage de tables au sous-sol.

646-747 8770 ; www.shakeshack.com ; 366 Columbus Ave, à hauteur de West 77th St ; tlj 11h-23h ; 1, 2, 3 72nd St

8 WHOLE FOODS DE COLUMBUS CIRCLE

SUPERMARCHÉ

Plan p. 158, C8

Ces supermarchés bio proposent une vaste sélection de plats préparés savoureux et équilibrés et des "salad bars" bien garnis (prix au poids, 8,90 $ les 500 g). Celui-ci, juste à la sortie sud-ouest de Central Park, est l'endroit idéal pour se constituer un pique-nique.

→ En cas de mauvais temps, le lieu dispose également d'une aire de repas intérieure.

212-823 9600 ; www.wholefoodsmarket.com ; 10 Columbus Circle, au sous-sol du centre commercial (via l'escalator à l'entrée) ; tlj 7h-23h ; 1, A, C, B, D 59th St-Columbus Circle

9 JACOB'S PICKLES

AMÉRICAIN

Plan p. 158, B4

Cette institution du quartier fait dans la *southern comfort food*, la cuisine roborative du sud des États-Unis, servie ici dans des proportions gargantuesques. Parmi les spécialités, optez par exemple pour la salade *buttermilk fried chicken caesar* (17 $) – poulet frit au babeurre –, les *biscuits and fixins* (8 $) – petits pains au babeurre servis avec du miel – et les *specials sours pickles* (4$), des cornichons amers.

→ Beau choix de bières de tout le pays, du Maine (9 $) au Colorado (8 $) en passant par le Texas (7 $).

212-470 5566 ; jacobs.picklehospitality.com ; 509 Amsterdam Ave, entre West 84th St et West 85th St ; lun-mer 10h-2h, jeu-ven 10h-4h, sam 9h-4h, dim 9h-2h ; 1, 2 86th St

10 LEVAIN BAKERY

BOULANGERIE

Plan p. 158, B6

Avec sa petite enseigne bleue, Levain Bakery n'a rien d'un établissement tape-à-l'œil... C'est pourtant *la* boulangerie en vogue dans l'Upper West Side, grâce à ses produits frais et bio qui ont rapidement séduit les riverains. On y fait la queue jusque dans la rue pour déguster un cookie (4 $) au chocolat ou à l'oatmeal – sorte de muesli – à la fois moelleux et riche. Meilleur marché et tout aussi bonnes, les parts de gâteau coûtent 3 $.

212-874 6080 ; www.levainbakery.com ; 167 West 74th St près d'Amsterdam Ave ; lun-sam 8h-19h, dim 9h-19h ; 1, 2, 3 72nd St

Prendre un verre

11 THE DEAD POET

BAR

Plan p. 158, B5

Passionné de littérature, le propriétaire de ce petit bar tout en longueur rend hommage aux auteurs disparus avec de délicieux cocktails (9-15 $). Optez par exemple pour un Tempest, inspiré par la pièce de Shakespease, ou un To Kill a Mockingbird, dédié à Harper Lee. Des citations décorent les murs de la salle, qui accueille fréquemment des concerts.

→ Réduction de 1 à 2 $ sur les cocktails durant l'happy hour (lundi-vendredi 12h-20h).

✆212-595 5670 ; www.thedeadpoet.com ; 450 Amsterdam Ave, près de West 82nd St ; ⌚tlj 12h-4h ; Ⓢ1 79th St

12 BOAT BASIN CAFÉ

BAR AVEC VUE

Plan p. 158, A5

Face à la marina, ce bar est un peu difficile d'accès : il faut descendre les escaliers au bout de 79th St pour découvrir des arcades voûtées, qui mènent à une terrasse au bord de l'eau. Le cadre et la vue sur l'Hudson valent bien le déplacement, tout comme l'ambiance et la cuisine, efficace et à petits prix (burgers, salades et grillades 12-15 $). Ouvert de mars à fin octobre uniquement.

→ Dans la même veine, la terrasse du Pier i Café (piericafe.com ; Riverside Park, 500 West 70th St, entrée au niveau de West 68th St) est agréable l'été.

✆212-496 5542 ; www.boatbasincafe.com ; West 79th St, Riverside Park ; ⌚tlj 12h-23h ; Ⓢ1 79th St

Shopping

13 FLYING TIGER COPENHAGEN

DÉCO, SOUVENIRS

Plan p. 158, C5

L'objectif de cette marque danoise est de créer des objets qui "surprennent et donnent le sourire". Un pari réussi qui fait de cette boutique un bon endroit pour trouver des cadeaux originaux à petit prix. Parmi eux : une lampe en forme de cactus (20 $), des sets de table façon *diner* (5 $), une trousse d'écolier en forme de bouteille de ketchup (2 $), un chapeau de beer pong (10 $)...

→ Deux autres adresses à Manhattan (920 Broadway et 1282 3rd Ave) et une à Brooklyn (445 Albee Sq West).

✆646-998 4755 ; www.flyingtiger.com ; 424 Colombus Ave, près de West 80th St ; ⌚tlj 10h-20h ; ⓈB, C 81st St-Museum of Natural History ; 1 86 St

14 BLOOMINGDALE'S OUTLET

PRÊT-À-PORTER

Plan p. 158, B6

Tous les vêtements et accessoires vendus habituellement par cette enseigne chic, mais à petit prix. Sur trois niveaux se succèdent les articles des collections passées, soldés de -30 à -70%. L'attente en caisse est parfois longue...

✆212-634 3190 ; www.bloomingdales.com ; 2085 Broadway, à l'angle de 71st St ; ⌚lun-sam 10h-21h, dim 11h-20h ; Ⓢ1, 2, 3 72nd St

15 GRAND BAZAAR NYC

PUCES DE QUARTIER

Plan p. 158, C6

À première vue, cela ressemble à un marché installé dans une cour d'école. Mais en pénétrant dans l'établissement, on constate que les couloirs, les salles et le réfectoire sont envahis par des dizaines de stands d'objets artisanaux et d'occasion. Une vraie curiosité !

✆212-239 3025 ; www.grandbazaarnyc.org ; Columbus Ave entre 76th

et 77th St ; ⏲ dim 10h-17h30 ; Ⓢ 1 79th St ; B, C 72nd St

16 WESTSIDER RARE & USED BOOKS

LIVRES D'OCCASION

Plan p. 158, B5

Cette librairie spécialisée dans les romans et les livres illustrés d'occasion (art et jeunesse) vend également des premières éditions et des exemplaires dédicacés ou des illustrations originales. Les soldes à 1 $ sont entreposées à l'extérieur. Une institution, prisée des habitants du quartier.

✆ 212-362 0706 ; www.westsiderbooks.com ; 2246 Broadway, près de 80th St ; ⏲ lun-ven 10h-21h, sam 10h-22h, dim 11h-20h ; Ⓢ 1 79th St

Sortir

17 LINCOLN CENTER FOR THE PERFORMING ARTS

ARTS SCÉNIQUES

Plan p. 158, C7

Ce merveilleux temple des arts scéniques compte plusieurs espaces programmant ballets, opéras, pièces de théâtre, concerts et projections, installés autour d'une majestueuse fontaine en

LINCLON CENTER / MARK BUSSELL ©

marbre blanc. Le hall du Metropolitan Opera House abrite deux fresques de Marc Chagall. L'Avery Fisher Hall accueille l'Orchestre philharmonique de New York. Les compagnies New York City Ballet et American Ballet sont également hébergées ici, tout comme la Juilliard School. Programme et prix sur le site Web.

→ Chaque été, le festival Midsummer Night's Swing invite des ensembles swing, jazz et latins à jouer sur le grand parvis à l'arrière du théâtre. L'accès à la piste de danse coûte 17 $... mais l'on peut se déhancher tout autour gratuitement !

✆ 212-875 5456 ; www.lincolncenter.org ; 70 Lincoln Center Plaza, Broadway St, à hauteur de 62nd St ; Ⓢ 1 66th St-Lincoln Center ; 1, A, B, C, D 59th St-Columbus Circle

18 JAZZ AT LINCOLN CENTER

JAZZ

Plan p. 158, C8

Située en haut de la tour du Time Warner Center, cette annexe du Lincoln Center dédiée au jazz possède trois salles de capacités différentes : l'auditorium Rose Theater (1 233 places), l'Allen Room (467 places) et le Dizzy's Club Coca Cola (140 places). Horaires et prix sur le site Internet.

→ Pour profiter des concerts à prix doux, regardez du côté des "late-night sessions" (à partir de 23h15) au Dizzy's Club Coca Cola. Les mardis et mercredis, l'entrée n'est qu'à 5 $. Réservations au 212-258 9595.

✆ 212-258 9829 ; www.jazz.org ; Time Warner Center ; 33 West 60th St ; Ⓢ 1, A, B, C, D 59th St-Columbus Circle

HARLEM, UPPER MANHATTAN ET LE BRONX

Orientation

MORNINGSIDE HEIGHTS → Ce quartier compris entre les 110th St et les 125th St, tout à l'ouest, sert de campus à la Columbia University, qui en occupe la moitié sud.

HARLEM → Le cœur du bastion de la communauté afro-américaine continue de battre autour de la125th St, son artère principale.

Incontournables

CATHEDRAL CHURCH OF ST JOHN THE DIVINE → Un gigantesque sanctuaire néogothique (détails p. 169).

THE CLOISTERS → L'annexe du Met présente fresques, peintures médiévales et tapisseries (détails p. 170).

Hors des sentiers battus

MALCOLM SHABAZZ HARLEM MARKET (plan p. 168, C3) → On trouve de tout et notamment une large gamme de produits africains dans ce marché géré par la mosquée attenante (52 West 116th St entre Malcolm X Blvd et 5th Ave ; 10h-20h ; 2, 3 116th St).

INWOOD HILL PARK (plan p. 168, A1) → À l'extrême nord de Manhattan, une forêt qui évoque ce que pouvait être l'île avant l'arrivée des Européens. Pour vous y rendre, prenez la ligne A jusqu'à Inwood-207th St et remontez West 207th St. En été, une petite plage artificielle est aménagée devant le bar **La Marina** (www.lamarinanyc.com ; 348 Dyckman St ; lun-jeu 15h-minuit, ven 15h-1h, sam 11h-1h, dim 11h-minuit), au sud du parc. Idéal pour siroter un cocktail les pieds dans le sable, tout en admirant le coucher du soleil.

CRACK IS WACK PLAYGROUND (plan p. 168, D1) → Ce terrain de jeux excentré tient son nom de la fresque orange vif *Crack is Wack* peinte par le graffeur Keith Haring en 1986 (Harlem River Park ; East 127th St et 2nd Ave ; aube-crépuscule ; 4, 5, 6 125th St).

NICHOLAS ROERICH MUSEUM (plan p. 168, B1) → L'un des secrets les mieux gardés de New York : une collection de peintures du prolifique Nicholas Konstantinovitch Roerich, peintre russe tombé amoureux de l'Himalaya (www.roerich.org ; 319 West 107th St entre Riverside Dr et Broadway ; don suggéré 5 $; 12h-16h mar-ven, 14h-17h sam-dim ; Cathedral Pkway).

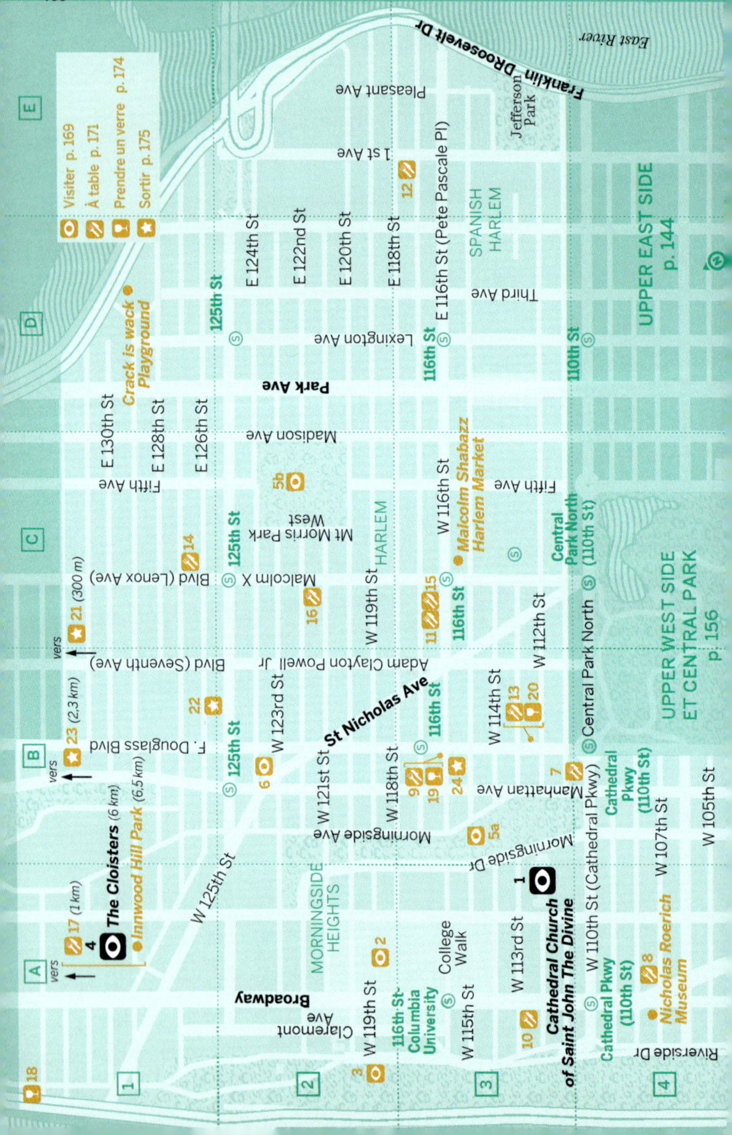

Visiter p. 169
À table p. 171
Prendre un verre p. 174
Sortir p. 175
A
B
C
D
E
1
2
3
4
vers
17 (1 km)
4
The Cloisters (6 km)
Innwood Hill Park (6,5 km)
vers
23 (2,3 km)
vers
21 (300 m)
18
Crack is wack Playground
Franklin D. Roosevelt Dr
East River
Pleasant Ave
1 st Ave
Jefferson Park
12
E 130th St
E 128th St
E 126th St
E 124th St
E 122nd St
E 120th St
E 118th St
E 116th St (Pete Pascale Pl)
SPANISH HARLEM
Third Ave
Lexington Ave
Park Ave
Madison Ave
Fifth Ave
125th St
116th St
110th St
UPPER EAST SIDE p. 144
5b
Mt Morris Park West
Malcolm X Blvd (Lenox Ave)
14
125th St
HARLEM
W 116th St
Malcolm Shabazz Harlem Market
Central Park North (110th St)
16
W 119th St
11
15
116th St
W 112th St
UPPER WEST SIDE ET CENTRAL PARK p. 156
Adam Clayton Powell Jr Blvd (Seventh Ave)
22
W 123rd St
St Nicholas Ave
116th St
W 114th St
13
20
Central Park North
F. Douglass Blvd
125th St
6
W 121st St
W 118th St
9
19
24
7
Manhattan Ave
Cathedral Pkwy (110th St)
W 107th St
W 105th St
W 125th St
Morningside Ave
5a
Morningside Dr
1
Cathedral Church of Saint John The Divine
W 110th St (Cathedral Pkwy)
MORNINGSIDE HEIGHTS
2
College Walk
W 113rd St
8
Nicholas Roerich Museum
Broadway
Claremont Ave
W 119th St
116th St-Columbia University
W 115th St
10
Cathedral Pkwy (110th St)
3
Riverside Dr

HARLEM ET UPPER MANHATTAN

PLUS D'UNE VOIX AU CHAPITRE

Harlem a longtemps constitué une frontière quasi infranchissable au nord de Manhattan. Associé par son histoire à la lutte pour l'égalité des droits civiques, au jazz et à la culture afro-américaine, le quartier est en plein renouveau. Reconquête urbaine et gentrification obligent, boutiques et restaurants sont revenus sur 125th St, épine dorsale de Harlem. Si vous avez du temps devant vous, montez au nord de la pointe de Manhattan qui compte plusieurs sites intéressants et un magnifique parc, l'Inwood Hill Park. À l'est, le Bronx (p. 176) est le *borough* le plus septentrional de la ville.

Visiter

1 CATHEDRAL CHURCH OF SAINT JOHN THE DIVINE

Plan ci-contre, A3

C'est le plus grand lieu de culte des États-Unis. Haute de 183 m, cette cathédrale épiscopale possède en outre un beau jardin, le Biblical Garden, où l'on peut assister à des concerts de qualité.

→ Tous les lundis à 13h, le chef de chœur propose une démonstration gratuite du grand orgue (30 minutes, RDV au pied du grand orgue).

212-316 7490 ; www.stjohndivine.org ; 1047 Amsterdam Ave, à hauteur de 112th St ; don suggéré 10 $; tlj 7h30-18h ; Ⓢ1 Cathedral Pkwy-110th St

2 COLUMBIA UNIVERSITY

Plan p. 168, A2

Le campus de cette prestigieuse université a été transféré de Lower Manhattan à Morningside Heights en 1897. Il occupe actuellement un espace compris entre 114th St et 121st St, mais il a installé des annexes dans les rues situées à l'extrême nord. Une balade sur le campus vous fera notamment découvrir les bâtiments de style Renaissance italienne de la grande cour.

→ Le département de physique organise des soirées astronomie gratuites avec lectures et observation des étoiles depuis le grand télescope du campus ; calendrier sur outreach.astro.columbia.edu.

☎ 212-854 1754 ; www.columbia.edu ; Broadway, à hauteur de 116th St ; Ⓢ 1 116th St-Columbia University

3 RIVERSIDE PARK

Plan p. 168, A2

Encore un merveilleux espace vert près de l'Hudson, qui se prête aux balades (beau point de vue pour le coucher du soleil), à la course à pied et au vélo. Il y a quelques années, le parc commençait au niveau de 72nd St. Donald Trump, qui souhaitait faire construire un quartier entier entre 59th St et l'entrée du parc, dut céder en contrepartie l'espace situé sur les berges de l'Hudson, rallongeant ainsi l'étendue du parc. L'agréable balade le long de la rivière est ponctuée de bancs, de snacks, de terrains de base-ball et de basket, et d'aires de jeux pour enfants.

www.nycgovparks.org/parks/riversidepark ; de 59th St à 125th St, le long de l'Hudson ; Ⓢ 1 66th St-Lincoln Center ; 1, A, B, C, D 59th St-Columbus Circle

4 THE CLOISTERS

Plan p. 168, A1

Cette annexe du Met, à 20 minutes en métro de l'Upper West Side, abrite des pièces provenant de monastères pyrénéens démontées et transportées outre-Atlantique. Fresques, peintures médiévales et tapisseries sont présentées autour d'un cloître central dans des galeries reliées par de majestueuses voûtes coiffées par des plafonds mauresques. Les magnifiques jardins offrent une belle vue sur l'Hudson.

→ Entrée comprise dans le billet du Met pour une visite le même jour ; nocturne le vendredi jusqu'à 21h de fin mai à début septembre.

☎ 212-923 3700 ; www.metmuseum.org ; Fort Tryon Park, 99 Margaret Corbin Dr, près de Park Dr ; tarif plein/senior/étudiant 25/17/12 $, gratuit -12 ans ; 🕘 mars-oct tlj 10h-17h15, nov-fév mar-dim 10h-16h45 ; Ⓢ A 190th St

JOSÉ RAMÓN FERREIRA ©

THE METROPOLITAN MUSEUM OF ART ©

5 MORNINGSIDE PARK ET MARCUS GARVEY PARK

Plan p. 168

Morningside Park et Marcus Garvey Park – ce leader de la cause noire vécut ici quelques années – sont deux oasis de verdure dans un quartier encore très populaire. Terrains de jeux pour enfants, sentiers arborés et pelouses les rendent particulièrement agréables. Morningside a été conçu par la même équipe de paysagistes que Central Park, et son terrain escarpé rappelle les Buttes-Chaumont à Paris.

Morningside Park : plan 5a, B3 ; Morningside Ave entre 110th et 123rd St ; Ⓢ B, C 116th St ; A, B, C, D 125th St

Marcus Garvey Park : plan 5b, C2 ; Madison Ave entre 120th St et 124th St

6 DWYER CULTURAL CENTER

Plan p. 168, B2

Symbole du renouveau de Harlem, ce centre culturel programme des artistes locaux émergents ou confirmés, s'illustrant dans le domaine de l'art visuel, de la danse, de la musique ou de toute autre performance en relation avec l'histoire du quartier. Des ateliers sont ouverts au public.

→ Toutes les manifestations sont gratuites ; réservez.

✆ 212-222 3060 ; www.dwyercc.org ; 258 St Nicholas Ave ; entrée libre ; ⏲ tlj 12h-19h ; Ⓢ A, B, C, D 125th St

Jazz à Harlem

Le jazz explose dans le quartier dans les années 1930. Portés par le commerce clandestin de l'alcool, les clubs sont alors le repaire d'artistes légendaires comme Billie Holiday, Duke Ellington, Louis Armstrong ou encore Ella Fitzgerald. Si les plus célèbres d'entre eux ont depuis fermé, d'autres entretiennent toujours l'esprit et la ferveur de ce courant musical. Le célèbre Cotton Club (cottonclub-newyork.com ; 656 West 125th St) organise des soirées jazz le vendredi (20 $). Moins touristiques, Bill's Place (www.billsplaceharlem.com ; 148 West 133rd St, entre 7th Ave et Lenox Ave) ou encore le Ginny Supper Club (www.ginnyssupperclub.com ; 310 Lenox Ave, près de West 126th St ; concert 15-25 $) programment d'excellents concerts. Enfin, ne manquez pas les concerts que Marjorie Eliot donne le dimanche dans son appartement (p. 175).

À table !

7 CAFE AMRITA

CAFÉ

Plan p. 168, B4

À deux pas de Central Park, ce petit café sans prétention fait le plein chaque week-end pour le brunch. On comprend pourquoi après avoir goûté son omelette au saumon fumé (11 $), ou son bagel *cream cheese*-saumon (6,95 $), tous deux aussi délicieux qu'abordables. Thé et café à moins de 2 $.

✆ 212-222 0683 ; 301 West 110th St, près de Frederick Douglass Blvd ; ⏲ tlj 7h30-minuit ; Ⓢ B, C Cathedral Pkwy

8 ABSOLUTE BAGELS

BOULANGERIE

Plan p. 168, A4

Si le bagel – agrémenté en général de *cream cheese* et de saumon fumé – est le pain new-yorkais par excellence, Absolute Bagels en est le temple. Sa réputation est telle que, le week-end, la queue fait parfois le tour du pâté de maisons. Pour ne pas attendre une heure, mieux vaut s'y rendre un après-midi, en semaine.

✆ 212-932 2052 ; 2788 Broadway, près de 108th St ; ⏲ tlj 6h-21h ; Ⓢ 1, 2, 3 110th St

MAXIME AUBIN ©

9 LOLO'S SEAFOOD SHACK

FRUITS DE MER

Plan p. 168, B3

Direction les Caraïbes – dans l'ambiance et les saveurs tout du moins – dans ce lolo chaleureux où le bois prédomine. Parmi les spécialités, les crevettes à la noix de coco (10 $) ou, tout aussi délicieux, le Crabs Legs and Shrimp Steampot (30 $) – des pattes de crabe mijotées avec des crevettes, servies avec patates douces et maïs. Une adresse coup de cœur, plus encore aux beaux jours pour sa cour aux tables couleurs pastel et son bar façon kiosque.

646-649 3356 ; www. lolosseafoodshack.com ; 303 West 116th St, près de Frederick Douglass Blvd ; lun-jeu 12h-22h, ven-sam 12h-22h30, dim 12h-21h ; Ⓢ B, C 116th St

10 COMMUNITY FOOD AND JUICE

AMÉRICAIN

Plan p. 168, A3

Le QG des professeurs et des étudiants de Columbia University, qui le fréquentent pour sa cuisine gourmande et saine, à prix abordables. Parmi les meilleurs rapports qualité/prix de la carte figurent les copieux *rice bowls*, petits saladiers de riz complet et de crudités au poulet (14 $), au saumon (17 $) ou au tofu mariné et grillé (12 $).

212-665 2800 ; www. communityrestaurant.com ; 2893 Broadway, près de 113th St ; lun-jeu 8h-21h30, ven 8h-22h, sam 9h-22h, dim 9h-21h30 ; Ⓢ 1 116th St

11 HARLEM PIZZA CO

PIZZERIA

Plan p. 168, C3

Non loin de la mosquée Malcolm Shabazz, cette adresse propose une carte à la fois simple et savoureuse. Les pizzas (12-19 $) sont la spécialité de la maison, mais l'on trouve aussi paninis et salades. Si les prix sont un peu plus élevés que ce que l'on trouve habituellement dans le quartier, la qualité des produits ne ment pas.

212-222 9889 ; www. harlempizzaco.com ; 135 West 116th St, entre Malcolm X Blvd et Adam Clayton Powell Jr Blvd ; mar-dim 12h-22h ; Ⓢ 2, 3 116th St

12 PATSY'S

PIZZERIA

Plan p. 168, E3

Une adresse incontournable pour découvrir la pizza *New York Style*, bien différente de ses homologues napolitaines ou chicagoanes. Ici, la croûte est croustillante et légèrement brûlée par endroits, et les tranches, énormes, ne sont pas avares en fromage. Les New-Yorkais en raffolent, et il y a souvent foule.

→ Petite pizza (2 personnes) à partir de 16 $; grande pizza (4 personnes) à partir de 18 $.

212-534 9783 ; www. thepatsyspizza.com ; 2287 1st Ave, entre 117th St et 118th St ; lun-sam 11h-minuit, dim 11h-23h ; Ⓢ 4, 5, 6, 116th St

13 ZOMA

ÉTHIOPIEN

Plan p. 168, B3

L'un des meilleurs restaurants éthiopiens de la ville. Les curries de viande et de légumes, subtilement épicés, sont servis au centre de la table sur une *injera*, sorte de grande crêpe qui fait aussi office de cuillère (les plats éthiopiens se mangent avec les doigts). Excellente adresse, au chic discret, pour qui souhaite découvrir cette cuisine à des prix encore raisonnables (plats 17-22,50 $).

212-662 0620 ; www.zomanyc.com ; 2084 Frederick Douglass Blvd, près de 112th St ; lun 17h-22h, mar-ven 17h-23h, sam 12h-23h, dim 12h-22h ; Ⓢ B, C 110th St

14 SILVIA'S

SOUL FOOD

Plan p. 168, C1

Cette institution de Harlem est devenue très touristique, avec raison. Silvia's est le temple de la *soul food*, cuisine dérivée de celle des anciens esclaves noirs. *Ribs* (côtes de porc) à la sauce barbecue (18,95 $), poulet frit (11,95 $), gratin de macaronis au cheddar (5 $) et *biscuits* (sortes de petits pains chauds) au maïs sont les plats emblématiques de cette cuisine du Sud. Vous pourrez emporter le reste de votre portion (énorme) dans un *doggy bag* quand vous aurez fini de vous lécher les doigts.

→ Brunch gospel le dimanche (12h30-16h) et concerts le mercredi soir (18h30-21h30)

212-966 0660 ; sylviasrestaurant.com ; 328 Malcolm X Blvd, près de 126th St ; lun-sam 8h-22h30, dim 11h-20h ; Ⓢ 2, 3 125th St

15 AMY RUTH'S

SOUL FOOD

Plan p. 168, C3

Très bonne adresse de cuisine *soul food*, plus économique et moins touristique que Sylvia's. Les plats (entre 8 et 25 $) portent le nom d'illustres Afro-Américains, notamment le plat phare de la carte, The President Barack Obama (poulet frit, rôti ou BBQ ; 18,45 $). Cadre simple et agréable, service souriant et clientèle de quartier.

→ Au brunch, les gaufres gigantesques sont une option délicieuse : partagez !

212-280 8779 ; amyruths.com ; 113 West 116th St, près de Malcolm X Blvd ; mar 8h30-23h30, mer-jeu 8h30-23h, ven 8h30-5h30, sam 7h30-5h30, dim 7h30-23h ; Ⓢ 2, 3, B, C 116th St

16 BLVD BISTRO

SOUL FOOD

Plan p. 168, C2

Encore un restaurant qui donne dans le registre *soul food*, mais avec des touches modernes et raffinées très réussies, apportées par le chef Carlos Swepson, originaire du Mississippi. Nous vous conseillons tout particulièrement le poisson du jour pané dans une croûte de maïs, très croustillant (28 $), ou les pancakes aux myrtilles (16 $), servis à l'heure du brunch, tout simplement parfaits.

212-678 6200 ; blvdbistrony.com ; 239 Lenox Ave, au niveau de 122nd St ; mar-ven 11h30-15h30 et 17h-23h, sam 9h-16h et 18h-23h, dim 10h-18h (brunch uniquement) ; Ⓢ 2, 3 125th St

17 GRANGE BAR & EATERY

AMÉRICAIN - BAR À COCKTAILS

Plan p. 168, B1

À l'écart de l'animation, ce restaurant-bar à cocktails apporte une touche rustique chic au nord de Harlem, avec ses murs de pierre apparente et sa cuisine *farm to table* qui fait la part belle aux ingrédients bio locaux (plats 10-18 $). Brunch très apprécié, tout comme les cocktails maison.

→ DJ sets les jeudis, vendredis et samedis soir.

212-491 1635 ; www.thegrangebarnyc.com ; 1639 Amsterdam Ave, entre 141st and 142nd St ; lun-ven 11h30-4h, sam-dim 9h30-4h ; Ⓢ1, A, B, C, D 145th St

Prendre un verre

18 BIERSTRASSE

BRASSERIE EN PLEIN AIR

Plan p. 168, A1

Caché sous un pont à l'extrémité ouest de la 133rd St, ce joyau méconnu des touristes n'a rien à envier aux *biergarten* munichois avec ses grandes tables en bois et son choix de 10 bières pression allemandes (5-7 $ le demi). L'établissement se transforme également en *sports bar* pour les compétitions sportives. Un endroit à l'image du quartier : chaleureux et multi ethnique.

→ Délicieux brunch les week-ends de 12h à 16h avec des spécialités d'Europe de l'Est : bretzel bavarois (10 $), *schnitzel* au poulet (14 $) ou assortiment de *bratwurst*, *kielbasa*, *kasekrainer* (24 $).

www.bierstrassenyc.com ; 2346 12th Ave, près de West 133rd St ; lun-jeu 15h-minuit, ven 15h-2h, sam 12h-2h, dim 12h-minuit ; Ⓢ1 125th St ou 137th St-City College

19 HARLEM TAVERN

BAR SPORTIF

Plan p. 168, B3

Idéal pour suivre un match, ce bar couvre nombre d'événements sportifs américains. On pourra ainsi assister aux play-off de basket tout en buvant une bière (6-8 $) et en mangeant un burger (13-15 $).

→ Goûtez l'Asian Chicken Salad (15 $).

212-866 4500 ; www.harlemtavern.com ; 2153 Frederick Douglass Blvd, à l'angle de West 116th St ; dim-jeu 12h-2h, ven 12h-4h, sam 11h-4h, dim 11h-2h ; Ⓢ B, C 116th St

20 67 ORANGE STREET

BAR À COCKTAILS

Plan p. 168, B3

Ce *speakeasy* chic et décontracté est emblématique du renouveau de Harlem. Accoudez-vous au bar pour siroter l'un des cocktails maison, frais, originaux et très bien préparés (14-15 $). Bons plats américains, mais plus chers que la moyenne du quartier.

Le son gospel

Le gospel, contraction de *God* et *spell* – Dieu et incantation –, a inscrit Harlem sur l'agenda touristique bien avant le renouveau du quartier. Les messes gospel attirent aujourd'hui un si grand nombre de visiteurs qu'il faut rappeler que l'on vient assister à une rencontre spirituelle prise très au sérieux par le public de fidèles. Aux États-Unis, on se met sur son trente et un pour la messe du dimanche et Harlem ne déroge pas à la règle. Les hommes sont en costume et les femmes ont la tête couverte. Vous n'êtes pas obligé de les imiter, mais évitez de porter un short et des tongs. De même, il convient d'éteindre votre téléphone portable, de ne pas parler, ni de prendre les paroissiens en photo ou de quitter l'église pendant le service.

Quelques lieux où y assister : **Abyssinian Baptist Church** (132 Odell Clark Pl), **Mother African Methodist Episcopal Zion Church** (146 West 137th St), **Canaan Baptist Church** (132 West 116th St), **Metropolitan Baptist Church** (151 West 128th St), **Metropolitan Community United Methodist Church** (1975 Madison Ave), **First Corinthian Baptist Church** (1912 Adam Clayton Powell Jr Blvd), **Bethel Gospel Assembly** (2-26 East 120th St). En général, le service commence le dimanche à 11h et peut durer 2 heures ou plus.

✆212-662 2030 ; www.67orangestreet.com ; 2082 Frederick Douglass Blvd, près de 112th St ; ⏲lun-mar 17h-minuit, mer-jeu 17h-2h, ven 17h-4h, sam 18h-4h, dim 18h-minuit ; Ⓢ B, C 110th St

Sortir

21 SHRINE

CAFÉ-CONCERT

Plan p. 168, B1

Cette adresse ne paye pas de mine et pourtant, elle accueille la meilleure programmation d'artistes afrobeat, calypso et reggae de la ville. Une clientèle de quartier vient s'y déhancher dans une ambiance chaleureuse et festive. De 4 à 5 concerts gratuits sont programmés chaque jour.

→ Bières à partir de 6 $, cocktails 12 $ et carte de plats méditerranéens (12-22 $).

✆212-690 7807 ; shrinenyc.com ; 2271 Adam Clayton Powell Jr Blvd, près de West 134th St ; ⏲tlj 16h-4h, sam à partir de 15h ; Ⓢ2, 3 135 St.

22 APOLLO THEATER

JAZZ

Plan p. 168, B1

L'Apollo a connu les grandes heures du jazz et les plus grands noms se sont illustrés sur la scène de ce théâtre néoclassique, d'abord dévolu au burlesque. Après une période creuse dans les années 1970-1980, l'Apollo a renoué avec le succès en reprogrammant sa soirée "Amateur Night at the Apollo" (tous les mercredis à 19h30 ; billets 22-34 $), qui lança la carrière de Stevie Wonder, James Brown ou Michael Jackson... notamment.

✆212-531 5300 ; www.apollotheater.org ; 253 West 125th St, près de Frederick Douglass Blvd ; Ⓢ1 125th St ; A, B, C, D 125th St

SIHEM SOIBINET-FEKIH ©

23 MARJORIE ELIOT'S PARLOR JAZZ

JAZZ

Plan p. 168, B1

Tous les dimanches à 15h30, la délicieuse Marjorie Eliot organise des bœufs de jazz, gratuitement et en toute intimité, dans son propre appartement. Dédiés à ses deux fils disparus, ces concerts informels voient une équipe de musiciens talentueux enchanter les visiteurs. Prévoyez des espèces pour le chapeau qui tourne à la fin du concert.

→ L'appartement peut contenir une cinquantaine de convives : venez tôt (dès 14h30).

✆212-781 6595 ; 555 Edgecombe Ave, appartement 3F, à hauteur de West 160th St, Washington Heights ; ⏲15h30 dim ; ⓈA, C 163rd St-Amsterdam Ave ; 1 157th St

24 SILVANA

CAFÉ-CONCERT

Plan p. 168, B3

Toutes les musiques du monde ont rendez-vous au sous-sol de ce petit café aux savoureuses tendances moyen-orientales – succulente chakchouka, cassolette à base de poivrons et d'œufs plutôt épicée (11 $). Jazz, blues, folk et reggae se succèdent sur la petite scène dès la fin d'après-midi (programme sur la page Facebook du café). Vente d'objets artisanaux et de vêtements de créateurs locaux.

✆646-692 4935 ; www.silvana-nyc.com ; 300 West 116th St, à l'angle de Frederick Douglass Blvd ; ⏲tlj 8h-4h ; Ⓢ2, 3, 116th St

BRONX

YANKEES ET LITTLE ITALY

Le Bronx est le district septentrional de New York. La population y est multiethnique, mais les composantes hispaniques et afro-américaines dominent. Un siècle plus tôt, les communautés juive, irlandaise et italienne avaient créé ici un quartier de classe moyenne, entré en déshérence dans les décennies 1960 et 1970 avec une hausse du nombre de délinquants et de marginaux. Ces dernières années, les loyers moins élevés des appartements et des lofts et l'amélioration des lignes de métro ont attiré de jeunes artistes et des familles de Manhattan.

1 ZOO DU BRONX

Plan ci-contre

Ce zoo urbain plus que centenaire est le plus vaste et le plus ancien du pays. Sur un terrain d'environ 100 ha a été récréée une grande diversité d'habitats, qui accueille plus de 4 000 animaux, dont certaines espèces en voie d'extinction. Idéal pour des visites avec des enfants : les balades à dos de dromadaire (8 $). Les petits pourront aussi approcher des tigres, des lions, des zèbres, des girafes, des rhinocéros, des singes et quantité d'oiseaux et de papillons.

Le mercredi, entrée sur don. Un certain nombre d'activités dans le parc sont en sus du billet "General Admission". Les pass "Total Experience", qui incluent toutes les activités, sont moins chers en ligne.

Entrées : Bronx Park, Bronx River Pkwy, Fordham Rd, Crotona Pkwy ; 718-367 1010 ; bronxzoo.com ; adulte/senior/3-12 ans 19,95/17,95/12,95 $, gratuit -3 ans ; avr-oct lun-ven 10h-17h, sam-dim 10h-17h30, nov-mars tlj 10h-16h30 ; (S) 5, 2 West Farms Sq-East Tremont Ave ; bus BxM11

2 NEW YORK BOTANICAL GARDEN

Plan ci-contre

Ce jardin botanique de près de 100 ha a plus d'un siècle. Ses jardins, ses ateliers et ses conférences scientifiques accueillent environ un million de visiteurs par an. Il s'agit en fait de 50 jardins différents et il faut se perdre dans les 20 ha de forêt vierge pour comprendre à quoi ressemblait New York avant l'arrivée des Européens. Bien que ce jardin soit situé au nord du zoo du Bronx, il est impossible de visiter les deux lieux le même jour.

Entrée libre le mercredi toute la journée et le samedi entre 9h et 10h. Le train MetroNorth est plus direct et rapide que le métro.

718-817 8700 ; www.nybg.org ; 2900 Southern Blvd ; adulte/étudiant et senior/enfant 23/20/10 $ en semaine, 28/25/12 $ le week-end, gratuit -2 ans ; train MetroNorth depuis Grand Central (Harlem Line) ou (S) B, D ou 4 Bedford Park Blvd

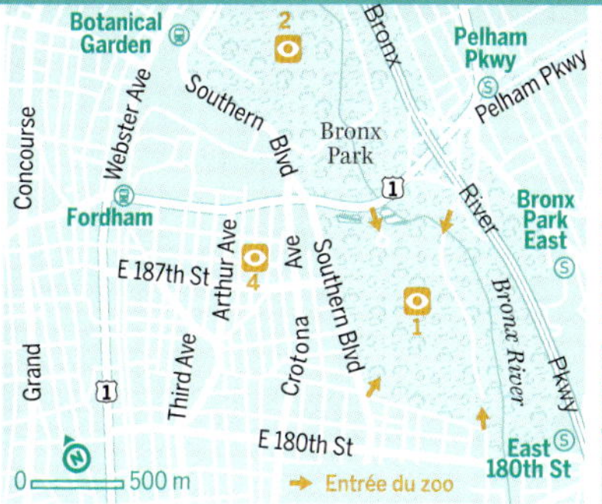

3 CITY ISLAND

Plan ci-dessus

Cet îlot de pêcheurs long de 2,4 km, relié au continent par un pont suspendu, fait mentir l'image du Bronx, avec ses paysages qui évoquent la Nouvelle-Angleterre. L'île a été colonisée par les Anglais en 1685 ; elle est célèbre pour ses maisons victoriennes, ses restaurants de fruits de mer, ses clubs nautiques et son unique avenue commerçante, City Island Ave. Une destination de choix pour les amateurs d'activités sous-marines, de pêche ou de voile.

Ⓢ 6 Pelham Bay Park (terminus), puis bus Bx29

4 L'AUTRE LITTLE ITALY

Plan ci-dessus

Pour se restaurer après une journée au zoo du Bronx, rendez-vous dans le microquartier italo-américain autour d'Arthur Ave, resté plus authentique que son homonyme de Manhattan. Trattorias et restaurants italiens abondent, regorgeant de plats italiens américanisés comme les spaghettis aux boulettes de bœuf. Quelques adresses notables : **Cafe Al Mercato** (dans le marché couvert au 2344 Arthur Ave), pour de délicieuses parts de pizza à emporter, **Pasquale's Rigoletto** (2311 Arthur Ave), italien au décor vieillot mais aux portions et à l'accueil généreux, l'excellente trattoria **Zero Otto Nove** (2357 Arthur Ave), **Enzo's** (2339 Arthur Ave), italien familial, ou encore l'immanquable **Mario's** (2342 Arthur Ave) qui fut le décor de plusieurs scènes de la série *Les Soprano*.

→ En septembre, le festival de Ferragosto voit s'installer un marché le long d'Arthur Ave avec stands de cuisine, d'artisanat et musiciens de rue. Détails sur www.ferragosto.com.

Ⓢ B, D Fordham Road, ou North Fordham (depuis Grand Central)

Le Yankee Stadium

Rien de mieux, pour vivre une expérience typiquement américaine, que d'assister à domicile à un match des Yankees, dans le Bronx – l'autre équipe de la ville, les Mets, joue dans le Queens. Fondée au début du XXe siècle, l'équipe a vu passer de grands noms du base-ball, comme Babe Ruth, Joe DiMaggio, Mickey Mantle et Yogi Berra, et s'enorgueillit du plus grand nombre de titres dans la discipline.

Pour plus d'information sur le stade et les matchs, consultez le site Internet du Yankee Stadium, www.mlb.com/yankees.

Ⓢ 4, B, D 161st St-Yankee Stadium

NORD DE

WILLIAMSBURG, GREENPOINT ET BUSHWICK

BROOKLYN

Orientation

ATELIERS D'ARTISTES → Autour de Morgan Ave et McKibbin St, dans Bushwick.

BEAUX HORIZONS → Depuis l'East River State Park, dans Williamsburg (détails p. 181).

LE QUARTIER POLONAIS → Greenpoint compte plusieurs épiceries polonaises, telles que la Rzeszowska Bakery (948 Manhattan Ave).

Incontournables

BROOKLYN BREWERY → Brasserie mère de la célèbre marque de bière Brooklyn, ouverte au public (détails p. 187).

MCCARREN PARK → Poumon vert du quartier de Williamsburg (détails p. 182).

Hors des sentiers battus

CITY RELIQUARY (plan p. 180, C4) → Micromusée de collections insolites : cartes de base-ball autographiées, éclats de brique ou de pierre de monuments célèbres... tout y passe, dans un joyeux méli-mélo. Un regard sur la ville original et touchant (✆ 718-782-4842 ; www.cityreliquary.org ; 370 Metropolitan Ave, à hauteur de Havemeyer St ; tarif plein/réduit 7/5 $; ⊙ jeu-dim 12h-18h ; Ⓢ G Metropolitan Ave).

EAGLE STREET ROOFTOP FARM (plan p. 180, B1) → Un potager et marché bio sur le toit d'un ancien entrepôt de Greenpoint ! Pour acheter fruits, légumes et œufs frais en jouissant d'une vue imprenable sur Manhattan (www.rooftopfarms.org ; 44 Eagle St ; ⊙ sam mai-sept ; Ⓢ G Greenpoint Ave).

BROOKLYN ART LIBRARY (plan p. 180, C4) → Cette bibliothèque pas comme les autres, propriété du collectif artistique Sketchbook Project, renferme plus de 35 000 carnets d'esquisses, consultables, laissés ou envoyés par des visiteurs. Achetez quelques carnets vierges et offrez-les comme souvenirs : ils sont fournis avec une enveloppe pour que, une fois remplis, ils soient retournés à la bibliothèque, qui les ajoutera à la collection. Une belle œuvre collaborative, avec plus de 135 pays représentés (www.sketchbookproject.com ; 28 Frost St ; ⊙ mer-dim 12h-18h ; Ⓢ L, G Metropolitan Ave ; L Bedford Ave).

A
B
C
D
1
2
3
4
5
0
500 m
Visiter p. 182
À table p. 183
Prendre un verre p. 186
Shopping p. 190
Sortir p. 191
Ferry vers Long Island City (Queens) et Midtown (Manhattan)
Eagle St
Eagle Street Rooftop Farm
Freeman St
Green St
Huron St
GREENPOINT
West St
India St
Java St
Kent St
Greepoint Ave
Greenpoint Ave
McGuinness Blvd
Milton St
Noble St
Manhattan Ave
22
Oak St
Franklin St
Calyer St
Leonard St
Eckford St
Meserole Ave
Lorimer St
Banker St
Dobbin St
Guernsey St
Norman Ave
Nassau Ave
East River
N 15th St
N 14th St
N 13th St
31
Nassau Ave
Bedford Ave
Driggs Ave
Graham Ave
35
20
17
37
East River State Park
1b
34
McCarren Park
1a
Manhattan Ave
Leonard St
Wythe Ave
29
5
8
N 11th St
N 10th St
N 12th St
Union Ave
Lorimer St
42
16
N 7th St
Berry St
N 9th St
19
N 5th St
N 6th St
N 8th St
Driggs Ave
7
2
Roebling St
Brooklyn Queens Expressway
N 4th St
N 3rd St
Bedford Ave
Bedford Ave
Brooklyn Art Library
21
Withers St
Jackson St
Skillman Ave
36
N 1st St
6
33
WILLIAMSBURG
Ferry vers Brooklyn Bridge
Kent Ave
Wythe Ave
15
Metropolitan Ave
City Reliquary
30
Conselyea St
Grand St
Metropolitan Ave
Graham Ave
Lorimer St
Devoe St
Leonard St
S 1st St
18
Berry St
9
S 2nd St
Roebling St
Havemeyer St
Marcy Ave
Keap St
Ainslie St
Williamsburg Bridge
S 4th St
4
Metropolitan Ave
Powers St
Grand St
3
Broadway
38
Borinquen Pl
Maujer St
Kent Ave
Wythe Ave
S 8th St
Berry St
S 9th St
Driggs Ave
32
Marcy Ave
Broadway
Rodney St
S 3rd St
S 5th St
Union Ave
Scholes St
Meserole St
Montrose Ave
voir ci-con
Division Ave
Lee Ave
Climer St
Bedford A

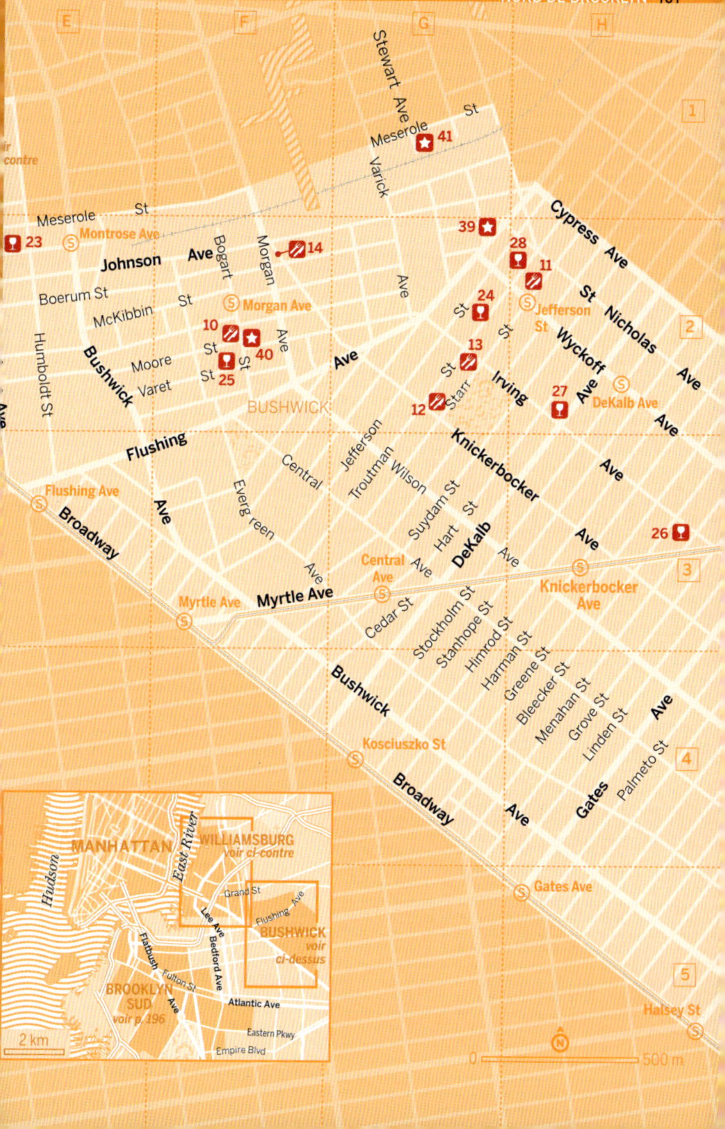
E
F
G
H
1
2
3
4
5
Stewart Ave
Meserole St
41
Varick Ave
contre
Meserole St
Montrose Ave
23
Johnson Ave
Bogart St
Morgan Ave
14
39
28
11
Cypress Ave
St Nicholas Ave
Boerum St
McKibbin St
Morgan Ave
24
Jefferson St
Wyckoff Ave
10
40
13
Humboldt St
Bushwick Ave
Moore St
Varet St
25
Irving Ave
27
DeKalb Ave
12
Starr St
BUSHWICK
Flushing Ave
Central Ave
Jefferson St
Troutman St
Wilson Ave
Knickerbocker Ave
Flushing Ave
Broadway
Evergreen Ave
Suydam St
Hart St
DeKalb Ave
26
Central Ave
Knickerbocker Ave
Myrtle Ave
Myrtle Ave
Cedar St
Stockholm St
Stanhope St
Himrod St
Harman St
Greene St
Bleecker St
Menahan St
Grove St
Linden St
Bushwick Ave
Kosciuszko St
Gates Ave
Palmeto St
Broadway
Gates Ave
Halsey St
MANHATTAN
Hudson
East River
WILLIAMSBURG
voir ci-contre
Grand St
Flushing Ave
Lee Ave
BUSHWICK
voir ci-dessus
Flatbush Ave
Fulton St
Bedford Ave
BROOKLYN SUD
voir p. 196
Atlantic Ave
Eastern Pkwy
Empire Blvd
2 km
N
0
500 m

NORD DE BROOKLYN

WILLIAMSBURG, GREENPOINT ET BUSHWICK

L'ENCLAVE HIPSTER

Le nord de Brooklyn connaît depuis une quinzaine d'années un renouveau spectaculaire. À Williamsburg, les entrepôts ont été reconvertis en lofts, et les juifs orthodoxes ont laissé place aux hipsters. Bars, restaurants, boutiques et galeries s'agglutinent autour de Bedford Avenue et dans les rues avoisinantes. Le quartier attirait autrefois de jeunes créatifs, mais la hausse vertigineuse des loyers a poussé les artistes vers des quartiers plus excentrés : au nord, Greenpoint, enclave polonaise concentrée autour de Manhattan Ave, et à l'est Bushwick, dont les usines textiles ont été transformées en galeries, bars et restaurants branchés.

Visiter

1 EAST RIVER STATE PARK ET MCCARREN PARK

Plan p. 180

Les deux principaux espaces verts de Williamsburg et de Greenpoint sont aussi les centres névralgiques de la vie sociale du quartier. Avec ses terrains de sport et sa grande piscine en plein air, McCarren Park attire les jeunes et les familles bobos du quartier. Quant à l'East River Park, ses pelouses, ses coins d'ombre et sa vue imprenable sur Manhattan en font le lieu idéal pour les pique-niques.

→ **En été, des étals de nourriture investissent l'East River Park le samedi (11h-18h) lors du**

JOSÉ RAMON FERREIRA ©

JOSÉ RAMÓN FERREIRA ©

Williamsburg Smorgasburg (brooklynflea.com). McCarren Park abrite, quant à lui, un marché bio le samedi (8h-15h).

www.nycparks.org ; ⌚tlj 5h-minuit. **McCarren Park :** plan 1a, C3 ; entre Nassau Ave, Manhattan Ave et North 12th St ; Ⓢ L Bedford Ave ou G Nassau Ave. **East River State Park** plan 1b, B3 ; entre 10th St et North 7th St, face à l'East River ; Ⓢ L Bedford Ave

2 BEDFORD AVENUE

Plan p. 180, B4

Cette rue commerçante est devenue l'épicentre de la nouvelle vague des hipsters qui ont occupé le quartier après les artistes, les Latinos et les juifs orthodoxes. Cafés, bars, restaurants, boutiques d'art et brocantes s'y mêlent, faisant de Bedford Avenue une balade agréable le samedi après-midi, et plus animée le samedi soir.

www.visitbrooklyn.org ; Bedford Ave entre McCarren Park (North 12 St) et le Williamsburg Bridge ; Ⓢ L Bedford Ave

À table !

3 DINER

AMÉRICAIN

Plan p. 180, A5

Ce restaurant logé dans un *diner* historique (1926) est très prisé des bobos du quartier. On peut bien sûr y savourer des hamburgers, mais la carte réserve quelques surprises, avec des plats (13-26 $) étonnamment recherchés et toujours très frais. Le menu change quotidiennement. Pas de réservations.

→ Brunch le samedi et le dimanche jusqu'à 16h.

✆718-486 3077 ; www.dinernyc.com ; 85 Broadway, à hauteur de Berry St, Williamsburg ; ⌚lun-jeu 18h-minuit, ven 11h-minuit, sam-dim 10h-minuit ; Ⓢ L Bedford Ave ; J, M, Z Marcy Ave

4 BOZU

JAPONAIS - FUSION

Plan p. 180, B4

Un cran au-dessus des bars à sushis que l'on trouve partout à New York, pour des prix encore très abordables, ce restaurant tenu par des Japonais propose une cuisine fusion originale qui privilégie les poissons crus et marinés. Les *bombs* (7 $ environ les 3 pièces), sortes de sushis hémisphériques, sont un des plats phares du lieu.

→ Patio agréable aux beaux jours. Réservez.

✆718-384 7770 ; 296 Grand St, entre Roebling St et Havermeyer St, Williamsburg ; ⌚dim-jeu 17h-23h, ven-sam 17h-minuit ; Ⓢ G Metropolitan Ave ; L Lorimer St

6 THE RABBITHOLE

AMÉRICAIN

Plan p. 180, B4

Alice aurait été aux anges dans ce "terrier" rustique, avec canapés confortables et plaisant jardin. Devenu

LORENA GALLIOT ©

MAXIME AUBIN ©

la seconde maison de bien des habitants du quartier, il sert des petits-déjeuners bio avec des viennoiseries maison et de généreuses tasses de café. Ouvert pour le déjeuner, le brunch et le dîner. Plats entre 15 et 24 $.

→ Le pain perdu maison à la fraise et au mascarpone (14 $) est un délice.

✆ 718-782 0910 ; www.rabbitholerestaurant.com ; 352 Bedford Ave, près de South 4th St, Williamsburg ; ⏲ tlj 9h-23h ; Ⓢ L Bedford Ave ; J, M, Z Marcy Ave

5 BAKERI

BOULANGERIE

Plan p. 180, B3

Boulangerie artisanale doublée d'un agréable salon de thé, cette adresse est parfaite pour les petites faims, ou un goûter gourmand. Elle dispose d'un patio très agréable pour prendre le frais. Carte de sandwichs sains et abordables (8-13 $), pâtisseries (4-6 $).

→ Le sandwich avocat-tomate est l'une des spécialités.

✆ 718-388 8037 ; www.bakeribrooklyn.com ; 150 Wythe Ave, près de Bogart St, près de North 8th St ; ⏲ lun-ven 7h-19h, sam-dim 8h-19h ; Ⓢ L Bedford Ave

7 THE MEATBALL SHOP

AMÉRICAIN

Plan p. 180, B4

Ici, une seule chose est au menu : des boulettes. Oui, mais des boulettes à toutes les sauces, condiments et ingrédients possibles et imaginables, ainsi que quelques garnitures et salades. On choisit un assortiment et on partage entre amis. Idéal pour se rassasier à prix doux (sandwich boulettes 9 $, garnitures supplémentaires 6 $).

→ Les boulettes de viande règnent en maître, mais les options végétariennes sont également savoureuses.

Plusieurs autres adresses dans Manhattan.

✆ 718-551 0520 ; www.themeatballshop.com ; 170 Bedford Ave, près de North 8th St, Williamsburg ; ⏲ lun-jeu 11h30-2h, ven 11h30-4h, sam 10h-4h, dim 10h-2h ; Ⓢ L Bedford Ave ; J, M, Z Marcy Ave

8 OREGANO

ITALIEN

Plan p. 180, B3

Aux beaux jours, le patio de ce restaurant italien plein de charme – murs de brique nue, lampes à huile sur les tables – est un cadre idéal pour déguster de délicieuses pizzas napolitaines cuites au feu de bois (12-20 $). Les plantes aromatiques qui y poussent peuvent servir à assaisonner votre plat. Les intolérants au gluten n'ont pas été oubliés, avec plusieurs plats possibles.

→ En dessert, optez pour la pizza au nutella et aux fruits de saison (14 $), un vrai délice à partager.

✆718-599 5988 ; www.oreganowilliamsburg.com ; 102 Berry St, près de North 8th St ; ⏲lun-ven 17h-23h, sam-dim 12h-23h ; Ⓢ L Bedford Ave

9 LA SUPERIOR

MEXICAIN

Plan p. 180, A4

La qualité et les prix doux de cette sympathique *taquería* un rien branchée en font un spot prisé de la jeunesse locale. Arrivez de bonne heure pour éviter de trop attendre : il est impossible de réserver. Plats entre 5 et 14 $.

➳ Goûtez aux tacos de *rajas* (poivrons rôtis), de *carnitas* (porc mariné) ou de *camarón* (crevettes) : 3,5 $/pièce.

✆295-388 5988 ; www.lasuperiornyc.com ; 295 Berry St, près de South 2nd St, Williamsburg ; ⏲dim-jeu 12h-minuit, ven-sam 12h-2h ; Ⓢ L Bedford Ave

10 ROBERTA'S

BAR-PIZZERIA

Plan p. 180, F2

Au milieu d'entrepôts se cache l'un des restaurants les plus branchés de Bushwick, avec sa vaste salle sous verrière, sa cour arborée ornée de guirlandes lumineuses et, sur le toit, son jardin bio qui alimente le restaurant en produits frais. Délicieuses pizzas au feu de bois (12-19 $).

➳ Le lieu est pris d'assaut le vendredi et le samedi soir, et le dimanche pour le brunch.

✆718-417 1118 ; www.robertaspizza.com ; 261 Moore St, près de Bogart St, East Williamsburg ; ⏲lun-ven 11h-minuit, sam-dim 10h-minuit ; Ⓢ L Morgan Ave

11 LOS HERMANOS

MEXICAIN

Plan p. 180, H2

Une *taquería* pour le moins originale, mi-restaurant mi-usine de fabrication de tortillas ! Ici on mange à côté des machines et des employés en plein travail. Les tacos (9 $ les 3) et les quesadillas (5 $), fraîchement préparés, sont aussi savoureux que bon marché. À tester en semaine pour éviter la cohue !

✆718-456 3422 ; 271 Starr St, près de Wyckoff Ave ; ⏲lun-sam 9h-23h30, dim 12h-23h30 ; Ⓢ L Jefferson St

12 MOMINETTE

FRANÇAIS

Plan p. 180, G2

Bistro et bar à huîtres à la déco rétro un rien clinquante, cet établissement est réputé pour sa cuisine de classiques français très bien exécutés et abordables et son brunch en fin de semaine. Sur l'arrière, la petite cour, en partie protégée par un auvent et carrelée, se pare de tonalités bucoliques avec ses plantes suspendues et sa palissade en bois. Goûtez par exemple l'omelette parisienne (14 $) ou le croque-madame (14 $).

➳ Happy hour tous les jours de 17h à 19h et de 22h à minuit : verre de vin à 6 $, bières à 5 $ et cocktails à 9 $.

MAXIME AUBIN ©

☎929-234 2941 ; mominette.com ; 221 Knickerbocker Ave, près de Troutman St ; ⌚lun-jeu 11h-23h, ven 11h-minuit, sam 10h30-minuit, dim 10h30-22h30 ; Ⓢ L Jefferson St

13 AREPERA GUACUCO

VÉNÉZUÉLIEN

Plan p. 180, G2

Tenue par une mère et son fils, ce restaurant vénézuélien, l'un des plus authentiques de la ville, sert principalement des *arepas* (5-8 $), des petits pains de maïs chauds fourrés de viande, de fromage ou de légumes. Le plus traditionnel est le *pabellon criollo* combinant bœuf émincé, haricots noirs et bananes plantains, mais il y a aussi de bonnes options végétariennes, à déguster à l'une des quelques tables de la salle, ou sur les chaises hautes du comptoir, avec vue sur la cuisine ouverte.

→ Deux *arepas* constituent un repas très copieux.

☎347-305 3300 ; www.guacuconyc.com ; 44 Irving Ave, entre Starr St et Troutman St ; ⌚lun-ven 11h45-22h30, sam 10h45-23h30, dim 10h45-22h15 ; Ⓢ L Jefferson St ; M Knickerbocker Ave

14 CAPE HOUSE

FRUITS DE MER

Plan p. 180, F2

On ne s'attend guère à trouver un petit morceau de Nouvelle-Angleterre au beau milieu des entrepôts et des hangars désaffectés de Bushwick. Si le cadre – façon fast-food avec terrasse et palissades couvertes de graffitis – ne dépare pas le quartier, la carte, elle, lorgne du côté de Boston, avec des spécialités comme la *clam chowder* (8 $), une soupe de palourdes crémeuse aux morceaux de pomme de terre ou le *belly clam roll* (18$) : un sandwich de palourdes frites, typique de la région.

☎718-821 2580 ; www.capehouse.nyc ; 2 Knickerbocker Ave, à l'angle de Johnson Ave ; ⌚tlj 12h-4h ; Ⓢ L Morgan Ave

Les graffs de Bushwick

Depuis la disparition de 5 Pointz, Bushwick est la nouvelle Mecque du graffiti à New York. Arrivés des quatre coins du monde, nombre d'artistes – dont le célèbre Banksy – sont ainsi venus orner les murs du quartier de leurs œuvres, fréquemment renouvelées. The Bushwick Collective, association de défense de la culture graff, organise chaque année une *block party* en juin. Au programme : musique, cuisine de rue... et graffiti. Pour en savoir plus, rendez-vous sur www.thebushwickcollective.com.

Prendre un verre

15 SKINNY DENNIS

HONKY-TONK

Plan p. 180, B4

Posé comme par erreur en plein Williamsburg, ce honky-tonk transforme les New-Yorkais en cow-boys battant la mesure à coups de santiags et de hochements de Stetson depuis 2013. Baigné de culture du Sud et tout entier dédié à la musique country, ce bar organise des concerts gratuits chaque soir, où l'atmosphère s'y révèle festive et bon enfant. Bières très bon marché (4-6 $).

→ Happy hour tous les jours de 12h à 19h avec bières en canette à 3 $ et 1 $ de réduction sur les pressions.

☎212-555 1212 ; www.skinnydennisbar.com ; 152 Metropolitan Ave, à l'angle de Berry St ; ⌚tlj 12h-4h ; Ⓢ L Bedford Ave

16 SHELTER PIZZA

BAR-RESTAURANT

Plan p. 180, B3

JOSÉ RAMÓN FERREIRA ©

Un chalet montagnard et son feu de cheminée en plein cœur de Williamsburg. Passé les tables, deux gros canapés noirs confortables vous font de l'œil : idéal pour déguster un bon whisky (10 $ environ) ou une bière (7-8 $). Inutile en revanche de rester dîner, la carte – pizzas, *empanadas* – dénote dans un décor fait de rondins de bois et de peaux de bêtes accrochées au mur.

718-388 8338 ; shelterbk.com ; 80 North 7th St, entre Wythe Ave et Kent Ave ; lun-mar et jeu 17h-minuit, mer et sam 11h-1h, ven 17h-1h, dim 11h-minuit ; Ⓢ L Bedford Ave

17 BROOKLYN BREWERY

BRASSERIE

Plan p. 180, B3

Envie d'une bière typique ? Direction la Brooklyn Brewery où les plus de 21 ans pourront visiter la brasserie et goûter toutes les bières de leur choix. Visites guidées gratuites les samedis et dimanches après-midi.

Happy hour (ven-dim 18h-23h) qui permet de goûter à 8 sortes de bières (4 $ la bière).

718-486 7422 ; www.brooklynbrewery.com ; 79 North 11th St, à hauteur de Wythe Ave, Williamsburg ; lun-jeu sur réservation, ven 18h-23h, sam 12h-minuit, dim 12h-20h ; Ⓢ L Bedford Ave ; G Nassau Ave

18 LARRY LAWRENCE

BAR

Plan p. 180, B4

À l'adresse indiquée, on tombe sur une enseigne "Bar" et un long couloir. Derrière la porte, on découvre un *speakeasy* moderne et très urbain, avec des murs en brique et une terrasse fumeurs. L'ambiance est feutrée ; souvent, les bougies sont la seule source d'éclairage. Bières à partir de 5 $, whisky-soda à partir de 7 $.

718-218 7866 ; www.larrylawrencebar.com ; 295 Grand St, près de Roebling St, Williamsburg ; tlj 18h-4h ; Ⓢ G Metropolitan Ave ; L Lorimer St

19 UNION POOL

BAR, CONCERTS

Plan p. 180, C4

Si l'odeur de son vieux plancher rappelle les lendemains de fête, ce lieu de rencontre bien connu fait le bonheur des habitués, qui viennent y assister à un concert ou déguster l'une des bières très bon marché (4-7 $) dans son sympathique patio à l'éclairage tamisé.

Un flipper est dissimulé derrière le comptoir (1 $ la partie).

718-609 0484 ; www.union-pool.com ; 484 Union Ave, entre Skillman Ave et Conselyea St ; lun-ven 17h-4h, sam-dim 14h-4h ; Ⓢ G Metropolitan Ave ; L Lorimer St

20 WEST LIGHT AT THE WILLIAM VALE HOTEL

BAR AVEC VUE

Plan p. 180, B3

La plus belle vue de Brooklyn ! Situé au dernier étage de l'hôtel William Vale, ce très agréable bar-restaurant dévoile un panorama à 360° autour de New York, dans un quartier où les *rooftops*

MAXIME AUBIN ©

restent peu nombreux – et surtout peu élevés. L'environnement, un brin rétro, mêle des touches de jaune, gris et bleu.

→ Cocktails dans la moyenne des prix new-yorkais (autour de 16 $) ; les plats sont dans la fourchette haute (jusqu'à 21 $).

718-307-7100 ; www.westlightnyc.com ; The William Vale Hotel, 111 North 12th St, près de Wythe Ave ; lun-jeu 4h-minuit, ven 14h-2h, sam 12h-2h, dim 12h-minuit ; Ⓢ L Bedford Ave ; G Nassau Ave

21 NIGHT OF JOY

BAR AVEC TERRASSE

Plan p. 180, C4

Caché dans une rue un peu glauque, ce bar à l'ambiance tamisée mérite le détour pour ses cocktails originaux et délicieux (9-12 $), ses canapés confortables et, en été, son agréable toit-terrasse. L'espace, spacieux, est souvent bondé les vendredis et samedis soir. Venez en semaine, ou préparez-vous à affronter la foule.

→ Happy hour tous les jours de 17h à 20h : cocktails à 7 $, bières à 5 $.

718-388 8693 ; www.nightofjoybar.com ; 667 Lorimer St, à l'angle de Meeker Ave, Williamsburg ; tlj 17h-4h ; Ⓢ L Lorimer St

22 THE BROOKLYN BARGE

BAR FLOTTANT

Plan p. 180, B2

Un coucher de soleil avec vue sur Manhattan les pieds dans l'eau : qui pourrait résister devant ce paysage digne d'un décor de cinéma ? Amarrée à un ponton de Greenpoint décoré de lampions, cette vieille barge transformée en bar-restaurant propose bières (6-8 $), sandwichs et assiettes à partager (7-12 $), à déguster devant des bobines de chantier reconverties en tables. Au calme, près d'un parc.

929-337 7212 ; www.thebrooklynbarge.com ; angle Milton St et West St, accès via Noble St ; mai-oct lun-mar 16h-minuit, mer-dim 11h-1h ; Ⓢ G Greenpoint Ave

23 DUCK DUCK

BAR

Plan p. 180, E2

À la frontière entre Bushwick et Williamsburg, ce bar aux grandes baies vitrées accueille des petits groupes pour des concerts acoustiques. La déco – matériaux industriels recyclés et boiseries – en fait un endroit charmant et cosy. On pourra s'asseoir sur les banquettes de l'estrade ou sur les grands canapés donnant sur la rue.

→ Cocktails à moins de 10 $; bières pression à 6 $ environ.

347-799 1449 ; www.duckduckbar.com ; 161 Montrose Ave, entre Graham Ave et Humbolt St ; tlj16h-4h ; Ⓢ L Montrose Ave

24 THE JOHNSON'S

PUB

Plan p. 180, G2

Avec sa bière à 2 $, The Johnson's est sans doute le bar le moins cher du quartier. Aménagé dans un ancien hangar ouvert sur la rue, ce petit frère du Welcome to the Johnson's, bar réputé du Lower East Side, sait recevoir avec ses fauteuils en osier suspendus, ses tapis

colorés et son agréable cheminée.
→ Une cabane à l'entrée propose des hamburgers et des sandwichs pour moins de 10 $.
718-417 7100 ; 369 Troutman St, entre Wyckoff Ave et Irving Ave ; tlj 14h-4h ; Ⓢ L Jefferson

25 HELL PHONE
SPEAKEASY
Plan p. 180, F2

Une cabine téléphonique située au fond du bar l'Ange Noir Café permet d'accéder à ce *speakeasy* intimiste à la lumière tamisée. Une dizaine de tables sont installées dans cet espace où les serveurs ont l'ordre de laisser le client tranquille. L'adresse idéale pour se relaxer autour d'un verre.
→ L'établissement accueille de nombreux événements comme des concerts et des pièces de théâtre. Programmation sur le site et la page Facebook du bar.
718-366 1520 ; www.hellphonebrooklyn.com ; 247 Varet St, entre White St et Bogart St ; mar-ven 18h-minuit, sam-dim 11h-minuit ; Ⓢ L Morgan Ave

26 DROMEDARY BAR
BAR
Plan p. 180, H3

Mariage assumé de la mode industrielle en vogue dans le quartier et du style tiki, ce bar branché fait souffler un vent d'exotisme polynésien sur la jungle de béton de Bushwick. À base de rhums blanc et brun, de mezcal ou de tequila, les cocktails, typiques, ont le bon goût de rester abordables (11 $ environ).
→ Plusieurs soirées à thèmes (karaoké, jeux, stand-up...) chaque semaine : consultez la programmation sur le site Internet.
347-715 4255 ; dromedarybar.com ; 266 Irving Ave, à l'angle de Menahan St ; lun-mar et jeu 17h-2h, mer et dim 13h-2h, ven 17h-4h, sam 13h-4h ; Ⓢ L, M Myrtle-Wyckoff

27 CARMELO'S
BAR
Plan p. 180, H2

Autrefois le repaire des mafieux du quartier, cet établissement improbable installé dans un bâtiment aux allures d'église est l'un des nouveaux bars à connaître dans le secteur. La décoration rétro – velours au mur, mobilier ancien – et l'ambiance sonore en font un endroit chaleureux ; les prix imbattables achèveront de convaincre les indécis : bières pression à partir de 2 $, cocktails 7 $. Tables de billards à l'étage (1 $ la partie).
→ Paiement en espèces uniquement, mais un distributeur est installé à l'intérieur.
1544 Dekalb Ave, à l'angle d'Irving Ave ; lun-ven 17h-4h, sam-dim 15h-4h ; Ⓢ L Dekalb Ave

28 LOT 45
BAR-CLUB
Plan p. 180, H2

Exemple typique de la transformation de Bushwick, ce bar branché a installé ses lustres baroques et ses canapés confortables dans un

ancien entrepôt. La jeunesse dorée du quartier vient s'y déhancher le week-end jusqu'à 4h du matin sur une playlist électro et des sets de DJ. Belle carte de cocktails abordables (12 $).

→ Happy hour mardi-vendredi de 17h à 20h, avec bières pression à 5 $, verre de vin à 6 $ et huître à 1 $.

347-505 9155 ; www.lot45bushwick.com ; 411 Troutman St, près de Wyckoff Ave ; mar-jeu 17h-2h, ven-sam 17h-4h, dim 17h-22h ; Ⓢ L Jefferson St

Shopping

29 ARTISTS AND FLEA

MARCHÉ DE CRÉATEURS

Plan p. 180, B3

Le temple du *made in New York*. Aménagé dans un ancien hangar, ce marché fait la part belle aux créateurs et designers locaux. On y trouve de tout : objets déco, vêtements vintage, montres, lunettes, bijoux, savons, œuvres d'art... Les prix varient mais on peut dénicher un cadeau original pour moins de 30 $.

→ Autres adresses dans Chelsea Market (88 10th Ave) et à Soho (568 Broadway).

917-488 4203 ; www.artistsandfleas.com ; 70 North 7th St, entre Kent Ave et Wythe Ave ; sam-dim 10h-19h ; Ⓢ L Bedford Ave

JOSÉ RAMÓN FERREIRA ©

30 BUFFALO EXCHANGE

FRIPERIE

Plan p. 180, C4

Ce dépôt-vente de vêtements et d'accessoires, neufs ou d'occasion, reflète les goûts du quartier. Cette adresse a plus d'espace et de choix que le Buffalo Exchange de l'East Village, mais la boutique de Manhattan reçoit de temps à autre des stocks de grands couturiers et des vêtements en provenance d'enseignes de Soho. Avec un peu de chance, on peut tomber sur une très bonne affaire.

→ Plusieurs autres adresses à Brooklyn, dans le Queens ou à Manhattan : consultez le site Internet.

718-384 6901 ; www.buffaloexchange.com ; 504 Driggs Ave, près de 9th St, Williamsburg ; lun-sam 11h-20h, dim 12h-19h ; Ⓢ L Bedford Ave

31 BEACON'S CLOSET

FRIPERIE

Plan p. 180, C3

Ici, on "recycle" chapeaux, bijoux, manteaux, T-shirts, robes, lunettes de soleil et CD. Ceux qui se sont déjà lassés des vêtements achetés le mois dernier les revendent ou les échangent contre des articles du magasin. Les prix excèdent rarement 50 $. Certains accessoires sont neufs.

→ Autres adresses à Park Slope (92 5th Ave), Manhattan (10 West 13th St) et Bushwick (23 Bogart St).

718-486 0816 ; www.beaconscloset.com ; 74 Guernsey St, près de Norman Ave, Greenpoint ; tlj 11h-20h ; Ⓢ G Nassau Ave

32 BROOKLYN INDUSTRY OUTLET

VÊTEMENTS

Plan p. 180, B5

Née à Brooklyn en 1998, la marque compte aujourd'hui une dizaine de boutiques en ville. Celle-ci

vend des articles des collections passées avec une décote minimale de 30% : vêtements, accessoires, chaussures... On peut ainsi dénicher un sac en toile pour moins de 30 $ et une robe pour moins de 20 $.
718-218 9166 ; www.brooklynindustries.com ; 184 Broadway, à l'angle de Driggs Ave ; lun-sam 11h-19h, dim 11h-20h ; Ⓢ J, M, Z Marcy

33 WHISK
ACCESSOIRES DE CUISINE
Plan p. 180, B4

Cordons-bleus, cette boutique est pour vous ! Accessoires de cuisine, livres de recettes, art de la table, du thé, du café, de la "mixologie"... Toutes les tendances culinaires y passent, de quoi donner envie de se mettre aux fourneaux ! L'arrière de la boutique expose des articles à moins de 25 $.
Autre adresse à Manhattan (933 Broadway).
718-218 7230 ; www.whisknyc.com ; 231 Bedford Ave, à l'angle de North 4th St ; lun-sam 10h-20h, dim 11h-19h ; Ⓢ L Bedford Ave

34 ROUGH TRADE
VINYLES ET CD
Plan p. 180, B3

Ce label britannique est l'un des acteurs à l'œuvre derrière le come-back du vénérable 45-tours, et cette boutique est sa première succursale aux États-Unis. Disquaire mais aussi café et salle de concerts spécialisée dans le rock indé et la world music, ce lieu ludique compte même une table de ping-pong pour un match entre deux morceaux.
718-388 4111 ; www.roughtrade.com ; 64 North 9th St, près de Wythe Ave ; lun-sam 11h-23h, dim 11h-21h ; Ⓢ L Bedford Ave

MAXIME AUBIN ©

Sortir

35 OUTPUT
CLUB
Plan p. 180, B3

Incontournable du clubbing dans le quartier, cette boîte branchée de Williamsburg doit son succès à la même formule que ses prédécesseurs du Meatpacking District : un design épuré, de la house et des VIP qui observent la scène depuis les balcons. La queue pour entrer fait parfois le tour du *block*.
Certains événements sont gratuits : consultez le site Internet.
www.outputclub.com ; 74 Wythe Ave, près de North 12th St ; entrée 10-20 $; mer-dim 10h-4h, jusqu'à 5h ven-sam ; Ⓢ L Bedford Ave, G Nassau Ave

36 NITEHAWK CINEMA
CINÉMA-BAR
Plan p. 180, B4

Dans ce cinéma, les fauteuils sont installés autour d'une petite table, et les spectateurs peuvent commander tapas et cocktails avant le début du film. La programmation varie entre blockbusters du moment et productions indépendantes. Un endroit privilégié pour les sorties en amoureux, ou pour une matinée entre amis lors du brunch du week-end.
718-782 8370 ; www.nitehawkcinema.com ;

MAXIME AUBIN ©

136 Metropolitan Ave, à l'angle de Berry St ; ⌚ tlj 11h-2h ; Ⓢ L Bedford Ave ; G Metropolitan Ave

37 THE GUTTER

BOWLING

Plan p. 180, C3

Un bowling au look rétro avec son parquet usé et ses écrans tout droit sortis des années 1970. Les hipsters du quartier viennent y défier leurs amis sur l'une des huit pistes proposées à 40 $ l'heure en semaine. L'établissement cache également un *speakeasy* au fond des toilettes qui accueille des concerts tous les week-ends (entrée 5-10 $). Bières à 7 $.

→ Deux parties pour le prix d'une du dimanche au jeudi de 1h à 4h du matin, et le vendredi entre 14h et 18h.

✆ 718-387 3585 ; www.thegutterbrooklyn.com ; 200 North 14th St, près de Berry St ; ⌚ lun-jeu 17h-4h, ven 14h-4h, sam-dim 12h-4h, Ⓢ G Nassau Ave, L Bedford Ave

38 BABY'S ALLRIGHT

CLUB

Plan p. 180, A5

Éclectique et chaleureux, ce club inspiré par une chanson d'Eurythmics organise toute l'année des concerts et des soirées de qualité, avec une sélection musicale assez pointue. Carte de plats coréens : riz frit au kimchi (10 $), bibimbap (13 $), soboro don (14 $)... Cocktails autour de 12 $, bière autour de 7 $.

→ Prix d'entrée selon la programmation (généralement 10-15 $).

www.babysallright.com ; 146 Broadway, à l'angle de Bedford Ave ; ⌚ lun-ven 18h-2h, sam-dim 11h-4h ; Ⓢ J, M, Z Marcy Ave

39 JUPITER DISCO

CLUB

Plan p. 180, G2

Cette minuscule boîte de nuit cachée dans l'anonymat d'une section calme de Flushing Avenue – aux côtés d'un garage et d'un entrepôt tagué – est connue des insiders du quartier. On comprend pourquoi : les meilleurs DJ de la ville s'y produisent chaque semaine, l'acoustique est très bonne et la piste de danse toujours pleine à craquer.

→ Cocktails à partir de 12 $, bières pression 8 $.

www.jupiterdisco.com ; 1237 Flushing Ave, entre Gardner Ave et Ingraham St ; ⌚ tlj 6h-4h ; Ⓢ L Jefferson St

40 SYNDICATED

CINÉMA-RESTAURANT

Plan p. 180, F2

Plus petit et moins cher que le Nitehawk (voir p. 191), ce cinéma de 60 places propose 2 films par jour en semaine et jusqu'à 3 le week-end (séance 4-7 $). Une fois installé, passez commande auprès du serveur qui viendra vous servir discrètement pendant le film. Carte de hamburgers (12 $), tacos (11 $) et *chicken wings* (13 $).

→ Happy hour du lundi au vendredi de 17h à 19h : le verre de vin passe alors à 6 $ et la bouteille de bière coûte à partir de 5 $.

✆ 718-386 3399 ; www.syndicatedbk.com ; 40 Bogart St, à l'angle de Thames St ; ⌚ lun-mer 17h-minuit, ven 17h-2h, sam 9h-2h, dim 9h-minuit ; Ⓢ L Morgan Ave

41 BROOKLYN MIRAGE

CLUB

Plan p. 180, G1

Un gigantesque complexe à ciel ouvert – l'endroit peut accueillir jusqu'à 6 000 personnes –

digne des plus grands festivals électros. Les meilleurs DJ de la planète viennent y jouer chaque week-end de mai à octobre, dans un décor fait de palmiers et de plantes tropicales.

→ Places à partir de 20 $ selon la programmation. Événements parfois gratuits en journée les week-ends. Consultez la page Facebook pour la programmation.

✆ 347-987 3146 ; www.avant-gardner.com/brooklyn-mirage ; 140 Stewart Ave, à l'angle de Meserole St ; ⏲ mai-oct, selon programmation ; Ⓢ L Jefferson St

42 NATIONAL SAWDUST

CONCERTS

Plan p. 180, B3

Gérée par une association à but non lucratif, cette salle promeut la création contemporaine et travaille à faire tomber les barrières entre les genres musicaux grâce à sa très riche programmation : résidence d'artistes, stages, rencontres avec les compositeurs, ateliers à destination des enfants... Depuis la fermeture de son club d'East Village, The Stone, John Zorn investit les lieux régulièrement pour des concerts à l'avant-garde du jazz.

→ Les billets achetés via le site sont moins chers ; inutile d'imprimer son ticket, une pièce d'identité suffit.

✆ 646-779 8455 ; nationalsawdust.org ; 80 North 6th St, près de Wythe Ave ; ⏲ selon programmation ; Ⓢ L Bedford Ave

SUD DE

BROOKLYN HEIGHTS, DUMBO, PARK SLOPE BRIGHTON BEACH/ CONEY ISLAND

BROOKLYN

Orientation

BEAUX HORIZONS → Brooklyn Heights et le Brooklyn Bridge.

PARC ET RUES VICTORIENNES → Park Slope.

ALTERNATIF → Crown Heights.

RUSSE → Brighton Beach.

Incontournables

BROOKLYN BRIDGE ET BROOKLYN PROMENADE → À ne manquer sous aucun prétexte (détails p. 198).

CONEY ISLAND → Plage, manèges et barbe à papa (détails p. 201).

BROOKLYN MUSEUM → Il abrite de véritables trésors (détails p. 200).

PROSPECT PARK → Le cousin de Central Park (détails p. 201).

Hors des sentiers battus

BARGE MUSIC (plan p. 196, A1) → Cette ancienne barge amarrée devant l'entrée du Brooklyn Bridge Park abrite désormais des concerts de musique de chambre du vendredi au dimanche soir, avec vue imprenable sur l'Hudson et Manhattan. Concerts gratuits pour les familles les samedis après-midi (✆718 -624 4924 ; www.bargemusic.org ; Fulton Ferry Landing ; tarif plein/senior/étudiant 40/35/20 $; Ⓢ A High St).

FIRST BAPTIST CHURCH OF CROWN HEIGHTS (plan p. 196, E6) → Cette église baptiste, l'une des plus grandes du quartier, accueille chaque dimanche à 10h30 une congrégation à 99% afro-américaine. Les services, hauts en couleur, sont animés par une chorale gospel. Le visiteur respectueux portera ses vêtements du dimanche : pas de jeans ni de baskets, et robes pour les dames (✆718-778 1200 ; 450 Eastern Parkway, à hauteur de Rogers Ave ; Ⓢ 2, 3, 4, 5 Franklin Ave).

CIMETIÈRE CACHÉ DE PROSPECT PARK (plan p. 196, D8) → Près de l'entrée de Prospect Park à hauteur de 16th St (dans l'ouest du parc), un petit cimetière quaker datant d'avant la création du parc existe encore, repérable à une maisonnette en brique rouge abandonnée et quelques pierres tombales derrière une grille fermée. L'acteur Montgomery Clift, qui joua avec Elizabeth Taylor dans *Une place au soleil*, y est enterré. Empruntez Center Dr sur 250 m ; le petit sentier est sur la gauche (Ⓢ F, G 15th St-Propect Park).

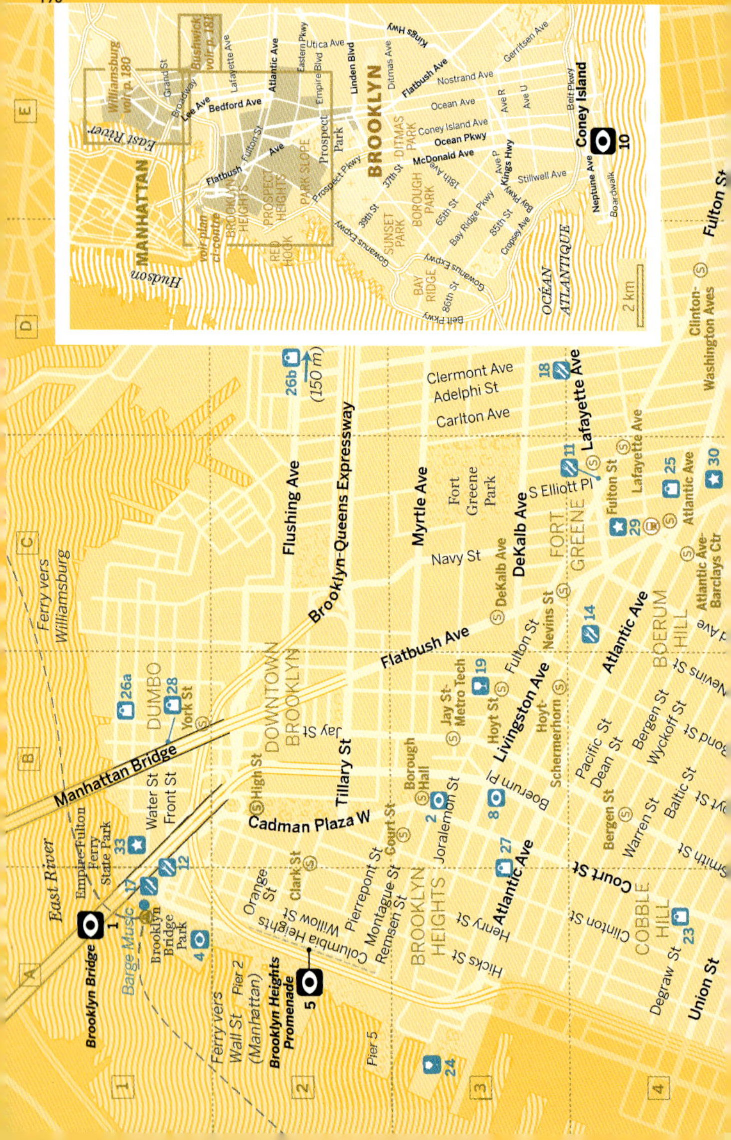
A
B
C
D
E
1
2
3
4
East River
Ferry vers Williamsburg
Manhattan Bridge
Brooklyn Bridge
Empire-Fulton Ferry State Park
Water St
Front St
DUMBO
York St
Barge Music
Brooklyn Bridge Park
Ferry vers Wall St Pier 2 (Manhattan)
Brooklyn Heights Promenade
Pier 5
Orange St
Clark St
Columbia Heights
Willow St
Pierrepont St
Montague St
Remsen St
Court St
Joralemon St
Cadman Plaza W
High St
Tillary St
Jay St
DOWNTOWN BROOKLYN
Borough Hall
Jay St-Metro Tech
Hoyt St
Boerum Pl
Livingston Ave
Hoyt-Schermerhorn
BROOKLYN HEIGHTS
Hicks St
Henry St
Atlantic Ave
Court St
Clinton St
COBBLE HILL
Degraw St
Union St
Bergen St
Warren St
Baltic St
Smith St
Hoyt St
Bond St
Pacific St
Dean St
Bergen St
Wyckoff St
Nevins St
BOERUM HILL
Atlantic Ave
Atlantic Ave-Barclays Ctr
Flatbush Ave
Brooklyn-Queens Expressway
Flushing Ave
Myrtle Ave
Navy St
DeKalb Ave
Fulton St
Nevins St
FORT GREENE
Fort Greene Park
S Elliott Pl
Fulton St
Lafayette Ave
Clermont Ave
Adelphi St
Carlton Ave
Clinton-Washington Aves
Fulton St
(150 m)
1
2
4
5
8
10
11
12
14
17
18
19
23
24
25
26a
26b
27
28
29
30
33
Hudson
MANHATTAN
East River
Williamsburg voir p. 180
Bushwick voir p. 181
Grand St
Broadway
Lee Ave
Bedford Ave
Lafayette Ave
Atlantic Ave
Eastern Pkwy
Utica Ave
Empire Blvd
Linden Blvd
Kings Hwy
Flatbush
Fulton St
Ave
voir plan ci-contre
BROOKLYN HEIGHTS
PROSPECT HEIGHTS
PARK SLOPE
Prospect Park
Prospect Pkwy
RED HOOK
BROOKLYN
Ditmas Ave
Flatbush Ave
Nostrand Ave
Gerritsen Ave
Ocean Ave
DITMAS PARK
Coney Island Ave
Ocean Pkwy
McDonald Ave
37th St
18th Ave
39th St
Gowanus Expwy
SUNSET PARK
BOROUGH PARK
65th St
Bay Ridge Pkwy
Ave P
Kings Hwy
Ave R
Ave U
Stillwell Ave
85th St
Bay Pkwy
Cropsey Ave
BAY RIDGE
86th St
Gowanus Expwy
Belt Pkwy
OCÉAN ATLANTIQUE
Neptune Ave
Boardwalk
Coney Island
Belt Pkwy
2 km

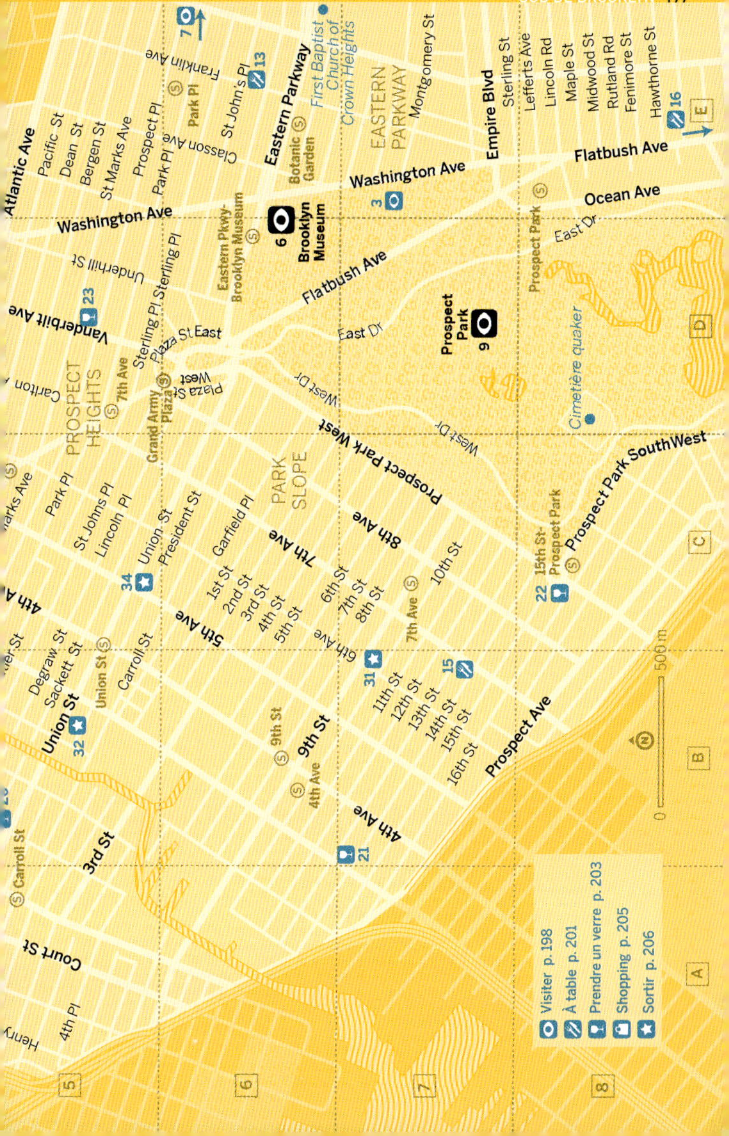
Atlantic Ave
Pacific St
Dean St
Bergen St
St Marks Ave
Prospect Pl
Park Pl
Franklin Ave
Classon Ave
St John's Pl
Eastern Parkway
First Baptist Church of Crown Heights
Botanic Garden
EASTERN PARKWAY
Montgomery St
Empire Blvd
Sterling St
Lefferts Ave
Lincoln Rd
Maple St
Midwood St
Rutland Rd
Fenimore St
Hawthorne St
Flatbush Ave
Washington Ave
Ocean Ave
Eastern Pkwy-Brooklyn Museum
Brooklyn Museum
Underhill St
Sterling Pl
Vanderbilt Ave
Plaza St East
Plaza St West
Grand Army Plaza
PROSPECT HEIGHTS
7th Ave
Carlton
East Dr
West Dr
Prospect Park
Prospect Park West
Cimetière quaker
Prospect Park SouthWest
15th St-Prospect Park
PARK SLOPE
Park Pl
St Johns Pl
Lincoln Pl
Union St
President St
Garfield Pl
1st St
2nd St
3rd St
4th St
5th St
6th St
7th St
8th St
7th Ave
8th Ave
10th St
5th Ave
6th Ave
4th Ave
Degraw St
Sackett St
Union St
Carroll St
9th St
4th Ave
11th St
12th St
13th St
14th St
15th St
16th St
Prospect Ave
3rd St
Carroll St
Court St
Henry
4th Pl
500 m
0
A
B
C
D
E
5
6
7
8
Visiter p. 198
À table p. 201
Prendre un verre p. 203
Shopping p. 205
Sortir p. 206

SUD DE BROOKLYN

BROOKLYN HEIGHTS, DUMBO, PARK SLOPE, BRIGHTON BEACH/CONEY ISLAND

L'AUTRE NEW YORK

Très vaste, le sud de Brooklyn est composé de nombreux quartiers distincts, chacun ayant une atmosphère qui lui est propre. Longeant l'East River, Brooklyn Heights et Dumbo, niché sous le pont de Brooklyn, offrent des points de vue incomparables sur Manhattan. Autour de Prospect Park, les quartiers de Park Slope, Cobble Hill et Fort Greene recèlent de belles *townhouses* dans des rues arborées. Carroll Gardens a des airs de Greenwich Village avec ses nombreux cafés, bars et restaurants. Tout au sud, enfin, il flotte un parfum de Russie à Brighton Beach, et des airs de carnaval à Coney Island.

Visiter

1 BROOKLYN BRIDGE

Plan p. 196, A1

Achevé en 1883, ce monument historique de style néogothique, reconnaissable à ses impressionnants câbles en acier, est l'un des plus anciens ponts suspendus des États-Unis. L'idéal est de le traverser à la tombée du jour, de Brooklyn vers Manhattan, pour admirer les lumières de la ville. Cette promenade de 1,8 km constitue une expérience magique.

Entrée piétonne sur Tillary St et Adams St et escaliers sur Cadman Plaza East (côté Brooklyn) ou City Hall (côté Manhattan), à hauteur d'Adams St, Dumbo ;

Ⓢ F York St ; A, C High St ; 4, 5, 6 Brooklyn Bridge-City Hall

2 BROOKLYN BOROUGH HALL

Plan p. 196, B3

Construit en 1849 pour accueillir la mairie de la ville, cet édifice est devenu le siège du gouvernement du district quand Brooklyn a été annexé à New York, en 1898. Il conserve un impressionnant tribunal utilisé pour des soirées et des tournages de films ou de séries (comme *New York, police judiciaire*).

→ Visite guidée gratuite le mardi à 13h.

718-802 3700 ; brooklyn-usa.org ; 209 Joralemon St près de Court St, Brooklyn Heights ; entrée libre ; lun-ven 9h-17h ; Ⓢ 2, 3, 4, 5 Borough Hall ; A, C, F Jay St-Borough Hall ; R Court St

3 BROOKLYN BOTANIC GARDEN

Plan p. 196, E7

Très apprécié des habitants du quartier pour une balade ou pour y organiser un mariage, ce jardin botanique offre de nombreuses ambiances, tel le Cranford Rose Garden et ses 1 400 types de roses, le Japanese Hill-and-Pond Garden, un jardin japonais très soigné, le Fragrance Garden, véritable aventure olfactive, le Herb Garden et sa grande variété de plantes médicinales, ou encore le Steinhardt Conservatory et ses bonsaïs.

→ Entrée gratuite le vendredi avant midi, et tous les jours de la semaine de décembre à février.

718-623 7200 ; www.bbg.org ; 1000 Washington Ave, à hauteur de Montgomery St, Prospect Heights ; tarif plein/étudiant et senior 15/8 $, gratuit -12 ans ; mars-oct mar-ven 8h-18h, sam-dim 10h-18h, nov-fév mar-ven 8h-16h30, sam-dim 10h-16h30 ; Ⓢ 2, 3 Eastern Parkway-Brooklyn Museum ; B, Q, S Prospect Park

4 BROOKLYN BRIDGE PARK

Plan p. 196, A1

En contrebas du pont de Brooklyn et face à Manhattan, cette oasis urbaine récemment réaménagée offre des vues spectaculaires sur la ville et le pont. Les aires de pique-nique et de jeux pour enfants en font un bel endroit pour les familles. Petite piscine extérieure de juin à septembre, sur Furman St, entre Pier 1 et Pier 2 (prévoyez maillot de bain et serviette).

→ Une crique de sable et de galets se cache entre les ponts de Brooklyn et de Manhattan, ainsi qu'au niveau de Pier 4, plus au sud.

718-222 9939 ; www.brooklynbridgepark.org ; entrée par l'Empire Fulton

Ferry State Park : 1 Main St, à hauteur de Plymouth St, Dumbo ; entrée par le Pier 1 : 2 Old Fulton St ; entrée par le Pier 6 : Furman St et Atlantic Ave ; tlj 6h-1h ; Ⓢ F York St ; A, C High St ; 2, 3 Clark St ; R Court St

5 BROOKLYN HEIGHTS PROMENADE

Plan p. 196, A2

Cette promenade d'à peine 400 m offre une vue incomparable sur Manhattan. De ce côté-ci de l'East River, on peut voir la *skyline* de Manhattan et observer le ballet des bateaux. Elle permet d'apprécier l'avancée des travaux en cours sur les quais de Brooklyn, en contrebas, qui donneront bientôt naissance à une zone de loisirs.

Columbia Heights, accès sous la Brooklyn-Queens Expressway entre Grace St et Joralemon St ; Ⓢ 2, 3 Clark St, N, R Court St

6 BROOKLYN MUSEUM

Plan p. 196, E6

Cet édifice de style Beaux-Arts abrite une collection permanente d'un million et demi d'œuvres d'art réparties sur 52 000 m². Les galeries consacrées à l'art égyptien, à la peinture européenne (tableaux de Monet, de Degas et de Matisse), à la peinture moderne et à la photographie sont les plus intéressantes. Expositions temporaires.

→ Le musée est gratuit le 1er samedi du mois (de 17h à 23h) et chaque jeudi de 18h à 22h : concerts et lectures sont au programme.

718-638 5000 ; www.brooklynmuseum.org ; 200 Eastern Parkway, à hauteur de Washington Ave, Park Slope ; tarif plein/étudiant et senior 16/10 $, gratuit -19 ans ; mer, ven-dim 11h-18h, jeu 11h-22h, ouvert jusqu'à 23h le premier samedi du mois ; Ⓢ 2, 3 Eastern Parkway-Brooklyn Museum

7 BROOKLYN CHILDREN'S MUSEUM

Plan p. 196, E6

Fondé en 1899, le premier musée au monde conçu pour les enfants a connu une nouvelle jeunesse un siècle plus tard, grâce à l'architecte uruguayen Rafael Viñoly, qui a dessiné un bâtiment écologique et translucide. La collection permanente compte plus de 30 000 objets, jouets et animaux vivants. Il s'agit d'un remarquable musée interactif qui organise régulièrement des activités en lien avec le théâtre, la danse et la musique.

→ L'entrée est gratuite le jeudi de 14h à 18h.

718-735 4400 ; www.brooklynkids.org ; 145 Brooklyn Ave, à hauteur de Boerum Pl, Dowtown Brooklyn ; entrée 11 $, gratuit -1 an ; mar-dim 10h-17h, jusqu'à 18h jeu, 19h sam-dim ; Ⓢ C Kingston Ave-Throop Ave ; 3 Kingston Ave ; A, C Nostrand Ave

NICOLAS GUÉRIN ©

8 NEW YORK TRANSIT MUSEUM

Plan p. 196, B3

Ce musée bien conçu, dédié à l'histoire des transports en commun new-yorkais, est logé dans une station de métro désaffectée. Les visiteurs peuvent grimper dans les voitures et locomotives anciennes et découvrir l'impressionnant travail de construction qu'ont nécessité les 1 355 km de voies et de couloirs du métro new-yorkais.

718-694 1600 ; www.mta.info/museum ; Boerum Pl, à hauteur de Schermehorn St ; tarif plein/senior et -17 ans 10/5 $; mar-ven 10h-16h, sam-dim 11h-17h ; Ⓢ A, C Hoyt-Schermehorn ; 2, 3, 4, 5 Borough Hall

9 PROSPECT PARK

Plan p. 196, D7

Ces 210 ha aménagés par les paysagistes Frederick Law Olmsted et Calvert Vaux présentent les mêmes particularités que Central Park : de la verdure, un lac et des collines ondoyantes agrémentées de sentiers ombragés. Le parc abrite un jardin botanique aux serres verdoyantes (Brooklyn Botanical Garden) et une aire de concerts extérieurs (Prospect Parc Bandshell).

→ Des événements s'y déroulent toute l'année : consultez le site Internet.

718-965 8951 ; www.prospectpark.org ; tlj 5h-1h ; entrée principale Grand Army Plaza : Ⓢ 2, 3 Grand Army Plaza ; entrée sud sur 7th Ave ; Ⓢ B, Q 7th Ave ; plusieurs entrées secondaires près des métros Q, S, B Prospect Park et F, G 15th St/Prospect Park

10 CONEY ISLAND

Plan p. 196, E4

Baptisé ainsi par les colons hollandais en raison des nombreux lapins sauvages qui avaient élu domicile à la pointe méridionale de Brooklyn, Coney Island a acquis une renommée mondiale dans les années 1900 en devenant le parc d'attractions des classes ouvrières new-yorkaises. Certains manèges datent des années 1920, dont la Grande Roue (Wonder Wheel) et la montagne russe Cyclone, qui font toujours fureur aujourd'hui. C'est ici que fut inventé le hot dog. On se doit donc de déguster le fameux sandwich dans l'un des kiosques face au front de mer, ou bien chez **Nathan's** (1310 Surf Ave, lun-jeu 10h-23h, ven 10h-minuit, sam 9h-minuit, dim 9h-23h), l'une des enseignes les plus réputées.

→ Le parc d'attractions ferme de novembre à mars, mais la promenade de front de mer et l'aquarium restent ouverts toute l'année.

www.coneyisland.com ; Surf Ave et Boardwalk entre 19th St et 5th St ; Ⓢ D, F, N, Q Coney Island–Stillwell Ave

À table !

11 BABA COOL CAFÉ

SANDWICHS

Plan p. 196, C4

Ceux qui souhaitent découvrir la cuisine américaine traditionnelle entre deux tranches de pain ou sur une tartine trouveront leur bonheur dans ce petit café. Gabrielle Mann revisite les recettes de sa grand-mère

à la sauce d'aujourd'hui. Le Briskett Sandwich (11,75 $), à base de bœuf mijoté, le sandwich à la dinde rôtie sur place (11,75 $) et les toasts à l'avocat (9,50 $) sont un délice. Quelques tables à l'intérieur – ou installez-vous dans l'un des rocking-chairs, dans la rue. Le nom du lieu est un clin d'œil aux origines françaises de sa grand-mère et à l'époque hippie de ses parents.
☎347-689 2344 ; www.babacoolbrooklyn.com ; 64B Lafayette Ave, près de Fulton St ; ⏲lun-ven 7h-21h30, sam-dim 8h-21h30 ; Ⓢ C Lafayette Ave ; G Fulton St

12 GRIMALDI'S PIZZERIA

PIZZERIA

Plan p. 196, B1

Ce restaurant mitonne de délicieuses pizzas artisanales, cuites au feu de bois. Institution locale, c'est un passage obligé avant de traverser le pont de Brooklyn. La pizza qui n'a de "petite" que le nom est à 14 $; comptez 16 $ pour la "grande" (vraiment énorme). On peut ajouter autant d'ingrédients qu'on le souhaite (2-4 $/ingrédient). Pas de réservations : de longues files se forment dans la rue, mais l'attente est généralement inférieure à 30 minutes. Pas de CB.

→ Si le temps le permet, offrez-vous ensuite une glace à la Brooklyn Ice Cream Factory (1 Water St).

☎718-858 4300 ; www.grimaldis-pizza.com ; 1 Front St, près de Cadman Plaza West, Dumbo ; ⏲dim-jeu 11h30-22h30, ven-sam 11h30-23h30 ; Ⓢ A, C High St ; 2, 3 Clark St ; F York St

13 BARBONCINO

PIZZERIA

Plan p. 196, E6

Barboncino est l'une des meilleures options pour dîner (ou déjeuner également, le week-end) sans se ruiner après une visite au Brooklyn Museum. Intérieur tamisé, pizzas au feu de bois (11-19 $), bières artisanales et jardin à l'arrière pour les beaux jours.
☎718-483 8834 ; 781 Franklin Ave, près de St John's Pl ; ⏲lun-ven 17h-1h, sam-dim 10h30-1h ; Ⓢ 2, 3, 4, 5 Franklin Ave ou 2, 3 Eastern Parkway/Brooklyn Museum

14 BRASSERIE SÉOUL

FUSION

Plan p. 196, C4

Passé par plusieurs restaurants étoilés, le chef Sung Park revisite les classiques de la cuisine française avec une touche coréenne. Le résultat est un pur délice : optez par exemple pour le bœuf bourguignon aux champignons coréens (29 $) ou le cassoulet au kimchi (29 $).
☎718-330 1099 ; www.brasserieseoul.com ; 300 Schermerhorn St, près de Nevins St ; ⏲lun-ven 6h30-23h, sam-dim 7h-23h ; Ⓢ 2, 3, 4, 5 Nevins St ; A, C, G Hoyt Schermerhorn

15 CAFE STEINHOF

AUTRICHIEN

Plan p. 196, B7

Véritable institution de quartier, ce restaurant est tenu par un Viennois aussi professionnel que sympathique. À la carte, des plats entre 10 et 18 $, comme l'escalope (*schnitzel*) de poulet, le strudel au boudin noir et les saucisses (*bratwurst*, *kielbasa*, *weisswurst*) accompagnées de pommes de terre et de légumes.

→ Soirée films le dimanche.

☎718-369 7776 ; www.cafesteinhof.com ; 422 Seventh Ave, à hauteur de 14th St, Park Slope ; ⏲lun 17h-23h, mar-jeu et dim 11h-23h, ven-sam 11h-minuit ; Ⓢ F, G 7th Ave

16 MANGO SEED

CARIBÉEN

Plan p. 196, E8

Une petite adresse connue des seuls habitués, qui viennent y apprécier sa nourriture authentique – goûtez au *jerk chicken*, spécialité de poulet mariné aux épices servi avec de délicieuses bananes plantains frites et du riz aux haricots (16 $). Large choix de cocktails signatures à base de rhum (10 $). Le service est impeccable, et l'on peut commander à emporter – idéal pour un pique-nique dans Prospect Park. **✆347-529 1080 ; mangoseedrestaurant.com ; 757 Flatbush Ave, près de Clarkson Ave ; ⌚mar-jeu 16h30-22h30, ven 16h30-23h, sam 14h30-23h, dim 17h-21h30 ; Ⓢ Q Parkside Ave**

17 LUKE'S LOBSTER

FRUITS DE MER

Plan p. 196, A1

Avis aux amateurs : le homard est ici aussi délicieux qu'accessible. Il suffit pour s'en convaincre de commander des *lobster rolls*, sortes de hot dogs au homard (18 $), ou une salade de queue de homard marinée aux myrtilles (18 $). Crabes et crevettes sont aussi au menu. L'établissement reverse une partie de ses recettes à la fondation Bill-et-Melina-Gates. **✆917-882-7516 ; www. lukeslobster.com ; 11 Water St, sous le Brooklyn Bridge ; ⌚lun-jeu 11h-21h, ven-sam 11h-22h, dim 12h-19h ; Ⓢ 4, 5, 6 Brooklyn Bridge-City Hall**

18 OLEA

MÉDITERRANÉEN

Plan p. 196, D3

Il flotte comme un air de vacances dans ce chaleureux bistrot méditerranéen. Les tapas, délicieuses, inventives et idéales à partager, sont la spécialité de la maison. Nous conseillons les croquettes de chèvre au miel (10 $), les cœurs d'artichauts panés (11 $) et les boulettes de bœuf à la grenade (13 $).

→ Pas de réservation, sauf pour les groupes. Mieux vaut arriver avant 19h pour éviter une trop longue attente.

✆718-643 7003 ; www. oleabrooklyn.com ; 171 Lafayette Ave, près d'Adelphi St, Fort Greene ; ⌚dim-jeu 10h-23h, ven-sam 10h-minuit ; Ⓢ G Fulton St ; C Lafayette Ave

Prendre un verre

19 KIMOTO

BAR AVEC VUE

Plan p. 196, B3

Petit havre de paix au 24e étage de l'hôtel Aloft, ce *rooftop* offre une vue dégagée sur la statue de la Liberté et le Barclays Center depuis sa terrasse – chauffée et couverte l'hiver. Côté table, la cuisine américano-asiatique de l'établissement vaut le détour, notamment pour son burger au bœuf de Kobe (16 $).

→ Les amateurs apprécieront le large choix de bières artisanales japonaises, laotiennes, chinoises, singapouriennes et taïwanaises (8 $).

✆718-858 8940 ; www. kimotorooftop.com ; 216 Duffield St, entre Fulton St et Willoughby St ; ⌚dim-mer 12h-minuit, jeu 12h-2h, ven-sam 12h-4h ; Ⓢ 2, 3 Hoyt St ; A, F, R, N, W Jay St-MetroTech

20 BLACK MOUNTAIN WINEHOUSE

BAR

Plan p. 196, B5

Avec ses tables en chêne, ses fauteuils, ses étagères en bois blanc et sa cheminée, ce bar de Brooklyn ressemble davantage à la bibliothèque d'une maison de campagne – idéal pour se réchauffer par un après-midi d'hiver. On peut y siroter un verre de vin (à partir de 7,50 $) accompagné d'une entrée, comme le pâté maison ou le fromage de chèvre issu d'une ferme locale. Assiettes de fromages et charcuteries à 12 $.

718-522 4340 ; www.blackmountainwinehouse.com ; 415 Union St, à hauteur de Hoyt St, Carroll Gardens ; tlj 15h-minuit ; Ⓢ F, G Carroll St

21 LOWLANDS

BAR

Plan p. 196, B7

Ce petit bar coincé entre une station-service, un magasin de meubles vintage et un entrepôt à palettes fut l'un des premiers à investir la partie sud de Gowanus. Ici on sert aussi bien des bières (3-7 $) que des pizzas (à partir de 10 $) : une bonne adresse pour boire un verre entre amis dans un endroit calme et décontracté – prenez place dans le patio, aménagé sur l'arrière.

347-463 9458 ; www.lowlandsbar.com ; 543 3rd Ave, à l'angle de 14th St ; lun-jeu 16h-2h, ven 15h-4h, sam 14h-4h, dim 14h-2h ; Ⓢ F, G 4th Ave

22 THE DOUBLE WINDSOR

BAR

Plan p. 196, C8

L'endroit idéal pour s'arrêter boire un verre à deux pas de Prospect Park. En plus d'une très large sélection de bières internationales (5-10 $) et d'excellents burgers (15 $), des Trivia Nights, sortes de soirées quiz, sont organisées chaque premier lundi du mois à 20h.

347-725 3479 ; www.doublewindsorbklyn.com ; 210 Prospect Park West, près de 16th St ; lun-jeu 15h-2h, ven 15h-4h, sam 12h-4h, dim 12h-2h ; Ⓢ F, G 15th St-Prospect Park

Une nuit à vélo

Time's Up (times-up.org) est une organisation basée à New York qui organise des excursions nocturnes à vélo dans Prospect Park et dans divers quartiers de Brooklyn. Idéal pour ceux qui ont envie de découvrir le quartier autrement. Il est possible de louer des vélos à la boutique **Ride Brooklyn** (www.ridebrooklynny.com ; 468 Bergen St), non loin de Prospect Park.

23 SODA BAR

BAR DANSANT

Plan p. 196, D5

Ambiance garantie dans ce bar du quartier de Prospect Heights, ouvert jusqu'à 4h le week-end. Les New-Yorkais s'y rejoignent pour danser sur une playlist indie-rock, avant de s'affaler dans de confortables canapés. En plus de sa décoration vintage et de son service irréprochable, l'établissement bénéficie d'un patio ouvert aux beaux jours. Cocktails à 10 $, bières à 5 $.

→ **Happy hour de midi à 19h : 3 $ la bière.**

718-230 8393 ; 629 Vanderbilt Ave, près de St Marks Ave ; dim-jeu 12h-1h30, ven-sam 12h-4h ; Ⓢ B, Q 7th Ave

24 FORNINO

BAR AVEC VUE

Plan p. 196, A3

Jouxtant les terrains de beach-volley du Pier 6, Fornino est sans doute l'un des meilleurs endroits de Brooklyn pour regarder le soleil se coucher sur la statue de la Liberté et les tours de Lower Manhattan. On accède au toit du bâtiment par un escalier, sur l'arrière. Là, attablé sous un parasol et une guirlande lumineuse, on savoure une bière (8 $) et l'une des pizzas (à partir de 10 $) à la carte – à l'image du lieu : simples mais réussies.

→ Ouvert de mai à octobre.

718-422 1107 ; www.fornino.com ; Brooklyn Bridge Park, Pier 6 ; tlj 8h-minuit sauf mardi 22h ; Ⓢ R Court St ; 2, 3, 4, 5 Borough Hall

Shopping

25 BOUTIQUES D'ATLANTIC TERMINAL ET ATLANTIC AVENUE

CENTRE COMMERCIAL

Plan p. 196, C4

Centre névralgique du shopping à Brooklyn, la zone autour d'Atlantic Terminal, regroupant un vaste centre commercial et une artère très commerçante, a de quoi occuper l'après-midi. Le centre commercial aligne de grandes enseignes – Uniqlo (basiques), Victoria's Secret (lingerie), DSW (chaussures griffées à prix d'entrepôt), Bath & Body Works (beauté et soins)... Belle variété de petits commerces indépendants entre 4th Ave et l'East River.

718-834 3407 ; Atlantic Ave, Boerum Hill ; centre commercial lun-sam 8h-23h, dim 8h-22h ; Ⓢ B, Q, 2, 3, 4, 5 Atlantic Ave/Barclays Center

26 BROOKLYN ROASTING COMPANY

CAFÉ

Plan p. 196

Très friands de café, les New-Yorkais sont nombreux à plébisciter cette maison, créée en 2001, qui torréfie un café issu du commerce équitable et certifié biologique. Il se déguste d'ailleurs aussi bien chaud que froid : été comme hiver, les New-Yorkais carburent à l'Iced Coffee. Goûtez donc au Nitro Cold Brew (4/5 $) pour une expérience locale. Deux adresses dans le *borough* : une en plein cœur de Vinegar Yard (plan 26a, B1 ; 25 Jay st, à l'angle de John St ; tlj 7h-19h ; Ⓢ F York St) et le siège qui fait aussi office de concept dans Dumbo (plan 26b, D2 ; 200 Flushing Ave, à l'angle de Washington Ave ; lun-ven 7h-19h, sam 10h-17h, dim 12h-17h ; Ⓢ G Clinton-Washington).

→ Restauration et consommation sur place également.

www.brooklynroasting.com

27 SAHADI'S

ÉPICERIE FINE

Plan p. 196, B3

Institution familiale, ce magasin d'épices s'est transformé au fil du temps en une épicerie fine, plébiscitée par les cuisiniers professionnels et amateurs. Il y flotte un parfum d'épices orientales et de café, et les rayons multicolores présentent un large choix de fruits secs, de houmous, d'olives, de fromages, de céréales, de plats préparés et de légumes.

→ Un bon plan pour déjeuner à petit prix.

718-624 4550 ; www.sahadis.com ; 187 Atlantic Ave, près de Clinton St, Cobble Hill ; lun-sam 9h-19h ; Ⓢ 2, 3, 4, 5 Borough Hall

28 BROOKLYN FLEA

MARCHÉ AUX PUCES

Plan p. 196, B1

Chaque dimanche d'avril à octobre, antiquaires et artisans d'art côtoient les kiosques de *street food* lors du Brooklyn Flea de Dumbo. Bien que certains vendeurs soient assez chers, on peut dénicher de bonnes affaires ou des objets déco uniques, pour un souvenir de New York original. Le samedi, le marché a lieu dans le quartier d'Industry City (241 37th St, Brooklyn).

→ Consultez également la programmation d'Artist and Fleas (www.artistsandfleas.com).

brooklynflea.com ; 80 Pearl St, près d'Anchorage Pl ; dim 10h-17h ; Ⓢ F York St

BAM /PETER MAUSS ©

Sortir

29 BROOKLYN ACADEMY OF MUSIC (BAM)

ARTS SCÉNIQUES

Plan p. 196, C4

Prestigieux et avant-gardiste, ce centre des arts scéniques compte aujourd'hui plusieurs espaces : le BAM Howard Gilman Opera House, qui peut accueillir 2 000 personnes ; le BAM Harvey Lichtenstein Theater, dont la décoration évoque des ruines urbaines ; le BAM Rose Cinemas ; le BAM Café et le BAM Hillman Atic Studio, pour les spectacles expérimentaux. Depuis 1983, il organise chaque année le Next Wave Festival, qui s'intéresse aux nouvelles tendances du monde entier.

718-636 4100 ; www.bam.org ; 30 Lafayette Ave à hauteur d'Ashland Pl, Fort Greene ; Ⓢ D, N, R Atlantic Ave-Pacific St ; 2, 3, 4, 5, B, Q Atlantic Ave ; G Fulton St ; C Lafayette Ave

30 BARCLAYS CENTER

BASKET ET CONCERTS

Plan p. 196, C4

Inauguré en septembre 2012, le stade des Brooklyn Nets accueille, outre des matchs de basket, des spectacles et des concerts, entre autres événements. Si sa structure futuriste en acier oxydé a tout d'abord divisé les riverains, le lieu est rapidement devenu l'une des attractions phares de Brooklyn.

→ Vous trouverez des billets, parfois à prix réduit, sur le site stubhub.com.

917-618 6100 ; www.barclayscenter.com ; 620 Atlantic Ave, à l'angle de 5th Ave, Clinton Hill ; lun-ven 9h-18h, soirs et week-ends accès pour les matchs et concerts uniquement ; Ⓢ 2, 3, 4, 5, B, D, N, R, Q Atlantic Ave/ Barclays Center

31 BARBÈS

SALLE DE SPECTACLES

Plan p. 196, B7

Discret et bohème, ce bar de Park Slope, qui doit son nom à un quartier de Paris (qui, lui-même, doit son nom au révolutionnaire Armand Barbès), est devenu un club de jazz expérimental et une salle de spectacles du quartier.

347-422 0248 ou 212-807 7000 ; www.barbesbrooklyn.com ; 376 9th St, à hauteur de 6th Ave, Park Slope ; lun-jeu 17h-2h, ven-sam 14h-4h, dim 14h-2h ; Ⓢ F, G 7th Ave

32 THE ROYAL PALMS SHUFFLEBOARD CLUB

SALLE DE JEUX

Plan p. 196, B5

Les propriétaires de ce lieu insolite ont décidé de transposer le shuffleboard, un jeu de palets que l'on trouve habituellement dans les clubs de retraités en Floride, dans ce nouveau bar de Brooklyn. Déco kitsch et rétro, piste de danse et jeux de société sur les tables (Jenga, Puissance 4) ajoutent à l'ambiance ludique du lieu.

www.royalpalmsshuffle.com ; 514 Union St, à hauteur de Nevins St, Gowanus ; mar-jeu 18h-minuit, ven 18h-2h, sam 12h-2h, dim 12h-22h ; Ⓢ R Union St

33 SAINT ANN'S WAREHOUSE

CONCERTS

Plan p. 196, B1

Déménagée depuis peu dans un ancien entrepôt de tabac de Dumbo, juste sous le Brooklyn Bridge, cette institution du quartier a vu David Bowie, Lou Reed et Joe Strummer se produire sur sa scène, mais aussi des noms plus surprenants comme l'artiste plasticien Miquel Barceló. Consultez le site pour connaître la programmation.

718-254 8779 ; www.stannswarehouse.org ; 45 Water St, à hauteur de Dock St, Dumbo ; Ⓢ A, C High St ; F York St

34 UNION HALL

CONCERTS, THÉÂTRE, BAR

Plan p. 196, C5

À la fois bar, salle de spectacles, restaurant – et terrain de jeu de boules –, ce haut lieu de la nuit de Park Slope dévoile un décor de bibliothèque de maître. On commande son verre au bar (bière 5-8 $) avant de s'installer sur un des fauteuils Chesterfield, face à la cheminée, ou au fond de la salle pour regarder les tournois en cours.

→ Représentations diverses tous les soirs pour une dizaine de dollars ; programmation sur le site Internet.

718-638 4400 ; www.unionhallny.com ; 702 Union St, entre 5th Ave et 6th Ave ; lun-ven 16h-4h, sam-dim 13h-4h ; Ⓢ R, Union St ; D, N Barclays Center

Sur les traces de Spike Lee

Le réalisateur et producteur légendaire de Brooklyn est devenu son ambassadeur – sa société de production, 40 Acres and a Mule, est d'ailleurs installée dans South Elliot Place, en plein cœur de Fort Greene, à seulement quelques mètres de la maison dans laquelle il a grandi et où son père William Lee vit encore. *Do the Right Thing*, *Summer of Sam*, *Jungle Fever*, *Crooklyn*... La plupart de ces films retracent une époque de ce *borough* qui l'a vu grandir : Bedford-Stuyvesant, Red Hook, Clinton Hill, Bensohurst...

QUE

Orientation

CUISINE DU MONDE → Astoria.

LE QUARTIER QUI MONTE → Long Island City.

L'AUTRE QUARTIER CHINOIS → Flushing.

Incontournables

PS1 CONTEMPORARY ART CENTER → Pour les amateurs d'art alternatif (détails p. 213).

MUSEUM OF THE MOVING IMAGE → Ludique (détails p. 214).

Hors des sentiers battus

THE SECRET THEATER (plan p. 210, B7) → Théâtre indépendant proposant une sélection éclectique de pièces, du classique à l'alternatif, mais toujours de qualité. Consultez le site Internet pour le détail de la programmation (✆ 718-392-0722 ; www.secrettheatre.com ; 4402 23rd St, Long Island City ; Ⓢ 7, E, M et G Courthouse/23rd St).

SPA CASTLE (plan p. 210, E7) → Ce vaste complexe balnéaire propose deux piscines, des Jacuzzi, une dizaine de saunas et des cabines de massage pour une véritable oasis de calme et de volupté à 20 minutes en taxi de Manhattan. Le pass une journée coûte 40 $ en semaine et 50 $ les week-ends, et donne accès à tous les services (✆ 718-939-6300 ; ny.spacastleusa.com ; 131-10 11th Ave, College Point, bus Q20B arrêt 132nd St and 14th Ave).

QUEENS NIGHT MARKET (plan p. 210, E8) → Inspiré par ceux que l'on peut trouver en Asie, ce gigantesque marché nocturne accueille une centaine de commerçants du monde entier tous les samedis d'avril à octobre. L'occasion de découvrir des spécialités locales comme les *waffles* moldaves, les *wheel cake* taiwanais ou les *tortas ahogadas* mexicaines sur fond de concert et de sets de DJ (New York Hall of Science, Flushing Meadows Corona Park ; www.queensnightmarket.com ; ⏲ sam 18h-minuit ; Ⓢ 7 111 St).

Visiter p. 212
À table p. 215
Prendre un verre p. 218
Shopping p. 219
ASTORIA
Astoria Park
Hell Gate
East River
Ward's Island
Mill Rock Island
Hallets Cove
Rainey Park
Robert Kennedy Bridge
Astoria Blvd
Astoria Blvd N
Astoria Blvd S
Astoria-Ditmars Blvd
Ditmars Blvd
Northern Blvd
Newton Blvd
Newtown Ave
Shore Blvd
Broadway
Steinway St
Hazen St
20th Ave
21st Ave
23rd Ave
24th Ave
25th Ave
27th Ave
28th Ave
30th Ave
31st Ave
32nd Ave
34th Ave
12th St
14th St
19th St
21st St
23rd St
24th St
25th St
26th St
27th St
28th St
29th St
31st St
32nd St
33rd St
34th St
35th St
36th St
37th St
38th St
41st St
42nd St
43rd St
44th St
45th St
46th St
47th St
48th St
49th St
50th St
A B C D E
1 2 3 4
2 3 6 10 11 18 22 26 27

Queens Blvd
Skillman Ave
39th Ave
52nd St
48th St
47th St
46th St
45th St
44th St
43rd St
42nd St
41st St
46th St
40th St
40th St
39th Pl
Greenpoint Ave
12
9
15
38th St
37th St
36th St
36th St
33rd St
39th St
Steinway St
35th Ave
Northern Blvd
Museum of the Moving Image
7
36th Ave
36th St
Northern Blvd
39th Ave
28th St
Queens Plaza
Queens Blvd
36th Ave
Crescent St
21st St
13th St
12th St
11th St
10th St
9th St
Vernon Blvd
21 st-Queensbridge
Queensbridge Plaza
23
The Secret Theater
Skillman Ave
47th Ave
Court Sq
PS1 Contemporary Art Center
4
49th Ave
Ave
23rd St
44th Ave
44th Dr
21st St
19
Hunters Point Ave
Expressway
Long Island
Borden Ave
Jackson
24
21st St
11th St
13
Vernon Blvd
Vernon Blvd-Jackson Av
47th Ave
21
14
50th Ave
54th Ave
Center Blvd
1
20
43rd Ave
Ed Koch Queensboro Bridge
Queensbridge Park
East River
Roosevelt Island
0
1 km
A
B
C
D
E
5
6
7
8
17
16
Van Wyck Expy
Spa Castle
COLLEGE POINT
FLUSHING
East River
QUEENS
5
La Guardia Airport
Grand Central Pkwy
Astoria Blvd
8
Queens Night Market
CORONA
Northern Blvd
JACKSON HEIGHTS
25
Long Island Expy
Queens Blvd
STEINWAY
WOODSIDE
Tawa's Nepali Hut
SUNNYSIDE GARDENS
ASTORIA
voir ci-contre
LONG ISLAND CITY
Queens Blvd
MANHATTAN
2 km

QUEENS

DIVERSITÉ

Le Queens est un quartier méconnu, non seulement des touristes mais aussi de la majorité des habitants de Manhattan. Il abrite 2,3 millions d'habitants, dont près de la moitié est d'origine étrangère. Une balade dans ses rues s'apparente à un voyage à travers la Grèce (Astoria), la Roumanie et la Turquie (Sunnyside), l'Irlande (Woodside), l'Inde et les Philippines (Jackson Heights), l'Amérique latine (Corona Heights), la Chine et la Corée (Flushing)... Si Long Island City, avec son métro direct depuis Grand Central Terminal, est le quartier qui monte (galeries d'art, boutiques branchées), Astoria a plus de charme.

Visiter

1 GANTRY PLAZA STATE PARK

Plan p. 210, A8

Sur les bords de l'East River, ce parc offre le plus beau panorama sur Midtown East. On peut y admirer comme nulle part ailleurs la *skyline* est de Manhattan, où s'alignent le siège des Nations unies, l'Empire State Building et le Chrysler Building. En semaine, le matin, on peut profiter du paysage dans une solitude presque totale, confortablement installé sur un transat en bois ou un joli fauteuil rouge.

718-786 6385 ; nysparks.com/parks/149/details.aspx ; angle 48th Ave et Center Blvd,

Long Island City ; ⏲ tlj 8h-22h30 ; Ⓢ 7 Vernon Blvd-Jackson Ave ; G 21st St-Jackson Ave

2 ISAMU NOGUCHI GARDEN MUSEUM

Plan p. 210, B4

Ce musée fut fondé par le sculpteur américain d'origine japonaise Isamu Noguchi (1904-1988) en 1985, afin d'exposer ses créations en pierre, en métal, en bois et en argile, ses projets pour des espaces publics et ses décors de théâtre. Logé dans un bâtiment industriel, le musée compte 13 galeries et une cour intérieure plantée de gigantesques sculptures en granit et en basalte.

→ **Entrée sur don le 1er vendredi de chaque mois.**

✆ 718-204 7088 ; www.noguchi.org ; 9-01 33rd Rd, à hauteur de Vernon Blvd, Long Island City ; tarif plein/étudiant et senior 10/5 $, gratuit -12 ans ; ⏲ mer-ven 10h-17h, sam-dim 11h-18h ; Ⓢ N, W Broadway ; F Queensbridge-21th St

3 SOCRATES SCULPTURE PARK

Plan p. 210, B4

Grâce à la persévérance d'un groupe d'artistes locaux et de riverains, ce parc expose désormais des sculptures et des installations à ciel ouvert. Jusqu'en 1986, ce terrain longeant le fleuve était à l'abandon et faisait office de décharge illégale. Aujourd'hui, les artistes peuvent laisser libre cours à leur imagination, sans limitation d'espace, et les habitants ont plaisir à flâner au milieu des œuvres.

→ **Des expositions temporaires ainsi que de nombreuses activités culturelles sont proposées tout au long de l'année ; consultez le site Internet.**

✆ 718-956 1819 ; www.socratessculpturepark.org ; 32-01 Vernon Blvd, près de Broadway, Long Island City ; accès libre ; ⏲ tlj 9h-coucher du soleil ; Ⓢ N, W Broadway

4 PS1 CONTEMPORARY ART CENTER

Plan p. 210, B7

Cette annexe du MoMA dédiée à l'art contemporain est logée dans ce qui était à l'origine la première école publique de Long Island City. Fondé en 1976 par Alanna Heiss, le centre fut placé sous la houlette du MoMA en janvier 2000. En plus d'organiser des expositions temporaires de premier ordre, il accueille également un prestigieux programme à destination des jeunes architectes.

→ **En été, le samedi après-midi (Warm Up Saturdays), des DJ s'emparent des platines dans le cadre des Warm Up Summer Series.**

INSTALLATION VIEW / THE NOGUCHI MUSEUM ©

PS1 MOMA / ADRIAN MOELLER ©

☎ 718-784 2084 ; momaps1.org ; 22-25 Jackson Ave, à hauteur de 46th Ave, Long Island City ; don suggéré tarif plein/étudiant et senior 10/5 $, gratuit -16 ans, entrée libre sur présentation du billet du MoMA (sauf Warm Up) ; Warm Up Saturdays sur place/sur réservation 22/18 $; ⌚ jeu-lun 12h-18h, sam jusqu'à 21h en été ; Ⓢ G 21st St ; E, M 23rd St-Ely Ave ; 7 45th Rd-Court House Sq

5 QUEENS MUSEUM OF ART

Plan p. 210, E8

Même s'il est très excentré et qu'il ne peut rivaliser avec les autres musées de New York, ce musée a une histoire intéressante. Construit pour l'Exposition universelle de 1939, il a ensuite accueilli le siège de l'ONU jusqu'à son déménagement à Manhattan, en 1951, puis est redevenu le pavillon de l'Exposition universelle de 1964. Des travaux d'agrandissement viennent d'être effectués.

→ **Le musée possède quelques œuvres de Salvador Dalí.**

☎ 718-592 9700 ; www.queensmuseum.org ; Flushing Meadows Corona Park, 49th Ave, à hauteur de 111th St, Corona ; don suggéré 8 $, gratuit -12 ans et étudiant ; ⌚ mer-dim 11h-17h ; Ⓢ 7 Flushing-Main St (terminus)

6 ASTORIA PARK

Plan p. 210, B2

Depuis ce parc, situé entre les ponts de Triborough et Hell Gate, on jouit d'une vue imprenable sur Manhattan et, si on le souhaite, on peut piquer une tête dans sa piscine publique de style Art déco, qui serait la plus grande et la plus ancienne de la ville (1936).

☎ 212-639 9675 ; de 23rd Rd à Hoyt Ave S, entre 19th St et Shore Blvd, Astoria ; www.nycgovparks.org/parks/astoria-park ; Ⓢ N, W 36th Ave, Broadway, 30th Ave, Astoria Blvd ou Astoria-Ditmars Blvd ; M, R Steinway, 46th St ou Northern Blvd

7 THE AMERICAN MUSEUM OF THE MOVING IMAGE & KAUFMAN ASTORIA STUDIO

Plan p. 210, C5

Même si les principaux acteurs de l'industrie cinématographique américaine se trouvent à Hollywood, les studios du Queens ont produit de nombreux films muets dans les années 1920 et 1930, et ont accueilli le siège de la Paramount. Les Marx Brothers, Rudolph Valentino et Greta Garbo y ont notamment travaillé. Au cours des dix dernières années, ils se sont fait une place dans le secteur du cinéma indépendant (Woody Allen) et des émissions de télévision. Le musée retrace l'histoire de ces studios, à travers de vieilles photos, des projections et des costumes (*Annie Hall*, *Star Trek*...).

→ **Entrée libre le vendredi à partir de 16h.**

☎ 718-777 6800 ; www.movingimage.us ; 36-01 35th Ave, près de 37th St, Astoria ; tarif plein/étudiant et senior/-18 ans 15/11/9 $; ⌚ mer-jeu 10h30-14h, ven 10h30-20h, sam-dim 11h30-19h ; Ⓢ M, R Steinway St ; N, W Broadway

8 LOUIS ARMSTRONG HOUSE MUSEUM

Plan p. 210, E8

La modeste maison du célèbre jazzman (1901-1971) et de son épouse Lucille (1914-1983) est un monument historique national ouvert au public. Les Armstrong en firent l'acquisition en 1943, un an après leur mariage, et malgré le succès du musicien, ils y restèrent jusqu'à la fin de leur vie. La maison a été conservée dans l'état où l'ont laissée ses illustres occupants.

→ La maison ne se visite qu'avec un guide ; départs à l'heure pile.

718-478 8274 ; www.louisarmstronghouse.org ; 34-56 107th St, près de 37th Ave, Corona ; tarif plein/5-12 ans, étudiant et senior 10/7 $, gratuit -5 ans ; mar-ven 10h-17h, sam-dim 12h-17h ; S 7 103rd St-Corona Plaza

À table !

9 I LOVE PARAGUAY

PARAGUAYEN

Plan p. 210, D6

Ce restaurant traditionnel sans prétention sert de délicieuses *empanadas* (2,50 $ l'unité) et d'autres spécialités paraguayennes comme la *marinera*, sorte d'escalope milanaise au bœuf mariné (17,99 $) : un régal. Habituellement calme, l'endroit s'anime pour les matchs de foot sud-américains, diffusés sur place.

718-786 5534 ; www.ilovepy.com ; 4316 Greenpoint Ave, près de 44th St ; lun-jeu 11h-22h, ven 10h-23h, sam 11h-23h, dim 9h-22h ; S 7 46 St-Bliss St

10 LOUKOUMI TAVERNA

FRUITS DE MER

Plan p. 210, D2

Excentré, ce restaurant grec serait le meilleur de New York. Les clients, des familles grecques, se partagent viande grillée, tzatziki, légumes marinés et fromage frit. Aux beaux jours, le patio est un vrai plaisir. Service chaleureux et prix doux (plats entre 8 et 20 $).

→ Loukoumi est à dix bonnes minutes de marche du terminus des lignes N et W. Un peu plus proche du métro, Kyclades (www.tavernakyclades.com ; 33-07 Ditmars Blvd, à hauteur de 33rd St) est une autre bonne taverne, mais l'attente est souvent longue (pas de réservation).

718-626 3200 ; www.toloukoumi.com ; 45-07 Ditmars Blvd, à hauteur de 45th St, Astoria ; lun-ven 12h-23h, sam-dim 11h-minuit ; S N, W Astoria-Ditmars

11 OMONIA CAFE

PÂTISSERIES GRECQUES

Plan p. 210, C4

Cette boulangerie doublée d'un snack est l'endroit où les familles grecques achètent leurs gâteaux d'anniversaire. Il faut venir pour les desserts (la tarte Napoléon est un classique) ou pour une assiette de fromage grec accompagnée d'un verre de vin, mais la plupart des autres plats (8-15 $) sont très ordinaires.

LOUIS ARMSTRONG HOUSE MUSEUM ©

718-491 1435 ; www.omoniacafe.com ; 32-20 Broadway, près de 33rd St, Astoria ; dim-jeu 8h-2h, ven-sam 8h-3h ; N, W Broadway ; M, R Steinway St

JOSÉ RAMÓN FERREIRA ©

12 CHIHUAHUA

MEXICAIN

Plan p. 210, E6

Un des meilleurs restaurants mexicains de Sunnyside grâce à son service accueillant et sa carte de classiques – burritos (à partir de 10 $), quesadillas (10 $), fajitas (16 $) – très bien exécutés et abordables. Succulent guacamole (12 $), préparé devant le client.

347-531 0954 ; www.chihuahuanyc.wordpress.com ; 47-02 Greenpoint Ave, à l'angle de 47th St ; lun-jeu 12h-23h, ven-sam 12h-minuit, dim 12h-23h ; 7 46 St-Bliss St

13 JOHN BROWN SMOKEHOUSE

AMÉRICAIN

Plan p. 210, B7

Que les amateurs de barbecue se réjouissent : ce self-service sans prétention de Long Island City satisfera les carnivores les plus voraces ! *Ribs* et poitrine de porc, côte de bœuf, poulet, dinde... le tout servi grillé nature ou nappé de sauce barbecue maison, et accompagné de *cornbread* ou de macaronis au fromage. Les nappes à carreaux rouges et blancs et le patio ensoleillé contribuent à l'ambiance sympathique du lieu. Pour les grosses faims. Plats entre 7 et 27 $.

347-617 1120 ; www.johnbrownseriousbbq.com ; 10-43 44th Dr, près de 11th St, Long Island City ; lun-mer 11h30-22h, jeu-ven 11h30-23h, sam 12h-23h, dim 12h-21h ; E, M, 7, G Court Sq

14 TOURNESOL

FRANÇAIS

Plan p. 210, B8

Après avoir officié pendant des années dans des restaurants de Manhattan, le chef français Pascal Escriout a décidé de miser sur un quartier en plein boom, Long Island City, et d'y ouvrir son propre établissement. Il propose une excellente cuisine bon marché et sert diverses spécialités françaises, comme la terrine de foie gras maison (13,50 $), la quiche lorraine (9 $) ou le croque-monsieur (9,50 $). La longue carte des vins (français) est une valeur sûre.

À deux pas, Café Henri (www.henrinyc.com ; 10-10 50th Ave) est un autre bon exemple du genre. Il est pris d'assaut à l'heure du brunch.

718-472 4355 ; www.tournesolnyc.com ; 50-12 Vernon Blvd, près de 50th Ave, Long Island City ; lun 17h30-23h, mar-jeu 11h30-15h et 17h30-23h, ven 11h30-15h et 17h30-23h30, sam 11h-15h30 et 17h30-23h30, dim 11h-15h30 et 17h-22h ; 7 Vernon Blvd-Jackson Ave

15 BOON MY MOLDOVA

MOLDAVE

Plan p. 210, D6

Tout dans ce restaurant rappelle la Moldavie : sa clientèle d'abord, ses nappes colorées et ses motifs aux murs, et sa carte de spécialités roboratives comme les *samarle* (10,99 $), des paupiettes de chou à la viande hachée servies avec de la polenta. L'établissement dispose également d'une piste de danse où s'organisent chaque week-end anniversaires et festivités sur fond de musique traditionnelle.

→ Plats 10-17 $, vins moldaves 6,99 $ le verre.

☎347-531 0275 ; www.boonbymoldova.com ; 43-45 40th St, près de Queens Blvd ; ⏲lun-jeu 11h-22h, ven-sam 11h-minuit, dim 11h-23h ; Ⓢ7 40 St-Lowery St

16 FLUSHING NEW WORLD MALL FOOD COURT

ASIATIQUE

Plan p. 210, E8

Surnommé "l'autre Chinatown", Flushing a la plus grande concentration de restaurants chinois, taïwanais et coréens de tout New York. Envie de sortir des sentiers battus ? Aventurez-vous dans les *food courts*, rassemblements de stands proposant toutes sortes de mets asiatiques. C'est bruyant, les gens se bousculent et la propreté laisse à désirer, mais les prix défient toute concurrence et l'authenticité des saveurs est au rendez-vous.

→ Au dîner, les places se font rares.

☎718-353-0551 ; www.newworldmallny.com ; 136-20 Roosevelt Ave, à hauteur de Main St, Flushing ; ⏲tlj 10h-22h ; Ⓢ7 Flushing-Main St

17 HAN JOO CHIK NAENG MYUN & BBQ

ASIATIQUE

Plan p. 210, E8

Le quartier de Murray Hill dans le Queens a la plus forte concentration de Coréens de NY, et l'on y trouve de nombreux restaurants spécialisés dans le fameux barbecue du pays. Han Joo est l'un des meilleurs. Les spécialités de la maison sont la poitrine de porc marinée au thé vert (18,95 $, servi à la façon coréenne avec de nombreux petits bols de légumes à partager) et les nouilles au bœuf et kimchi épicé (9,95 $). Réservation conseillée.

☎718-359 6888 ; 41-06 149th Pl, à hauteur de 41st Ave, Flushing ; ⏲tlj 11h-23h ; Ⓢ7 Flushing-Main St

18 FRESH START

BIO

Plan p. 210, C2

À quelques mètres du métro, cette petite boutique propose jus de fruits frais et plats abordables, à consommer sur la grande table commune. Comptez autour de 6 $ pour un bol de soupe et 5 $ pour les pâtes du jour. Sélection de produits frais et surgelés pour ceux qui souhaitent faire quelques courses.

☎718-204 7868 ; 29-13 23rd Ave, Astoria, entre 29th St et 31st St ; ⏲lun-ven 8h-21h,

Jackson Heights

Tous les voyageurs de cet International Express qu'est la ligne 7 du métro devraient faire halte à la station 74th St-Broadway. De nombreux Indiens ont élu domicile dans le quartier, mais aussi des Bangladais, des Vietnamiens, des Coréens, des Mexicains, des Colombiens et des Équatoriens. C'est là que vous trouverez un restaurant népalais tout ce qu'il y a de plus authentique, **Tawa's Nepali Hut** (37-38 72nd St, au niveau de Broadway, Jackson Heights ; plats 4-10 $; Ⓢ7 jusqu'à 74th St-Broadway ; M, R, E Jackson Hts-Roosevelt Ave), où vous vous régalerez d'*alu dum* (pommes de terre frites au curry), de *roti sel* (beignets de riz) et de délicats *momas* (boulettes népalaises) au poulet au curry.

sam 9h-20h, dim 10h-19h ; Ⓢ N, W Astoria Ditmars Bvd

19 THE INKAN
PÉRUVIEN
Plan p. 210, B7

Caché sous la voie aérienne, ce petit restaurant familial prépare une cuisine savoureuse et à bon prix. Réputé pour sa rôtisserie au four traditionnel (poulet entier 13,99 $), il propose également des ceviches (à partir de 15,99 $). Dans la salle d'une douzaine de tables, les matchs de football sont diffusés par les chaînes de télé sud-américaines.
Happy hour de 16h à 19h : bières 3,50 $ et sangria 5 $.
718-433 4171 ; www.theinkancuisine.com ; 4502 23rd St, à l'angle de 45th Ave, Long Island City ; lun-jeu 11h-21h, ven 11h-22h, sam 12h-22h ; Ⓢ E, M, 7, G Court Sq

Prendre un verre

20 ESTATE GARDEN GRILL
BRASSERIE EN PLEIN AIR
Plan p. 210, A6

Ouvert en juin 2017, le tout premier *beer garden rooftop* de New York est installé au 3e étage du bâtiment de l'hôtel Ravel. On y sirote une large

JOSÉ RAMÓN FERREIRA ©

sélection de bières très accessibles (7 $ la pinte, 21 $ le pichet), tout en admirant la vue imprenable sur Manhattan et le Queensboro Bridge.
Sélection de salades, hamburgers ou fruits de mer pour moins de 20 $.
718-289 6118 ; www.estategardengrill.com ; 8-08 Queens Plaza South, près de Vernon Blvd ; tlj 12h-20h ; Ⓢ 7, N, W Queensboro Plaza ; E, M Court Sq-23rd St ; F 21st St-Queensbridge

21 DOMAINE
BAR À VINS
Plan p. 210, B8

Devant le bon accueil réservé à son restaurant (p. 216), Pascal Escriout a décidé d'ouvrir, aux côtés de son compatriote Robert Gonçalves, un bar très chic, dévolu aux vins du sud de la France, qu'on peut accompagner d'huîtres, de foie gras et de fromage issu de fermes new-yorkaises (verre de vin à partir de 7 $, petites assiettes 10-12 $). Un groupe de jazz se produit régulièrement le mardi et le vendredi. Le nom de l'établissement fait référence au "domaine" que la famille Escriout possède en France.
718-784 2350 ; www.domainewinebar.com ; 50-04 Vernon Blvd, à hauteur de 50th Ave, Long Island City ; tlj 17h-1h ; Ⓢ 7 Vernon Blvd-Jackson Ave

22 MONIKA'S CAFÉ BAR
BAR À COCKTAILS
Plan p. 210, C4

Ce café et bar de nuit est logé dans un local clair et spacieux à la décoration rétro, avec des meubles et des objets rappelant les années 1960 et de grandes baies aux vitres de couleur. Sa cuisine, équilibrée et à prix doux (plats entre 8 et 22 $), attire les familles du quartier pour le petit-déjeuner, le déjeuner ou le brunch. Le

soir, les cocktails (margaritas, pisco sour, mojitos, martinis au chocolat blanc...), la terrasse et les confortables canapés sont très appréciés d'une clientèle plus jeune.
✆718-204 5273 ; www.monikascafebar.com ; 3290 36th St, à hauteur de 34th Ave, Long Island City ; ⏱lun-jeu 11h-1h, ven 11h-2h, sam 10h-2h, dim 10h-minuit ; Ⓢ M, R Steinway St ; N, W Broadway

23 DUTCH KILLS

BAR À COCKTAILS

Plan p. 210, C6

Attirer des clients dans un établissement situé dans une rue reculée du Queens n'a rien d'évident, surtout quand il n'est signalé que par une vague enseigne "Bar" (à droite d'un panneau publicitaire). Mais, une fois à l'intérieur de ce *speakeasy*, on découvre une salle à la décoration raffinée où l'on peut siroter d'excellents cocktails (15 $), sur fond de bonne musique.

→ Happy hour dim-jeu 17h-19h : cocktails à 11 $, bière à 5 $.

✆718-383 2724 ; www.dutchkillsbar.com ; 27-24 Jackson Ave, près de Dutch Kills St, Long Island City ; ⏱lun-jeu 17h-2h, ven-sam 17h-3h, dim 17h-2h ; Ⓢ G Long Island City-Court Sq ; E, M, R Queens Plaza

24 SWEETLEAF

BAR À COCKTAILS

Plan p. 210, B8

Cette adresse branchée sert d'excellents expressos et cappuccinos, mais aussi, chose étonnante, une sélection de cocktails originaux et raffinés toute la journée. L'ambiance est à mi-chemin du café cosy et du speakeasy à la mode. Les muffins et autres pâtisseries (1-4,75 $) sont également savoureux.
✆917-832 6726 ; sweetleafcoffee.com ; 10-93 Jackson Ave, près de 48th Ave, Long Island City ; ⏱lun-ven 7h-19h, sam-dim 8h-19h ; Ⓢ 7 Vernon Blvd-Jackson Ave

Shopping

25 QUEENS CENTER

CENTRE COMMERCIAL

Plan p. 210, D8

Tous les avantages des centres commerciaux de Manhattan, la cohue en moins et les prix bas en plus. Parmi les nombreux magasins de vêtements, produits de beauté, bijoux ou accessoires pour la maison, deux department stores, Macy's et JC Penney, proposent de grosses réductions (jusqu'à -80%) toute l'année.
✆718-592 3900 ; www.shopqueenscenter.com ; 90-15 Queens Blvd, près de 59th Ave ; ⏱lun-sam 10h-21h30, dim 11h-20h ; Ⓢ M, R Woodhaven Blvd

26 RUDY'S HOBBY & ART

MAQUETTES

Plan p. 210, C3

Ce magasin possède un rayon très intéressant consacré aux modèles réduits de bâtiments, de scènes de guerre, d'avions et de trains. Il fournit tous les éléments nécessaires à la réalisation d'une maquette parfaite : peinture, arbres, personnages, animaux...
✆718-545 8280 ; 35-16 30th Ave, à hauteur de 36th St, Astoria ; ⏱mer-sam 11h30-18h ; Ⓢ N, W 30th Ave

27 BUFFALO EXCHANGE

FRIPERIE

Plan p. 210, C2

Une véritable caverne d'Ali Baba pour les amoureux du vintage et des bonnes occasions. Jeans, chemises à fleurs, bottes et veste à franges... Le style est éclectique, avec une légère préférence pour le rétro et la tendance hipster.
✆718-274 2054 ; www.buffaloexchange.com ; 29-16 Ditmars Blvd, Astoria, entre 29th St et 31th St ; ⏱lun-sam 11h-20h, dim 12h-19h ; Ⓢ N, W Astoria-Ditmars

NEW YORK EN QUELQUES MOTS

ALCOOL

DENISE SPAULL / FOTOLIA ©

La consommation d'alcool est interdite aux moins de 21 ans

Les choses ont bien changé depuis les années 1920 et l'ère de la Prohibition. Aujourd'hui, on peut boire et danser jusque tard dans la nuit... à condition d'avoir 21 ans révolus. La loi est scrupuleusement respectée : les restaurants, les bars et les établissements nocturnes demandent une pièce d'identité où figure la date de naissance pour toute commande de boisson alcoolisée, voire pour pouvoir tout simplement entrer. La règle est appliquée même si vous avez visiblement dépassé l'âge légal, et il peut arriver que l'on refuse de vous servir si vous n'êtes pas en mesure de produire une pièce d'identité. Quelques jeunes contournent le problème avec de faux documents ou en empruntant ceux de leurs aînés.

Hormis ces quelques restrictions, on trouve une vaste sélection de vins, de bières et de cocktails dans la majorité des établissements. La série *Sex and the City* a rendu célèbre le cocktail Cosmopolitan. Les amateurs de bière trouveront d'excellentes marques locales (Brooklyn Lager, East India Pale Ale, Brooklyn Brown Ale, Pennant Ale, Pumpkin Ale). Une originale vodka de pomme, Core, est aussi élaborée dans l'État de New York par la distillerie Harvest Spirits. Beaucoup de bars pratiquent l'happy hour, dont les horaires sont variables selon les établissements, mais qui coïncide en général avec l'heure de sortie des bureaux et dure 2 à 3 heures.

Il est interdit de sortir des bouteilles et de consommer de l'alcool dans les lieux publics comme les parcs ou la rue.

ARCHITECTURE

Brownstones, gratte-ciel, architecture néoclassique, néogothique et futuriste

Les styles architecturaux cohabitent harmonieusement à New York : néoclassique (Federal Hall), Renaissance gothique (Brooklyn Bridge, Saint Patrick's Old Cathedral, Cathedral Church of Saint John the Divine), Art déco (Chrysler Building, Rockefeller Center), néoclassique Beaux-Arts (Grand Central Terminal), école de Chicago (Flatiron Building) et futurisme (terminal 5 de l'aéroport JFK). D'autres bâtiments, sans style, témoignent du mauvais goût de leur concepteur, à l'image du complexe résidentiel dû à Donald Trump dans l'Upper West Side, que les New-Yorkais ont baptisé le "Trumpistan".

Dans les années 1960, les habitants se sont rendu compte qu'ils pouvaient se mobiliser pour défendre un projet ou s'opposer à une décision capable de dénaturer leur quartier. Hélas, cette prise de conscience a eu lieu après la destruction de l'un des joyaux de la ville, Pennsylvania Station (de style Beaux-Arts). Cette disparition criminelle a énormément nui à la qualité de vie des résidents, qui se sont vus obligés d'emprunter le hideux souterrain qui a remplacé la gare historique. À ce sujet, la phrase de Vincent Joseph Scully, professeur à l'école d'architecture de Yale, est restée célèbre : "Autrefois [le voyageur] entrait dans la ville comme un dieu ; à présent, il rôde comme un rat."

Ce triste événement leur ayant servi de leçon, des New-Yorkais se sont mobilisés quand Grand Central a été à son tour menacée. Avec l'aide de Jacqueline Kennedy Onassis, ils ont réussi à sauver la gare, mais aussi à mettre en place les bases d'un mouvement de sauvegarde des bâtiments historiques. Après les attentats du 11-Septembre, les citoyens ont joué un plus grand rôle dans la prise de décision concernant les espaces publics : les projets ont en effet été soumis au vote. Les critiques d'architecture exercent actuellement une grande influence dans les médias et le New-Yorkais lambda a aussi son mot à dire. Être lauréat du Pritzker (prestigieux prix annuel d'architecture) ne suffit pas à se dédouaner de tout ! Les associations de quartier ont ainsi suivi de près des projets comme l'agrandissement du MoMA (confié à l'architecte japonais

Yoshio Taniguchi) et celui de la Morgan Library (confié à l'architecte italien Renzo Piano), la construction du nouveau siège du *New York Times* (également proposée à Piano), les transformations du Lincoln Center par divers cabinets d'architecture et la création du nouveau parc urbain aménagé sur l'ancienne voie de chemin de fer de Meatpacking District (la High Line) par l'agence new-yorkaise Diller Scofidio + Renfro. À proximité de cette promenade aménagée se trouve le premier édifice construit par Frank Gehry à New York, le siège de l'agence de communication IAC. Le New Museum, dû au cabinet d'architecture Sejima + Nishizawa (SANAA), a reçu un bon accueil dans le Lower East Side. Jean Nouvel, Herzog & de Meuron n'ont pas eu cette chance pour l'ensemble résidentiel qu'ils avaient conçu au n°4 de Bond St dans l'East Village. Une majorité de résidents s'y sont opposés, considérant qu'il modifiait l'esthétique de la rue. Plus récemment, les New-Yorkais se sont passionnés pour l'esthétique de l'Oculus de Santiago Calatrava, le nouveau bâtiment de la gare du World Trade Center. Avec sept années de retard et plus de 1,85 milliard de dépassement de budget – pour un coût initial de 2 milliards –, c'est actuellement la gare la plus chère au monde.

JOSÉ RAMÓN FERREIRA ©

ATTITUDE

Une petite faim à 4h du matin ? Un *deli* sera toujours ouvert

À New York, personne n'est vraiment d'ici. On y vient pour étudier ou pour travailler, avec la conviction d'habiter un autre pays, de découvrir une autre culture. Ce sentiment d'exception s'accompagne d'une énergie à revendre. Dire que le temps, dans la "Big Apple", ne s'arrête jamais n'est pas galvaudé. New York vit 24h/24. L'exotisme, ici, consiste davantage à être invité à dîner chez des amis, ou à prendre un repas seul, chez soi. De fait, le choix des restaurants ethniques est tel qu'il revient moins cher d'aller, par exemple, manger un bol de nouilles japonaises dans l'East Village, que de concocter un dîner maison. Les New-Yorkais ont une véritable culture de la vie nocturne. New York, ainsi, est une ville de bars. Prendre un verre dans un lieu, se rendre dans un autre, tester le dernier endroit à la mode avant d'aller dîner dans un *diner* ou dans un restaurant branché fait partie des coutumes de la nuit. Et, chose inconcevable à Paris, il est d'usage ici d'attendre, jusqu'à parfois une heure et demie, avant de s'attabler dans un restaurant branché. On patiente debout au bar, à discuter, à se décontracter, à regarder les gens alentour, sans manifester de signe d'agacement.

New York voue un culte à l'exclusivité, au branché, aux "happy few". Les lieux se font et se défont au gré du bouche-à-oreille et des chroniques dans le *New York Magazine* et dans *Time Out*, la bible des sorties. Une rue excentrée dans un quartier qui l'est tout autant peut se trouver sur la cartographie des nuits new-yorkaises. La nuit mélange sans vergogne les tribus des banquiers, des rentiers, des étudiants, des stylistes, des journalistes ou des artistes qui, tous, partagent l'adage : "*Work hard, play hard.*" Cette mixité n'est pas un leurre. New York, en cela, est une ville accessible et "cool" – expression qui désigne ici un sentiment d'originalité, d'avant-garde, mêlé d'authenticité – où les "happy few" ne se cachent pas pour sortir faire la fête. Et le prix ne fait pas forcément barrage. Ainsi, un obscur bar peut se voir propulsé hyperbranché et conserver ses tarifs d'avant la vague. Quant au look, lui aussi doit être "cool", avec une pointe d'originalité, mais pas trop. Si on vous dit que vous avez le "downtown look", vous avez décroché vos palmes new-yorkaises. Cela signifie qu'il est soigné, branché, joli, et vous situe définitivement "en dessous de 14th St". Là où se font les tendances.

CINÉMA EN PLEIN AIR

En été, peu importe le film, l'important c'est le rituel

Une place de cinéma coûte cher, mais on peut trouver de nombreux festivals de cinéma ou des concerts gratuits dans les parcs en été. L'important est moins dans la programmation, classique, que dans l'expérience partagée avec des centaines de personnes : on vient pour profiter de l'été et pour tenter d'organiser le meilleur pique-nique. Il est recommandé d'arriver une heure avant la projection et d'apporter sa nappe ou son drap de bain pour délimiter son espace. Rappelons qu'il est interdit de boire de l'alcool en public, même s'il n'est pas rare de trouver une bouteille de vin cachée dans le panier, sous le fromage et les sandwichs. Voici quelques-uns des festivals gratuits les plus fréquentés ; consultez les sites Internet pour la programmation, les dates et les horaires précis.

Le Brooklyn Bridge Park accueille chaque jeudi soir en été les projections du **Movies with a View** (juillet-août ; www.brooklynbridgepark.org) ; celles du **Summer Screen** (www.summerscreen.org) ont lieu dans McCarren Park de mi-juillet à fin août, le mercredi. La programmation de **BRIC Celebrate Brooklyn!** (Prospect Park Bandshell ; Prospect Park West-9th St, Brooklyn ; juin-août ; www.bricartsmedia.org) mêle cinéma, théâtre, danse et musique. Dans le quartier éponyme, **Red Hook Flicks** (mi-juillet à fin août ; redhookflicks.com) s'installe sur le Valentino Pier, face à la statue de la Liberté. Lors de l'**Outdoor Cinema** (Socrates Sculpture Park, Queens ; mi-juillet à fin août ; socratessculpturepark.org), concerts et danse précèdent les projections.

À Manhattan, le très populaire **HBO Bryant Park Summer Film Festival** (6th Ave ; juin-août ; www.bryantpark.org) offre des projections tous les lundis soir dans Bryant Park. On se presse aussi aux séances de l'**Hudson Riverflicks** (Hudson River Park ; juillet-août ; www.hudsonriverpark.org).

Le festival **Rooftop Films** (rooftopfilms.com) propose une sélection de documentaires et de films indépendants projetés sur des toits d'immeubles aux quatre coins de la ville – certains sont gratuits. Enfin, pour revoir des classiques du cinéma hexagonal, ne manquez pas les projections de **Films on the Green** (face-foundation.org), organisé par la FACE Foundation et l'ambassade de France dans divers parcs de la ville.

GASTRONOMIE

De *delis* en *diners*

New York regorge de spécialités culinaires du monde entier, mais aussi de petites affaires familiales qui font partie des classiques de la ville. Les *delis* **Barney Greengrass** (p. 161) et **Russ and Daughters** (p. 64) sont des adresses incontournables. Elles proposent toutes deux un bagel au poisson fumé.
Les *delis* proposent aussi du pastrami, confectionné avec de la poitrine de veau, des sandwichs au pain de seigle habituellement servis chauds.
Katz's Delicatessen (p. 61) est la plus ancienne épicerie fine de New York et des millions de spectateurs connaissent son pastrami grâce au film *Quand Harry rencontre Sally*.

Nous vous recommandons aussi de vous restaurer dans un *diner*. Ces restaurants, installés à l'origine dans des préfabriqués, servent de bons hamburgers et sont réputés pour leurs petits-déjeuners et leurs pancakes.

Marchands ambulants et *food trucks* ne vendent pas que des hot dogs ou des bretzels : spécialités turques, arabes et asiatiques et cuisine moderne aux influences du monde entier régalent les New-Yorkais depuis des années. La plupart annoncent leur emplacement du jour sur Twitter : **Coney Shack** (@coneyshack) et **Korrila BBQ** (@korillaBBQ) revisitent le taco avec des recettes asiatiques, **Gorilla Cheese** (@gcnyc1) propose des spécialités au fromage, **Neapolitan Express** (@NeaExpress) surfe sur la vague écolo avec ses pizzas bio et son véhicule propre... Le site roaminghunger.com/ny/ permet de les localiser. Ne manquez pas les marchés comme **Smorgasburg** (www.smorgasburg.com) – qui rassemble des dizaines de *food trucks* chaque semaine le samedi dans l'East River State Park, à Williamsburg, le dimanche dans Prospect Park, dans le sud de Brooklyn – et le **Queens Night Market** (voir p. 209), ou les festivals culinaires comme **Madison Sq. Eats** (urbanspacenyc.com) et **9th Avenue International Food Festival** (ninthavenuefoodfestival.com).

La plupart des pâtisseries vendent des brownies et le fameux cheesecake new-yorkais. Sur les marchés, on trouve des tartes aux pommes ou à la citrouille et le délicieux *apple cider*, mélange de jus de pomme et d'épices servi chaud et très agréable en hiver.

Il faut aussi sacrifier à la tradition du brunch : compromis entre *breakfast* et *lunch*, il se consomme en fin de semaine, vers 11h du matin. Le brunch typique comporte habituellement des œufs et des patates. Des cocktails aussi, comme le Mimosa (champagne et jus d'orange), le Bellini (prosecco et jus de pêche) ou le Bloody Mary (vodka, jus de tomate, sel de céleri, sauce Worcestershire, sel, poivre, Tabasco et jus de citron). Également populaire, le brunch *dim sum*, que l'on déguste à Chinatown. *Dim sum* signifie "ce que ton cœur choisit", et l'on fait son choix sur un plateau chargé de petits ramequins qui circule entre les tables.

Sur les marchés, on trouve des plats cuisinés et les poissonneries offrent de délicieuses soupes mitonnées avec le poisson du jour. La soupe de palourdes façon Manhattan est célèbre, mais nous vous recommandons aussi la soupe New England à la crème fraîche. La poissonnerie de **Chelsea Market** (p. 99) et le restaurant **Oyster Bar** (p. 125) à Grand Central respectent la recette traditionnelle. Ceux qui ne pourront pas finir les généreuses rations pourront emporter les restes dans un *doggy bag*, option très pratique et bien mieux acceptée qu'en France.

GRANDS RENDEZ-VOUS

La Grosse Pomme sous quatre saisons

Commencer l'année par un repas dans un grand restaurant à prix doux ? C'est ce que propose en janvier la **Winter Restaurant Week** (www.nycgo.com/restaurant-week), avec des menus à 26 (midi) et 42 $ (soir) – une autre édition a lieu en été, de fin juillet à mi-août. Toujours en janvier, la **Martin Luther King Jr Parade** voit défiler chars et fanfares dans 5th Ave, entre 61st St et 86th St, en hommage au défenseur des droits civiques. La deuxième semaine de février, l'effervescence gagne Manhattan à l'occasion de la **Fashion Week**, un temps fort de la mode également organisé en septembre. Le 17 mars, difficile de passer à côté du **défilé de la Saint-Patrick** sur 5th Ave (entre 44th St et 86th St). En avril, direction les salles obscures pour le **Tribeca Film Festival** (www.tribecafilm.com). Le dimanche de Pâques, l'**Easter Parade** prend possession de 5th Ave (entre 57th St et 49th St). Fin juin, la grande parade de la **Lesbian, Gay, Bisexual & Transgender Pride** et la très déjantée **Mermaid Parade** à Coney Island sont deux autres rendez-vous festifs.

L'été, place aux festivals ! Danse, musique et expérimentation multimédia s'emparent de la ville lors du **River to River Festival** (www.rivertorivernyc.com), en juin. En juin ou juillet, le New York Philharmonic se produit gratuitement à Central Park, à Prospect Park, mais aussi dans le Bronx ou à Staten Island lors des **Concerts in the Park** (www.nyphil.org). Tout l'été, **Summer Stage** (www.cityparksfoundation.org/summerstage/) offre des spectacles et des concerts gratuits dans 16 parcs de la ville, **Shakespeare in the Park** (www.shakespeareinthepark.org) investit le Delacorte Theater, dans Central Park, pour des représentations théâtrales gratuites, et Prospect Park sert de cadre au très éclectique **BRIC Celebrate Brooklyn!** (www.bricartsmedia.org). En août, la **Harlem Week** (www.harlemweek.com) est l'occasion de rencontres artistiques. En octobre, guettez l'**Open House New York** (www.ohny.org), durant laquelle les lieux les plus secrets de la ville ouvrent au public, et le **Fringe Festival** (www.fringenyc.org), dédié à la création théâtrale. Lors de la **Halloween Parade** (www.halloween-nyc.com) de West Village, le déguisement est de rigueur. Le mois de novembre est marqué par le **marathon de New York** (www.ingnycmarathon.org) et le **défilé de Thanksgiving**. Décembre voit la foule se presser pour l'illumination du sapin géant au **Rockefeller Center** et le mois s'achève à **Times Square** pour le compte à rebours de la nouvelle année.

GRANDS MAGASINS

JOSÉ RAMÓN FERREIRA ©

NATHALIE BLEZIN ©

New York est sans conteste l'un des meilleurs endroits de la planète pour s'adonner au shopping

À la différence des autres grandes villes américaines, New York a conservé sa tradition du petit commerce de quartier. Friperies, épiceries, magasins de bijoux, de chaussures... il est parfois difficile de trouver les bonnes adresses sans l'aide d'un guide. Les grands magasins offrent une bonne alternative. Hormis **Macy's** (p. 141 et p. 219), ils se concentrent dans une zone réduite. Quelques adresses : **Barney's New York** (660 Madison Ave), **Bergdorf Goodman** (754 5th Ave), **Henri Bendel** (712 5th Ave), **Sak's Fifth Avenue** (611 5th Ave), **Lord & Taylor** (424 5th Ave) et **Bloomingdale's** (p. 155 et p. 164).

Préparez-vous à faire la queue pour les soldes du "vendredi noir" (le premier vendredi après Thanksgiving, qui donne le coup d'envoi des courses de Noël) et tous les week-ends qui précèdent les fêtes de fin d'année. Tenez-vous aussi informé des *samples sales*, qui voient certaines marques écouler leurs invendus dans d'immenses entrepôts de Soho ou du Fashion District, à Midtown.

Pour des vêtements de grandes marques à prix réduit toute l'année, cap sur des magasins qui proposent les collections des années précédentes comme **Century 21** (p. 28). Pour un choix plus large, il vous faudra sortir de la ville. **Woodbury** (www.premiumoutlets.com/outlet/woodbury-common), le plus connu des *outlets* des environs, est à une heure de bus de Port Authority ; **The Mills at Jersey Gardens** (www.simon.com/mall/the-mills-at-jersey-gardens) est quant à lui à proximité de l'aéroport de Newark.

HISTOIRE

Jusqu'en 1524. Les Lenape ("peuple véritable") habitent sur le territoire qui deviendra New York, vivant de la chasse et de la pêche, et travaillant la terre. Broadway, la principale artère de Manhattan, suit une route tracée par ce peuple. On estime à plus de 15 000 le nombre des Amérindiens avant l'arrivée des Européens, et à 700 un siècle plus tard.

1524. L'explorateur florentin Giovanni da Verrazzano arrive sur les rivages de Manhattan à bord du navire français *La Dauphine*. Il décime les indigènes qu'il trouve sur son chemin et baptise cette terre La Nouvelle-Angoulême en hommage à François Ier, roi de France et comte d'Angoulême.

1609. Henry Hudson – employé de la Compagnie hollandaise des Indes occidentales – débarque dans la région. Dans les années qui suivent, une centaine de colons hollandais s'établissent dans la zone qui deviendra Lower Manhattan, où ils fondent La Nouvelle-Amsterdam. Ils lancent des assauts meurtriers contre les Lenape.

1650. Sous l'autorité du gouverneur Peter Stuyvesant, La Nouvelle-Amsterdam connaît un relatif apaisement et une stabilité économique. La communauté parvient à un accord avec le peuple Lenape, organise la zone portuaire et fait creuser un canal (sous l'actuelle Canal St). L'arrivée d'esclaves provoque un accroissement de 20% de la population.

1664. Peter Stuyvesant cède aux Anglais La Nouvelle-Amsterdam. La colonie est rebaptisée New York en hommage au duc d'York, frère de Charles II d'Angleterre. Les Hollandais reprennent brièvement la ville en 1673 avant de l'abandonner définitivement à l'Angleterre l'année suivante.

1700. New York est devenu un port britannique prospère où vivent plus de 10 000 sujets de Sa Majesté (étranglés par les impôts et assoiffés d'indépendance) et 2 000 esclaves (revendiquant leur liberté).

21 septembre 1776. Un incendie détruit un quart de la ville.

1776. Déclaration d'indépendance des États-Unis.

27 août 1776. Les Anglais ressortent victorieux de la sanglante bataille de Brooklyn, s'assurant le contrôle de la ville jusqu'en 1783.

30 avril 1789. George Washington est proclamé premier président des États-Unis d'Amérique devant le Federal Hall et New York devient la capitale du pays. L'année suivante, elle perd ce privilège au profit de Philadelphie (et plus tard de Washington).

1798-1805. Une épidémie de fièvre jaune fait 12 000 morts.

1870. Fondation du Metropolitan Museum of Art.

1873. Inauguration de Central Park.

1883. Inauguration de Brooklyn Bridge, qui relie les villes, encore distinctes, de Brooklyn et de Manhattan.

1886. La France offre aux États-Unis la statue de la Liberté, œuvre du sculpteur Auguste Bartholdi.

1892-1954. Plus de 12 millions d'émigrants débarquent à Ellis Island, porte d'entrée des États-Unis.

1898. L'agglomération de New York naît du regroupement de Brooklyn, du Bronx, du Queens, de Staten Island et de Manhattan.

1920. Les années 1920 sont celles de la Prohibition, des bars clandestins, des descentes de police et de la renaissance de Harlem. C'est aussi l'ère du jazz.

7 novembre 1929. Inauguration du Museum of Modern Art de New York.

24 novembre 1929. Jeudi noir (suivi des lundi et mardi noirs). Krach qui entraîne la grande dépression des années 1930. Central Park se transforme en bidonville.

1930. Inauguration du Chrysler Building, qui sera pendant quelques mois l'édifice le plus haut du monde (319,9 m).

1931. Inauguration de l'Empire State Building (381 m), qui restera le plus haut gratte-ciel du monde jusqu'à la construction des tours du World Trade Center.

1939. Inauguration du Rockefeller Center.

1945. Naissance des Nations unies (ONU).

1960. Le Village devient le point de rencontre de toute une génération d'artistes, d'écrivains, de poètes et de musiciens.

1963. De la démolition de Pennsylvania Station naît un mouvement de préservation du patrimoine qui sauvera de nombreux édifices des promoteurs.

Années 1970. Décennie marquée par l'endettement de la ville et par l'insécurité. Seule bonne nouvelle : les loyers baissent et les artistes peuvent investir des ateliers et des espaces industriels.

1973. Les tours jumelles du World Trade Center sont les plus hautes du monde (526,3 m).

8 décembre 1980. John Lennon est assassiné devant l'immeuble Dakota, où il vivait avec son épouse Yoko Ono et leur fils Sean.

26 février 1993. Un attentat à la voiture piégée fait 6 morts et des milliers de blessés au World Trade Center.

1994. Rudolph Giuliani est élu maire de New York. Sous son mandat (1994-2001), la criminalité est éradiquée : New York devient la ville la plus sûre du pays.

11 septembre 2001. Des terroristes islamistes lancent deux avions contre les tours jumelles du World Trade Center, qui s'effondrent en laissant une gigantesque cicatrice. Près de 2 800 personnes périssent dans les attentats.

2003. Gigantesque panne d'électricité à New York.

2009. La crise financière provoque la suppression de milliers d'emplois et un tsunami économique qui touche les États-Unis avant de s'étendre à l'Europe.

2010. Mike Bloomberg est élu à la mairie pour la troisième fois, après avoir fait abroger la loi qui limitait le nombre des mandats.

2013. Élection du maire démocrate Bill de Blasio, aux politiques sociales progressistes, après plus de 20 ans de contrôle des républicains sur la ville.

2014. Inauguration de la tour One World Trade Center.

2016. Fief démocrate, New York accueille l'élection de Donald Trump à la présidence du pays par plusieurs manifestations d'importance.

LITTÉRATURE

Le mythe de New York a aussi été façonné par les écrivains

New York se place depuis toujours au centre de la vie littéraire américaine. Dans la capitale de l'édition, tout le monde semble en train d'écrire un livre et les lectures publiques remportent un franc succès. Ville de tous les possibles, la Grosse Pomme offre un réservoir d'intrigues inépuisables. Nombre d'écrivains ont d'ailleurs élu domicile en ville quand ils n'en sont pas originaires. Parmi eux, Paul Auster (*La Trilogie new-yorkaise* ; 1987), Philip Roth (*Portnoy et son complexe* ; 1973), Tom Wolfe (*Le Bûcher des vanités* ; 1987) ou Don DeLillo (*Cosmopolis* ; 2003).

Des innombrables romans consacrés à la Grosse Pomme se détachent quelques héros mémorables : Holden Caulfield, l'adolescent frondeur de *L'Attrape-Cœur* (J. D. Salinger ; 1951), Holly Golightly, l'héroïne de *Petit-Déjeuner chez Tiffany* (Truman Capote ; 1958) sublimée par Audrey Hepburn au cinéma, *Gatsby le Magnifique* (F. Scott Fitzgerald ; 1925) ou encore le yuppie psychopathe d'*American Psycho* (Bret Easton Ellis ; 1991). Suivre leurs pas permet d'appréhender la ville avant même d'y avoir posé le pied.

Certains quartiers entretiennent une histoire singulière avec la littérature comme Greenwich Village. De grands écrivains, dont Henry James, Herman Melville et Mark Twain, vivaient aux alentours de Washington Sq à la fin du XIXe siècle. Mais le quartier reste surtout associé aux années 1950 et 1960, quand les grandes figures de la Beat Generation, William Burroughs, Allen Ginsberg et Jack Kerouac, battaient en brèche le conformisme de l'Amérique puritaine. Au nord de la ville, Harlem a inspiré de grandes figures de la littérature afro-américaine, de James Baldwin (*La Conversion* ; 1952) à Chester Himes (la géniale série policière *Cercueil et Fossoyeur*), en passant par Toni Morrison, dont le roman *Jazz* (1992) explore l'histoire du quartier dans les années 1920. Brooklyn n'est pas en reste et a fourni le cadre de romans aussi divers que *Le Lys de Brooklyn* (Betty Smith ; 1943), *Last Exit to Brooklyn* (Hubert Selby ; 1964) ou *Les Orphelins de Brooklyn* (Jonathan Lethem ; 1999), qui offrent trois regards très différents sur ce *borough*.

MÉDIAS

Prendre le pouls de la ville comme un vrai New-Yorkais

S'il subit, comme tous les journaux, la concurrence d'Internet, *The New York Times* reste l'un des titres les plus prestigieux au monde.

The Wall Street Journal, d'orientation plus financière, appartient au magnat de la communication Rupert Murdoch, qui possède aussi l'agence Fox News et le *New York Post*, réputé pour ses titres chocs. Le *Daily News* est calqué sur le même modèle. *The Village Voice* est un hebdomadaire alternatif gratuit. Le *New York Press*, son concurrent, est mieux distribué. En revanche, méfiez-vous des "scoops" de *The Onion*, journal satirique à la véracité plus que douteuse.

Évidemment, dans une ville comme New York, la presse des différentes communautés est très importante : on trouve plus de 270 périodiques publiés en 40 langues.

Des hebdomadaires comme *The New Yorker* offrent la meilleure solution pour suivre l'actualité culturelle et lire des articles de qualité. Le gratuit *Time Out New York* est une source d'information pratique sur les restaurants et les sorties, et le *New York Magazine* donne à la fois des infos culturelles et des potins people.

Les studios d'ABC, de CBS, FOX et NBC sont situés à New York. C'est aussi le cas de beaucoup de télévisions câblées comme MTV, Fox News, HBO et Comedy Central. La chaîne d'information locale permanente NY1 News n'est disponible que sur le Time Warner Cable.

On peut aussi écouter WNYC (93.9 FM), radio publique diffusant actualités, musique et débats, et consulter le site Gothamist (www.gothamist.com).

À l'heure du numérique, les applications pour smartphones sont aussi un bon relais pour découvrir la ville : vous pouvez notamment télécharger I love NY, développée par l'office du tourisme de l'État de New York, qui procure une foule d'informations sur la ville, et Time Out New York, pour ne rien manquer de l'agenda culturel.

MUSÉES

Portes ouvertes sur la culture

L'entrée est libre dans quelques musées. D'autres sont gratuits certains jours et d'autres encore laissent le tarif à la discrétion du visiteur. Sélection.

Entrée libre ou sur don certains jours :

→ **Asia Society** (gratuit vendredi 18h-21h ; détails p. 150) ; **Botanical Garden** (Bronx ; gratuit mercredi toute la journée et samedi 9h-10h ; détails p. 176) ; **Brooklyn Botanic Garden** (gratuit lundi-vendredi nov-fév, vendredi après-midi toute l'année ; détails p. 199) ; **Brooklyn Children's Museum** (gratuit jeudi 14h-18h ; détails p. 200) ; **Brooklyn Museum** (gratuit jeudi 18h-22h et 1er samedi du mois 17h-23h ; détails p. 200) ; **Bronx Zoo** (gratuit mercredi ; détails p. 176) ; **Cooper-Hewitt National Design Museum** (sur don samedi 18h-21h ; détails p. 151) ; **Frick Collection** (sur don 1er vendredi du mois 18h-21h ; détails p. 150) ; **Historical Society** (sur don vendredi 18h-20h ; détails p. 157) ; **Isamu Noguchi Garden Museum** (sur don 1er vendredi du mois ; détails p. 213) ; **Japan Society** (gratuit vendredi 18h-21h ; détails p. 124) ; **Jewish Museum** (gratuit samedi 11h-17h45 ; détails p. 151) ; **Morgan Library** (gratuit vendredi 19h-21h ; détails p. 125) ; **MoMA** (gratuit vendredi 16h-20h ; détails p. 136) ; **Museum of Chinese in America** (gratuit 1er jeudi du mois ; détails p. 51) ; **Neue Gallery** (gratuit 1er vendredi du mois 18h-21h ; détails p. 149) ; **New Museum** (sur don jeudi 19h-21h ; détails p. 59) ; **Rubin Museum of Art** (gratuit vendredi 18h-22h ; détails p. 96) ; **Guggenheim Museum** (sur don samedi 17h-19h45 ; détails p. 149) ; **Whitney Museum of American Art** (sur don vendredi 19h-22h ; détails p. 97).

Libre participation :

→ **American Museum of Natural History** (détails p. 160) ; **El Museo del Barrio** (détails p. 151) ; **Italian American Museum** (détails p. 50) ; **Mmuseumm** (détails p. 47) ; **Museum of the City of New York** (détails p. 152) ; **Nicholas Roerich Museum** (détails p. 167) ; **Queens Museum of Art** (détails p. 214).

Entrée gratuite :

→ **Aperture Foundation** (détails p. 97) ; **Dwyer Cultural Center** (détails p. 171) ; **National Arts Club** (détails p. 107) ; **National Museum of the American Indian** (détails p. 26)

NATURE ET PLEIN AIR

Souffler loin de l'asphalte et du béton

Central Park (détails p. 162), plus grand parc de Manhattan, est bien sûr son poumon vert. D'une superficie de 341 hectares, il peut se parcourir à pied, à vélo (locations au Bike Rental Central Park) ou même en calèche (elle sont stationnées au sud du parc, entre 5th Ave et 6th Ave). D'avril à octobre, on peut louer des barques au Loeb Boathouse, au niveau de 72nd St, pour faire le tour du lac. Apportez pique-nique, Frisbee et ballons pour profiter des grandes pelouses ! Le zoo de Central Park est également très apprécié des enfants, même s'il est bien plus petit et moins varié que celui, magnifique, du Bronx (détails p. 176). Plus excentrés, **Prospect Park** (détails p. 201) à Brooklyn, avec son superbe jardin botanique, et **Inwood Hill Park** (détails p. 167), tout au nord de Manhattan, permettent également de souffler au calme.

L'eau qui entoure l'île de Manhattan donne l'occasion, elle aussi, d'échapper au brouhaha de la ville. Le **Downtown Boathouse** (détails p. 86) propose des activités en kayak gratuites sur l'Hudson de mai à octobre. La ligne Astoria de NYC Ferry (2,75 $) permet de rejoindre le **Gantry Plaza State Park** (détails p. 212), dans le Queens, qui offre en prime une vue imprenable sur l'Empire State et le Chrysler Building. Accessible en téléphérique et en métro, **Roosevelt Island** (détails p. 152) est une étonnante parenthèse plantée de pelouse et arborée, entre Manhattan et le Queens. **Governors Island** (détails p. 25) et **City Island** (détails p. 177) ne manquent pas non plus de charme, mais demandent plus de temps de trajet. Le **Pier 6 Park**, dans le quartier de Brooklyn Heights, est aussi un havre de paix pour qui souhaite contempler Manhattan au coucher du soleil.

Si vous avez le temps, n'hésitez pas à faire comme les New-Yorkais et à enfiler votre maillot de bain aux beaux jours pour vous rendre à la plage... en métro ! En empruntant la ligne A jusqu'à son terminus, Rockaway Park Beach, on arrive à de belles **plages** de sable face à l'Atlantique qui font le bonheur des familles et des surfeurs. **Coney Island** (détails p. 201), avec sa promenade et son parc d'attractions centenaire, est une belle excursion (prévoir la journée).

New York dispose également de son propre service de vélos en libre accès, le **Citibike**, avec des pass à la journée (12 $) ou pour 3 jours (24 $). Informations et plans des bornes sur www.citibikenyc.com.

ORIENTATION

S'orienter à Manhattan est chose facile

Les avenues vont du nord au sud et les rues, perpendiculaires aux avenues, vont d'est en ouest. Du nord au sud, on trouve donc les avenues suivantes : 1st, 2nd, 3rd, Lexington, Park, Madison, 5th, 6th ou Avenue of the Americas, 7th, 8th, 9th... jusqu'à 12th. Au niveau du parc, les avenues changent de nom : 8th devient Central Park West, 9th Colombus, 10th Amsterdam et 11th West End. 59th Street aussi se métamorphose en Central Park South.

Il faut rappeler aussi que 5th Avenue marque la séparation entre l'est et l'ouest et que les numéros se répètent de part et d'autre. On peut ainsi, par exemple, se trouver devant le n°40 de 40th St et ne pas trouver Bryant Park Hotel parce qu'on se trouve en fait dans East 40th St... Dans ce cas, il faudra traverser 5th Ave et se rendre dans West 40th St. Dans le Village, à Tribeca, à Chinatown, dans le Lower East Side et à Wall Street, les rues ont un nom. C'est aussi le cas à Brooklyn. Dans le Queens, la plupart des rues et des avenues suivent le système métrique.

Les New-Yorkais, et les promoteurs immobiliers en particulier, aiment inventer des noms à partir d'acronymes pour désigner les microquartiers. Les plus connus sont Soho (South of Houston), Nolita (North of Little Italy), Noho (North of Houston), Tribeca (Triangle Below Canal), Dumbo (District Under the Manhattan Bridge Overpass). À ceux-là, on peut ajouter Noha (North of Harlem), Soha (South of Harlem), Nomad (North of Madison Square Park) ou Sobro (South Bronx).

POPULATION

Les bases pour comprendre la ville qui ne dort jamais

Avec ses 8,622 millions d'habitants selon les estimations de 2017, New York est la plus grande ville des États-Unis. Bien que la capitale officielle soit Washington, New York reste le centre financier, culturel et médiatique du pays et la capitale de la mode et des arts. C'est en outre une ville importante pour ses universités et ses centres hospitaliers, ainsi que pour la diplomatie, puisque le siège des Nations unies se trouve sur 1st Avenue.

New York est formée de cinq districts : le Bronx, Brooklyn, Manhattan, Queens et Staten Island. Ceux-ci sont à leur tour divisés en quartiers. Manhattan est le plus touristique et considéré par la plupart des visiteurs comme le New York authentique.

Dès ses origines, la ville a été un important foyer d'immigration et elle se démarque par une population très diversifiée : 40% des New-Yorkais sont nés en dehors des États-Unis. Pour le comprendre, une visite s'impose au musée de l'Immigration d'Ellis Island. Plus de 12 millions d'Européens sont passés par là pour entrer aux États-Unis entre 1892 et 1924. En 1900, New York était la deuxième ville italienne après Rome, les Polonais y étaient plus nombreux que dans toutes les villes de Pologne excepté Varsovie. New York hébergeait le même nombre d'Irlandais que Dublin et la communauté juive la plus importante du monde. Bien que l'expression "melting-pot" soit née dans le Lower East Side, c'est aujourd'hui dans le Queens que l'on trouve la plus grande diversité de cultures, de religions et de langues (140 langues différentes).

PUCES ET FRIPES

FRIEDBERG / FOTOLIA ©

BRAD PICT / FOTOLIA ©

Découvrir les quartiers en chinant

Les New-Yorkais adorent se balader en chinant le week-end, et nombre de quartiers ont leur marché aux puces : **Brooklyn** (brooklynflea.com ; Brooklyn Flea Industry City : ⏲sam 10h-17h ; Manhattan Bridge Archway : ⏲dim 10h-17h), **Chelsea** (www.annexmarkets.com ; angle de West 25th St et de 6th Ave ; ⏲sam-dim 6h30-19h, entrée payante avant 17h 1-5 $), **Hell's Kitchen** (www.annexmarkets.com ; angle de West 39th St et de 9 th Ave ; ⏲sam-dim 9h-17h), **Upper West Side** (www.grandbazaarnyc.org ; 100 West 77th St, près de Columbus Ave ; ⏲dim 10h-17h30), **Queens** (www.licflea.com ; ⏲une fois par mois), **Williamsburg** (williamsburgfleamarket.com ; Wythe Ave, entre South 2nd St et South 3rd St ; ⏲dim 12h-18h)...

Les friperies sont légion à New York, mais certaines enseignes permettent de faire à la fois du shopping et une bonne action. Les magasins de **Housing Works** (www.housingworks.org ; voir p. 44 et p. 104) aident ainsi à soutenir les malades du sida. Au **Cancer Care Thrift Shop** (www.cancercare.org ; 1480 3rd Ave), on peut trouver des vêtements griffés dans les 100 $. Le **City Opera Thriftshop** (cityoperathriftshop.org ; 222 East 23rd St) soutient, quant à lui, la création artistique en reversant ses bénéfices à l'Opéra de New York. Le magazine *Vogue* l'a consacré "meilleure friperie de New York". On y trouve des vêtements pour hommes et pour femmes et des articles neufs, car bon nombre de stylistes qui ne parviennent pas à vendre leur collection préfèrent en faire don à ces organismes plutôt que de les brader.

SEX... AND THE CITY

Vingt ans après le premier épisode, la série a toujours ses fans

La projection de *Sex and the City* dans les salles a fait un carton, mais la critique est unanime : c'est la taille qui compte et, en l'occurrence, la série est bien mieux que le film. Elle n'a pas eu pour seule conséquence l'identification des femmes de New York et d'ailleurs aux héroïnes (Carrie, Charlotte, Samantha et Miranda), mais elle a également mis à la mode des restaurants, des bars et des boutiques. *Sex and the City* est devenu un véritable agenda des sorties. Il suffisait que les filles aillent dans un restaurant pour que, le lendemain, le carnet de réservation soit complet pour la semaine. Des agences de voyages ont commencé à proposer à leurs clients les itinéraires *Sex and the City*. Passage obligé de la série : la maison de Carrie. Bien qu'elle soit censée vivre dans l'Upper East Side, la petite maison de brique qui apparaît à l'écran est située dans West Village, plus précisément au 66 Perry St, non loin de la maison de Sarah Jessica Parker dans la vraie vie.

La bijouterie **Tiffany's** (727 5th Ave) a beaucoup réjoui les quatre amies. **Manolo Blahnik** (31 West 54th St) est devenu le chausseur officiel de Carrie, suivi de près par **Jimmy Choo** (Olympic Tower, 645 5th Ave). Quand Charlotte n'était pas avec ses amies ou en goguette pour trouver un mari, elle travaillait dans la galerie d'art **Louis K. Meisel Gallery** (141 Prince St). Dans l'un des épisodes, l'achat du désormais célèbre "rabbit" a fait fureur : les fans se sont elles aussi ruées vers **The Pleasure Chest** (aujourd'hui installé au 156 7th Ave).

Voici quelques bars et restaurants de la série :

→ **Sushi Samba** (87 7th Ave South), **ONieal's** (174 Grand St), **Central Park Boathouse** (72 Central Park West), **Blue Hill** (75 Washington Pl), **Balthazar Bakery** (80 Spring St), **Lombardi's** (32 Spring St), **Cafe Habana** (17 Prince St), **Cafeteria** (119 7th Ave), **Tomoe Sushi** (172 Thompson St), **Il Gattopardo** (13-15 West 54th St), **Russian Samovar** (256 West 52nd St) et **Bar Pitti** (268 6th Ave).

Consultez www.onthesetofnewyork.com pour plus de lieux de tournage.

SPEAKEASIES

Vestiges de la Prohibition

L'ambiance des *speakeasies*, ces bars clandestins du temps de la Prohibition, apparaît dans beaucoup de films, comme *Cotton Club*, de Francis Ford Coppola. Ces "clandés" sont toujours liés au jazz, aux excès et aux bagarres, aux descentes de police et aux amours de mafieux et de *flappers*, ces filles modernes et libérées des années 1920, facilement identifiables à leurs cheveux coupés court, à leur maquillage et à leurs jupes courtes pour l'époque.

Pendant la Prohibition, New York a compté près de 100 000 *speakeasies* à Harlem et dans le centre. Quelques-uns ont survécu depuis cette époque et on peut y commander un hamburger et une bière sans se faire épingler par Eliot Ness et ses hommes. Comme dans les films, on accède à **The Back Room** ("l'arrière-salle" ; 102 Norfolk St) par une série de couloirs glauques, dissimulée derrière les murs d'une société (Toy Compagny). **21 Club** (21 West 52nd St) a gardé son charme et est devenu un restaurant. **P. J. Clarke's** (p. 126) emploie l'un des meilleurs barmen de la ville et prépare de bons hamburgers (l'original est bien meilleur que celui qui est servi dans les autres établissements de la chaîne). Dans East Village, **William Barnacle Tavern** (p. 69) comptait Al Capone et John Dillinger parmi ses clients – comme le rappelle son petit musée –, et a conservé plusieurs éléments d'époque. Dans le Village, **Julius** (159 West 10th St) a d'abord été un *speakeasy* avant de devenir le repaire de Truman Capote et de Tennessee Williams. **Fanelli's Cafe** (p. 38), à Soho, est parfait pour prendre un sandwich et une bière. **McSorley's** (15 East 7th St) est un passage obligé pour les amateurs de bière et les poètes (E. E. Cummings lui dédia un texte). **The White Horse Tavern** (567 Hudson St) a été le lieu de rendez-vous de musiciens comme Bob Dylan ou Jim Morrison, mais son client le plus fidèle reste Dylan Thomas.

La tendance est aux bars ou restaurants installés dans des lieux improbables. Le bar à saké **Angel's Share** (p. 75) est dissimulé dans un restaurant japonais. Le **PDT** (p. 76) se cache derrière une cabine téléphonique. **Apothéke** (p. 54), dans une ruelle de Chinatown, est très couru. Rien n'annonce **Little Branch** (p. 89), si ce n'est une petite plaque fixée sur une porte banale. Pour dîner dans la salle secrète du restaurant **La Esquina** (p. 37), il faut réserver. Dans le Queens, n'hésitez pas à frapper à la porte, plutôt quelconque, du **Dutch Kills** (p. 219).

SPECTACLES

Quelques initiatives ont fait que les arts de la scène ne sont plus réservés aux privilégiés, certains spectacles de théâtre, de danse ou d'opéra sont accessibles à prix réduit, voire gratuits. Le dispositif **SummerStage** existe à New York depuis 1986. À l'origine, il ne concernait que Central Park, mais le concept s'est étendu pour finir par offrir des représentations gratuites dans les principaux espaces verts de chaque quartier. Vous trouverez sur le programme (www.cityparksfoundation.org/summerstage/) des spectacles de tous les styles et des artistes internationaux.

Free Shakespeare in the Park (www.publictheater.org) est un autre rendez-vous annuel organisé par le Public Theater. Les pièces classiques – de Shakespeare, mais aussi d'autres auteurs comme Tchekhov – sont données en plein air sur la scène magique du Delacorte Theater : les plus grands acteurs viennent y interpréter Hamlet, Othello ou Macbeth. Pour retirer ses places (gratuites et limitées à deux par personne), il faut faire la queue tôt le matin et attendre midi pour retirer les invitations délivrées pour le jour même. Il est aussi possible de jouer en ligne en enregistrant son adresse e-mail sur la page dédiée à la loterie sur le site.

Le **Metropolitan Opera** (p. 165) met en vente sur son site Internet (uniquement) quelques billets à 25 $. Les places sont disponibles chaque jour de représentation à midi : premier arrivé, premier servi ! Attention, ne confondez pas ces places et celles qui sont vendues au même prix pour assister au spectacle debout. Enfin, les **kiosques TKTS** (p. 142) vendent des billets à prix réduits pour les spectacles du soir.

Consultez également **The Skint** (www.theskint.com) et **Club Free Time** (www.clubfreetime.com) qui répertorient notamment les spectacles gratuits ou à petit prix en ville.

WOODY ALLEN

Personne n'a su mieux que lui exprimer la névrose des New-Yorkais

Woody Allen, incarnation parfaite du New-Yorkais, a témoigné de la transformation de sa ville dans des films qui sont devenus des classiques. Puisque à New York on ne sort généralement pas du quartier où on habite, le réalisateur n'en met le plus souvent en scène qu'un seul. Central Park reste une constante. Une bonne partie des lieux filmés existe toujours aujourd'hui, comme le supermarché **Dean and DeLuca** (560 Broadway) – à la seule différence que les patrons ne sont plus italiens mais japonais. Dans *Annie Hall*, Avy (Woody Allen) passe son enfance à Coney Island, qui sert également de décor à *Wonder Wheel* – le titre fait référence à la grande roue du célèbre parc d'attractions. Le **ferry de Staten Island** (p. 25), le **Lincoln Center** (p. 165), ou le temple de Dendur au **Metropolitan Museum** (p. 148) sont autant d'exemples de lieux que l'on peut croiser dans les films du réalisateur. D'autres "décors" sont parfois moins renommés. Ainsi, sur l'affiche de *Manhattan*, ce n'est pas le pont de Brooklyn qui est représenté, mais celui de Queensboro, vu depuis **Sutton Square** (dans 59th St près de l'East River).

Passionné de jazz, le réalisateur joue de la clarinette avec l'Eddy Davis New Orleans Jazz Band, qui se produit le lundi soir au café de l'**Hotel Carlyle** (www.rosewoodhotels.com ; 35 East 76th St), généralement entre janvier et juin – et lorsque l'orchestre n'est pas en tournée ou le réalisateur en tournage. Pour les fans de Woody Allen, c'est une occasion à ne pas manquer... mais l'addition est salée : comptez 120 $ pour une place au bar, auxquels il faut ajouter un minimum de 25 $ de consommations.

DORMIR

À New York, les prix des loyers ont grimpé en flèche, si bien que le développement de plateformes d'hébergement chez l'habitant va bon train. Conséquence : le prix des hôtels caracole lui aussi, les établissements justifiant leurs hausses de prix par leurs prestations professionnelles. On trouve néanmoins des bons plans, certes la plupart en dehors de Manhattan, qui permettent de s'éloigner des bruits et de la fureur d'une ville qui ne dort jamais et découvrir les lieux up-and-coming de New York.

En réservant très à l'avance et en étant flexible sur les dates, on peut dénicher de bonnes affaires sur les sites Web des hôtels ou sur les sites de réservation comme **www.booking.com** ou **www.budgetplaces.com**.

Il est important de bien se renseigner en réservant. Certains établissements ne disposent pas d'ascenseur, d'autres encore n'ont pas de service de petit-déjeuner. Il est préférable de connaître certains "euphémismes" classiques ; dans la plupart des cas, l'adjectif "européen" désigne un hôtel qui n'a pas été rénové, avec couvre-lits fleuris et salles de bains communes.

→ **La plupart des prix affichés par les hôtels n'incluent pas les taxes : vous devrez vous acquitter des taxes de l'État et de la ville (New York State Sales Tax, 4% du prix de base de la chambre, New York City Sales Tax, 4,5%, Metropolitan Commuter Transportation District Surcharge, 0,375%), de la taxe d'"occupation" de la chambre (Hotel Room Occupancy Tax, 5,875%) et d'un frais fixe de 1,50 $ par nuit. À prendre en compte lorsqu'on effectue sa réservation !**

Chaînes d'hôtels

CITIZEN M

Chaîne d'hôtels néerlandaise, CitizenM a ouvert deux adresses à New York. Le concept est simple : du luxe à bon prix, et une localisation très centrale (Times Square pour l'un, le Lower East Side pour l'autre).

www.citizenm.com ; chambre double à partir de 150 $, plus souvent autour de 220 $

POD

Des chambres petites mais fonctionnelles, gaies et soignées, un esprit jeune, un bar *rooftop* et des prix abordables : telle est la ligne directrice des trois Pod de la ville. Il y a généralement des prix intéressants en ligne pour une chambre le soir même.

www.thepodhotel.com ; chambre double à partir de 140 $

HOLIDAY INN EXPRESS

Cette marque d'InterContinental Hotels Group compte 5 établissements à Manhattan, bien situés pour visiter la ville. Le petit-déjeuner (buffet) est inclus dans le prix de la chambre.

Hlexpress.com ; chambre double à partir de 150 $

ALOFT

Spécialisée dans la création d'hôtels modernes et confortables à prix abordables, la chaîne compte 3 adresses à Manhattan – dont une à Chelsea en février 2019 –, ainsi que dans Brooklyn et le Queens. Technologie et fonctionnalité sont les maîtres mots. Snack en libre-service ouvert 24h/24.

aloft-hotels.marriott.com ; chambre double à partir de 190 $

Hôtels

SOHOTEL

NOLITA

Tout le charme d'une ancienne grande maison aristocratique – les bâtiments datent de 1718 –, le confort moderne en plus.

✆ 212-226-1482 ; www.thesohotel.com ; 341 Broome St, entre Bowery et Elizabeth St ; chambre double à partir de 149 $; Ⓢ J, M, Z Bowery ; 6 Spring St

BLUE MOON BOUTIQUE HOTEL

LOWER EAST SIDE

Décoration vintage et bohème en harmonie avec le style du quartier ; également 2 dortoirs de quatre lits, l'un mixte, l'autre réservé aux femmes.

✆ 347-294 4552 ; www.bluemoon-nyc.com ; 100 Orchard St, près de Delancey St ; dortoir à partir de 58 $/pers, chambre double à partir de 189 $; Ⓢ F, J, M, Z Delancey St-Essex St

SAINT MARKS HOTEL

EAST VILLAGE

Très bon rapport qualité/prix pour le quartier, idéal pour les noctambules de par la concentration de bars et de clubs aux alentours.

✆ 212-674 0100 ; stmarkshotel.net ; 2 Saint Marks Pl ; chambre double à partir de 140 $, taxes incluses ; Ⓢ 6 Astor Pl

THE JANE

WEST VILLAGE

Logé dans un édifice historique, cet hôtel tout proche de l'Hudson rappelle l'ambiance des voyages en train au XIXe siècle.

✆ 212-924 6700 ; www.thejanenyc.com ; 113 Jane St, près de West St ; chambre simple à partir de 99 $; Ⓢ A, C, E 14th St

WASHINGTON SQUARE HOTEL

WEST VILLAGE

Cette adresse discrète est réputée pour son emplacement – en plein cœur du Village –, et son restaurant, l'un des meilleurs du quartier.

✆ 212-777 9515 ; www.washingtonsquarehotel.com ; 103 Waverly Pl, près de Macdougal St ; d à partir de 270 $ taxes incluses ; Ⓢ A, B, C, D, E, F, M 4th St-Washington Sq

THE MARCEL AT GRAMERCY

GRAMERCY PARK

Un établissement bien situé dans une rue calme à la décoration moderne et élégante. Le toit-terrasse avec vue sur l'Empire State Building est un atout.

✆ 212-696 3800 ; www.themarcelatgramercy.com ; 201 East 24th St, près de 3rd Ave ; chambre double à partir de 289 $; Ⓢ 6 23rd St

YOTEL

MIDTOWN WEST

Proche de Times Square, un hôtel "de luxe à prix abordable" au style contemporain, mais à l'accueil automatisé et impersonnel. Agréable bar sur le vaste toit-terrasse.

✆ 646-499 7700 ; www.yotel.com ; 570 10th Ave, près de 42nd St ; chambre double à partir de 179 $; Ⓢ A, B, C 42nd St/Port Authority Bus Terminal

DISTRIKT HOTEL

MIDTOWN WEST

Un accueil chaleureux, des chambres modernes et confortables, une décoration réussie mais un emplacement certes bien desservi mais peu attrayant, près de Port Authority.

✆ 212-706 6100 ; www.distrikthotel.com ; 342 West 40th St, entre 8th Ave et 9th Ave ; chambre double à partir de 169 $; Ⓢ A, B, C 42nd St/Port Authority Bus Terminal

WASHINGTON JEFFERSON HOTEL

MIDTOWN WEST

Un hôtel milieu de gamme confortable avec les avantages de Times Square, le bruit et le flot de touristes en moins. Intéressants tarifs en ligne pour le soir même.

✆ 212-246 7550 ; www.wjhotel.com ; 318 West 51st St, entre 8th Ave et 9th Ave ; chambre double à partir de 140 $; Ⓢ C, E 50th St ; 1 50th St ; N, Q, R 49th St

414 HOTEL

MIDTOWN WEST

Une excellente alternative aux grandes chaînes de Midtown, avec sa petite cour intérieure arborée et ses prix raisonnables.

✆ 212-399 0006 ; www.414hotel.com ; 414 West 46th Street, entre 10th Ave et 11th Ave ; chambre double à partir de 199 $; Ⓢ A, C 42nd St ; E 50th St

NYMA

MIDTOWN WEST

Un petit hôtel de style contemporain niché en plein Korea Town, avec des chambres bien équipées à prix raisonnable.

✆ 212-790 2710 ; www.thenewyorkmanhattanhotel.com ; 6 West 30nd St, près de 5th Ave ; chambre double à partir de 160 $; Ⓢ B, D, F, R, N, Q, M 34th St/Herald Sq

HOTEL WOLCOTT

MIDTOWN WEST

Un hôtel centenaire qui a gardé une partie de sa splendeur, bien que la décoration des chambres soit plutôt basique. Difficile de dormir aussi près de l'Empire State dans un hôtel de ce standing pour un prix aussi raisonnable.

✆ 212-268 2900 ; www.wolcott.com ; 4 West 31st St, entre 5th Ave et Broadway ; chambre double à partir de 150 $; Ⓢ N, R 28th ; 6 33rd St ; B, D, F, M, N, Q, R 34th St-Herald Sq

VICEROY

UPPER EAST SIDE

Tout proche de 5th Avenue, ce boutique-hôtel chic inspiré des années 1960 offre une superbe vue sur Central Park depuis son bar perché sur le toit.

✆ 212-830 8000 ; www.viceroyhotelsandresorts.com ; 120 West 57th St, entre 6th Ave et 7th Ave ; chambre double à partir de 260 $; Ⓢ N, R, Q 57th St-7 Ave

HOTEL BELLECLAIRE

UPPER WEST SIDE

Un hôtel chic et abordable situé dans un bâtiment historique classé d'un des plus beaux quartiers résidentiels de la ville.

✆ 212-362 7700 ; www.hotelbelleclaire.com ; 250 West 77th St, à hauteur de Broadway Ave ; chambre double à partir de 160 $; Ⓢ 1 79th St

BOX HOUSE HOTEL

GREENPOINT, BROOKLYN

Un ensemble de lofts meublés, modernes et spacieux dans le quartier de Greenpoint pouvant accueillir jusqu'à 6 personnes.

✆ 718-383 3800 ; www.theboxhousehotel.com ; 77 Box St, à hauteur de Pulaski

Bridge ; chambre à partir de 240 $/nuit ; Ⓢ 7 Vernon Blvd/ Jackson Ave ; G Greenpoint Ave

UNION HOTEL

DOWNTOWN BROOKLYN

Un tout petit hôtel au design impeccable et au très bon rapport qualité/ prix, idéal pour un séjour loin du bruit et de la fureur de Manhattan.

✆ 718-403 0614 ; www.unionhotelbrooklyn.com ; 611 Degraw St, près de 3rd Ave ; chambre double à partir de 90 $; Ⓢ R Union St

RAVEL HOTEL

QUEENS

Une situation idéale à deux pas de Manhattan, des chambres spacieuses décorées avec goût, un *rooftop* avec vue imprenable sur la ville, une salle de sport et une piscine, le tout à prix raisonnable... mais dans une zone industrielle plutôt triste.

✆ 718-289 6101 ; www.ravelhotel.com ; 8-08 Queens Plaza South ; chambre double à partir de 120 $; Ⓢ F 21st-Queensbridge

TRUCK-A-FLOAT

QUEENS

Quatre cabanes flottantes au confort sommaire, orientées vers la baie pour observer les oiseaux de la réserve de Dubos Point... et les avions de l'aéroport JFK. À 45 minutes de Manhattan.

www.truckafloat.com ; 59-14 Beach Channel Dr, Rockaway Beach ; cabane 2 personnes à partir de 80 $; Ⓢ A Beach 60th St

Auberges de jeunesse

BOWERY HOUSE

NOLITA

Une auberge de jeunesse haut de gamme mais assez bruyante, qui occupe un ancien hôtel ouvert en 1927. Beau salon design et "jardin" sur le toit.

✆ 212-837 2373 ; www.theboweryhouse.com ; 220 Bowery, entre Prince St et Spring St ; chambre double à partir de 140 $; Ⓢ J, Z Bowery

CHELSEA HOSTEL

CHELSEA

Un bon plan pour être au plus près des quartiers les plus intéressants de New York, sans (trop) se ruiner. Chambres petites, basiques mais propres.

✆ 212-647 0010 ; www.chelseahostel.com ; 251 West 20th St, entre 7th Ave et 8th Ave ; dortoir à partir de 40 $, chanbre double à partir de 80 $; Ⓢ 1, 2 23rd St ou 18th St

JAZZ ON THE PARK

UPPER WEST SIDE

Les prestations sont basiques et la propreté des douches communes laisse parfois à désirer, mais les prix sont parmi les plus attrayants de la ville.

✆ 212-932 1600 ; www.jazzhostels.com ; 36 West 106th St, entre Central Park et Manhattan Ave ; dortoir à partir de 45 $, chambre double à partir de 135 $; Ⓢ C 103rd St

BROADWAY HOTEL AND HOSTEL

UPPER WEST SIDE

Non loin de Central Park, un "budget hotel" au calme près de Central Park, au mobilier simple mais à la literie récente et impeccable. Accueil chaleureux et ambiance conviviale.

✆ 212-865 7710 ; www.broadwayhotelnyc.com ; 230 West 101st St, près de Broadway ; dortoir à partir de 55 $, chambre double à partir de 110 $; Ⓢ 1 103 St

HI NEW YORK CITY HOSTEL

HARLEM

À seulement deux *blocks* de Central Park West, cet établissement de 420 lits est une bonne option pour goûter aux charmes de l'Upper West Side sans se ruiner.

✆ 212-932 2300 ; www.hinewyork.org ; 891 Amsterdam Ave ; dortoir à partir de 49 $; Ⓢ B, C 103rd St ; 1 101st St

GUEST ROOMS AT THE GREENPOINT YMCA

GREENPOINT, BROOKLYN

Une auberge au confort basique proche de nombreux bars et restaurants, et une solution économique à 20 minutes en métro d'Union Square. Piscine, sauna et salle de sport.

✆ 212-912 2260 ; www.ymcanyc.org ; 99 Meserole Ave, Brooklyn ; chambre double à partir de 87 $; Ⓢ G Greenpoint Ave ou Nassau Ave

NY MOORE HOSTEL

WILLIAMSBURG, BROOKLYN

Avec ses murs couverts de graffitis, cette adresse d'East Williamsburg reprend les codes de cet ancien quartier industriel. Cuisine collective ; ordinateurs à disposition.
☎ 347-227 8634 ; www.nymoorehostel.com ; 179 Moore St, près de Bushwick Ave ; dortoir à partir de 27 $/pers ; chambre triple à partir de 70 $/personne ; Ⓢ L Montrose Ave

LOCAL NY

LONG ISLAND CITY, QUEENS

À une station de Manhattan, cette adresse au milieu d'un quartier d'entrepôts a conservé son charme brut. Bar sur le toit et vue sur Manhattan.
☎ 347-738-5251 ; thelocalny.com ; 13-02 44th Ave, près de 11th St ; dortoir à partir de 40 $, chambre double à partir de 160 $; Ⓢ E, M Court Sq-23rd St

B & B

COLONIAL HOUSE INN

CHELSEA

Une jolie *brownstone* aux chambres simples mais très propres, qui abrite également deux belles suites avec cuisine, ainsi qu'une galerie d'art contemporain.
☎ 212-243 9669 ; www.colonialhouseinn.com ; 318 West 22nd St, près de 8th Ave ; chambre double à partir de 130 $; Ⓢ C, E 23rd St

CHELSEA INN

CHELSEA

Un très bon choix pour vivre dans la partie victorienne de Chelsea. Les suites/studios sont idéals pour les couples avec de jeunes enfants.
☎ 212-645 8989 ; www.chelseainn.com ; 46 West 17th St, entre 5th Ave et Ave of the Americas ; chambre double à partir de 150 $; Ⓢ F, M, L, 1, 2, 3 14th St-6th Ave ; N, R 23rd St-Broadway

THE HARLEM FLOPHOUSE

HARLEM

Dans le Harlem historique, cette *brownstone* cache un B&B plein de caractère, aux moulures anciennes et au mobilier éclectique, mais où la climatisation fait défaut.
☎ 347-632 1960 ; harlemflophouse.com ; 242 West 123rd St, entre Frederick Douglass Blvd et Adam Clayton Powell Jr Blvd ; chambre double à partir de 99 $; Ⓢ A, C, B, D 125th St

SOUL FOOD

HARLEM

Une vingtaine de chambres très calmes réparties dans deux *brownstones* à deux pas du Marcus Garvey Memorial Park. Excellent petit-déjeuner, servi dans la grande salle du rez-de chaussée.
☎ 212-222 1498 ; soulfoodharlem.com ; West 120th St, entre Lenox Ave et 5th Ave ; chambre double à partir de 95 $; Ⓢ A, B, C, D 125th St

SAN FERNIN B&B AND APARTMENTS

HARLEM

Cette jolie *brownstone* tenue par un couple d'Espagnols très sympathiques abrite des chambres doubles ou triples soigneusement décorées et un appartement de trois chambres. Accueil chaleureux et confort "comme à la maison" à 12 minutes en métro de Times Square.
☎ 917-940 2686 ; www.sanferminapartmentsny.com ; 195 Edgecombe Ave, entre 143rd St et 144th St ; chambre double à partir de 100 $; Ⓢ A, C 145th St

LEFFERTS MANOR B&B

PROSPECT PARK, BROOKLYN

Cet immeuble de 4 étages reconverti en B&B donne un bon aperçu du charme des *brownstones* brooklynites qui bordent Prospect Park. Petit-déjeuner en supplément (15 $). À 10 minutes du métro.
☎ 347-448 5985 ; www.leffertsmanor-bedandbreakfast.com ; 80 Rutland Rd, entre Bedford Ave et Flatbush Ave ; chambre double à partir de 99 $; Ⓢ B, Q Prospect Park

Appartements

Si vous envisagez de rester à New York au-delà d'un week-end, si vous souhaitez préparer vous-même vos repas, ou si vous voyagez à plusieurs, la location d'appartement peut être intéressante. Toutefois, louer un appartement sur Internet peut se révéler risqué. Le site de petites annonces Craigslist recense de vraies offres, mais aussi des escroqueries. Certains voyageurs ont eu la mésaventure de louer des hébergements qui n'existaient pas ; d'autres ont dû débourser des sommes exorbitantes. Il ne faut en aucun cas accepter de payer davantage qu'un modeste acompte avant d'avoir vu l'appartement. Outre les sites les plus connus (Airbnb, Homelidays, Abritel et Only Apartments), il existe des agences qui jouent la transparence à des prix raisonnables. Examinez attentivement les contrats proposés (montant de la caution, délai de restitution, "options", telles que le ménage, parfois obligatoires, etc.).

AKA

www.stayaka.com

Large éventail d'appartements à louer (séjour minimum d'une semaine). Les prix sont équivalents à ceux d'un hôtel du centre de Manhattan, mais les appartements sont assez grands pour accueillir un groupe d'amis.

COUCHSURFING.ORG

www.couchsurfing.org

Vaste réseau de canapés sur lesquels on peut dormir gratuitement. Les logements peuvent être excentrés et le confort assez sommaire.

FLIPKEY

www.flipkey.com

Ce service du site de voyages TripAdvisor permet aux particuliers de mettre en location tout ou une partie de leur logement.

GUEST TO GUEST

www.guesttoguest.fr

Un service d'échange de logement entre particuliers, avec assurance habitation et rapatriement.

CARNET PRATIQUE

ARRIVER À NEW YORK

JOHN F. KENNEDY INTERNATIONAL AIRPORT

Plus important aéroport de la ville, **JFK** (jfkairport.com) se situe à 24 km de Midtown dans le sud-est du Queens. Différentes solutions pour gagner la ville (du moins cher au plus cher) :

AirTrain + métro L'**AirTrain** (www.panynj.gov/airtrain/ ; 5 $, à payer avec la MetroCard) dessert tous les terminaux et relie JFK au métro. Prenez-le jusqu'à la station Howard Beach-JFK Airport pour emprunter la ligne A qui traverse Brooklyn et se poursuit dans Manhattan, ou bien jusqu'à Sutphin Blvd-Archer Ave (Jamaica Station) pour prendre les lignes E, J ou Z vers le Queens et Manhattan. Comptez 2,75 $ de métro jusqu'à Manhattan, et 1 heure 30 de trajet en tout.

AirTrain + Long Island Rail Road Sans doute le meilleur compromis entre temps et coût. De l'aéroport, prenez l'AirTrain (voir ci-dessus) jusqu'à Jamaica Station. De là, les trains du LIRR desservent fréquemment Penn Station, à Manhattan, ou Atlantic Terminal, à Brooklyn (près de Fort Greene, Boerum Hill et le Barclay Center). Le trajet prend environ 20 minutes. Le billet pour Penn Station ou Atlantic Terminal coûte 7,50-10,25 $.

Bus express Le **NYC Airporter** (www.nycairporter.com ; ⌚11h-19h) pour Manhattan (Grand Central)/JFK/aller-retour coûte 19/18/35 $.

Minibus et navettes Les minibus collectifs, comme ceux de **Super Shuttle Manhattan** (www.supershuttle.com), coûtent 20-26 $ par personne, en fonction de la destination.

Taxi Depuis JFK, les taxis appliquent un prix fixe de 52 $ pour Manhattan, quelle que soit la destination (péage et pourboire non compris). Le trajet en taxi jaune entre Manhattan et l'aéroport peut prendre de 45 minutes à 1 heure ; le prix de la course dépend de la circulation (il avoisine souvent les 60 $). Entre JKF et Brooklyn, le prix de la course devrait s'échelonner entre 45 $ (Coney Island) et 65 $ (centre de Brooklyn). À noter que les ponts de Williamsburg, Manhattan, Brooklyn et Queensboro-59th St sont gratuits, alors qu'il vous en coûtera 8 $ pour rallier Manhattan via le Queens-Midtown Tunnel ou le Hugh L. Carey Tunnel (ou Brooklyn-Battery Tunnel).

Voiture de location Depuis l'aéroport, contournez la pointe sud de Brooklyn par la Belt Parkway en direction de l'I-278 (la voie express Brooklyn-Queens Expressway ou BQE), ou bien empruntez l'I-678 (Van Wyck Expressway) en direction de l'I-495 (Long Island Expressway ou LIE), qui rejoint Manhattan par le Queens-Midtown Tunnel.

LAGUARDIA AIRPORT

Principalement consacré aux vols intérieurs, **LGA** (laguardiaairport.com) est à 13 km du centre de Manhattan. Pour rejoindre la ville (du moins cher au plus cher) :

Métro + bus LGA est l'aéroport le moins accessible par les transports en commun. En métro, la meilleure option est la station 74th St–Broadway (ligne 7, ou lignes E, F, M et R en changeant à Jackson Heights-Roosevelt Ave), dans le Queens. De là, prenez le bus Q70 Express Bus jusqu'à l'aéroport (environ 10 minutes). Autre option, le bus M60 pour l'aéroport marque de nombreux arrêts dans le

Nouvelle réglementation

Les appareils électroniques déchargés ne sont plus autorisés en cabine dans les vols à destination des États-Unis. Smartphone, tablette, ordinateur portable ou appareil photo numérique : assurez-vous d'avoir rechargé les batteries de vos appareils avant de passer les contrôles de sécurité ou glissez-les dans votre bagage en soute sous peine de confiscation.

nord de Manhattan et à Harlem. Il s'arrête notamment à la station Astoria Blvd (métro N/W), et à la station 125 St-Lexington Ave (lignes 4/5/6). Comptez au minimum 1 heure 20 de trajet pour rejoindre Midtown.

Bus express Le **NYC Airporter** (www.nycairporter.com ; 11h-19h) pour LGA coûte 16/30 $ aller/aller-retour. À Manhattan, il dessert Grand Central et Times Square (retour par Grand Central uniquement). Comptez 1 heure de trajet.

Minibus et navettes Les minibus collectifs, comme ceux de **Super Shuttle Manhattan** (www.supershuttle.com), coûtent autour de 20 $ par personne, en fonction de la destination.

Taxi Comptez environ 45 $ et 30 minutes pour vous rendre à Manhattan. Si votre chauffeur emprunte le Queens-Midtown Tunnel, comptez 8,50 $ supplémentaires.

Voiture de location Depuis l'aéroport, prenez la Grand Central Expressway vers la BQE (Brooklyn-Queens Expressway ou I-278), puis en direction du Queens-Midtown Tunnel en passant par la LIE (Long Island Expressway ou I-495). Pour rejoindre le sud de Manhattan, restez sur la BQE et prenez le Williamsburg Bridge (gratuit).

NEWARK LIBERTY INTERNATIONAL AIRPORT

Lorsque vous vous renseignez sur les prix des vols, n'oubliez pas le New Jersey. Situé à 26 km de Midtown – comme JFK –, Newark Liberty (EWR) accueille près de 36 millions de passagers par an. Pour gagner la ville, du moins cher au plus cher :

Bus + train Un peu moins pratique que le train (voir ci-dessous), le bus n°62 (toutes les 10 ou 20 minutes) relie l'aéroport à Newark Penn Station (20 minutes ; 1,60 $), où vous pourrez emprunter le NJ Transit pour Penn Station à New York (5,25 $).

Train La **NJ Transit** (www.njtransit.com) propose un service (avec correspondance en AirTrain) entre Newark et la gare Penn Station, à New York, à 13 $ l'aller. Ce train de banlieue passe toutes les 20 ou 30 minutes entre 4h20 et 1h20, et met 25 minutes. En direction de l'aéroport, conservez votre ticket que vous devrez montrer à la sortie pour pouvoir emprunter l'AirTrain.

Bus express Le **Newark Liberty Airport Express** (www.newarkairportexpress.com) relie l'aéroport et la gare routière de Port Authority (Port Authority Bus Terminal), Bryant Park et Grand Central Terminal dans Midtown (17/30 $ aller/aller-retour). Le trajet dure 45 minutes et un bus part toutes les 20 minutes de 9h à 23h (et toutes les 30 min de 4h15 à 9h et de 23h à 2h20).

Minibus et navettes Les minibus collectifs, comme ceux de **Super Shuttle Manhattan** (www.supershuttle.com), coûtent autour de 23 $ par personne, en fonction de la destination.

Voiture avec chauffeur/taxi Les compagnies de voitures facturent autour de 55 $ le trajet de 45 minutes

Agences et comparateurs en ligne

Vous pouvez réserver votre vol via une agence en ligne ou vous renseigner auprès d'un comparateur :

- www.bourse-des-vols.com
- www.ebookers.fr
- www.expedia.fr
- www.govoyages.com
- www.illicotravel.com
- www.kayak.fr
- www.opodo.fr
- www.skyscanner.fr
- voyages.kelkoo.fr
- www.oui.sncf

jusqu'à Midtown – à peu près comme les taxis. Vous devrez payer pour traverser le Lincoln Tunnel (à la hauteur de 42nd St) ou le Holland Tunnel (à la hauteur de Canal St) pour rejoindre Manhattan depuis le New Jersey (15 $).

Voiture de location
Depuis l'aéroport, rejoignez l'I-78 (payante), qui traverse Jersey City avant d'emprunter le Holland Tunnel (15 $).

DEPUIS LA FRANCE

Au départ de Paris, comptez en moyenne 8 heures de vol à l'aller et 7 heures au retour. Les tarifs varient selon la période de l'année ; de 500 € (en basse saison) à plus de 800 € l'aller-retour. Lors de nos recherches, la compagnie low cost **Norwegian** (www.norwegian.com/fr/) proposait des vols directs Paris-New York à partir de 380 € aller-retour en réservant bien à l'avance, tout comme **OpenSkies** (filiale de British Airways), et la compagnie **Level** (www.flylevel.com) ouvrait une ligne directe Paris-New York. Les compagnies ci-dessous sont susceptibles d'offrir des vols à des prix intéressants :

Air France (www.airfrance.fr)
American Airlines (www.americanairlines.fr)
British Airways (www.britishairways.com)
Delta Airlines (www.delta.com)
easyJet (www.easyjet.com) Vols avec correspondance à Londres-Gatwick
United (www.united.com)
XL Airways (www.xl.com)

DEPUIS LA BELGIQUE

Depuis la Belgique, les tarifs sont peu ou prou identiques à ceux pratiqués en France. Outre la compagnie belge **Brussels Airlines** (www.brusselsairlines.com/fr-fr/), vous pouvez contacter les compagnies citées ci-dessus ou vous adresser aux agences **Airstop** (www.airstop.be/fr) ou **Connections** (www.connections.be).

DEPUIS LA SUISSE

Selon la saison, vous pourrez trouver des billets au départ de Genève pour environ 800 FS. **STA Travel** (www.statravel.ch) vous renseignera. En outre, deux compagnies, **Swiss** (www.swiss.com) et **United** (www.united.com), proposent de nombreux vols depuis Zurich vers l'aéroport JFK et depuis Genève vers l'aéroport de Newark.

DEPUIS LE CANADA

Pour parcourir les 523 km qui séparent Montréal de New York, comptez en moyenne 1 heure 30 de vol. Vous pourrez trouver des billets aux alentours de 350 à 400 $C. De nombreuses compagnies assurent des vols réguliers Montréal-New York au départ de l'aéroport international Pierre Elliott Trudeau.

Vous pouvez contacter :
Air Canada (www.aircanada.com)

American Airlines (www.americanairlines.fr) **Expedia** (www.expedia.ca)

Bon marché (110-130 $ A/R), les trajets en bus sont longs et fatigants (7-10 heures). Contactez **Greyhound** (www.greyhound.ca) et **Megabus** (www.megabus.com).

Enfin, en voiture, prenez la route 15 Sud depuis le Québec, puis, après la douane, suivez la New York State Thruway (route 87), payante. Le George Washington Bridge donne accès directement à Manhattan. Trajet d'environ 6 heures 30.

COMMENT CIRCULER

À PIED

→ **Idéal pour...** explorer les quartiers pittoresques comme West Village, East Village, Chinatown et Soho.

Oubliez le métro, le taxi et le bus : New York ne se découvre vraiment que si l'on prend le temps de fouler ses trottoirs. Pensez à prendre de bonnes baskets : le confort prévaut sur l'esthétisme quand il s'agit de parcourir le bitume !

Broadway se déploie le long de Manhattan, sur près de 22 km. Traverser l'East River sur la voie piétonne du Brooklyn Bridge est un incontournable à New York. Enfin, les sentiers de Central Park peuvent conduire dans des poches arborées où l'on ne voit ni n'entend plus la ville.

À VÉLO

→ **Idéal pour...** découvrir Manhattan, Brooklyn et le Queens aux beaux jours.

Métro : mode d'emploi

Numéros, lettres, couleurs

Chaque ligne de métro possède une couleur et une lettre ou un numéro. Les trains de la même couleur empruntent les mêmes voies, suivant généralement le même itinéraire dans Manhattan avant de bifurquer dans d'autres *boroughs*.

Train express ou omnibus ?

Sur chaque ligne de couleur circulent des trains locaux et des trains express ; ces derniers n'effectuent que certains arrêts à Manhattan (signalés par un cercle blanc sur les plans du métro). Si vous parcourez une grande distance, mieux vaut prendre le train express (généralement, juste de l'autre côté du quai) pour gagner du temps.

Trouver la bonne station

Certaines stations ont des entrées séparées selon la destination, nord (*uptown*) ou sud (*downtown*). En cas d'erreur, montez dans la rame jusqu'à une prochaine station où vous pourrez changer gratuitement – ce qui évite de perdre 2,75 $ en ressortant pour entrer dans la bonne station (souvent de l'autre côté de la rue). Repérez les lumières en haut des escaliers de chaque bouche de métro ; vert signifie que la station est toujours ouverte, rouge signale que cette entrée sera fermée à certaines heures, généralement la nuit.

Le week-end

Tout est chamboulé le week-end, certaines lignes fusionnent, d'autres sont supprimées, certains arrêts sont marqués et d'autres non. Sur les quais, habitants comme touristes sont déboussolés. Consultez les horaires du week-end sur www.mta.info. Les affiches ne sont parfois visibles qu'une fois arrivé sur le quai.

Titres de transport

Il existe 2 types de MetroCard (✆718-330-1234 ; www.mta.info/metrocard). **Avec la carte "pay-per-ride", chaque trajet coûte 2,75 $, mais la Metropolitan Transportation Authority (MTA) ajoute 5% de crédit aux MetroCards de 5,50 $ et plus. (En achetant une carte de 20 $, vous aurez 21 $ de crédit.) Si vous comptez souvent utiliser le métro, vous pouvez également acheter une carte illimitée "unlimited ride" (32/121 $ pour 7/30 jours).**

La MetroCard fonctionne dans les bus et le métro (et les correspondances de l'un à l'autre sont gratuites).

Des centaines de kilomètres de pistes cyclables ont vu le jour ces dix dernières années et la ville a lancé en 2013 son système de vélos en libre-service, **Citi Bike** (www.citibikenyc.com ; pass 1/3 jours 12/24 $). Les 30 premières minutes de chaque trajet sont gratuites (4 $ chaque quart d'heure supplémentaire).

BATEAU

→ Idéal pour... visiter la statue de la Liberté et photographier la *skyline*.

Les bateaux jaunes de **New York Water Taxi** (✆212-742 1969 ; www.nywatertaxi.com ; circuit avec montée et descente libres 1/2 jours adulte 37/42 $, enfant 31/36 $) sont un moyen de transport intéressant, avec 6 arrêts à Manhattan et Brooklyn.

New York Waterway (✆800-533 3779 ; www.nywaterway.com ; prix selon destination) propose des services réguliers sur l'Hudson ; **NYC Ferry** (www.ferry.nyc ; billet 2,75 $) fait de même sur l'East River et jusqu'à Rockaway.

Le **Staten Island Ferry** (p. 25), qui relie l'île à Manhattan, est gratuit.

BUS

→ Idéal pour... profiter de l'atmosphère de la ville.

Comme le métro, les bus sont gérés par la MTA. Leur système de tickets est le même.

Les bus express circulent du nord au sud le long des avenues à l'est de la ville. Achetez votre ticket à l'avance.

Les bus urbains portent le numéro de la rue qu'ils parcourent.

MÉTRO

→ Idéal pour... traverser la ville sans se soucier des embouteillages.

Avec 1 062 km de voies, le métro de New York, géré par la **Metropolitan Transportation Authority** (MTA ; ✆718-330 1234 ; www.mta.info), fonctionne 24h/24. C'est le moyen le plus rapide de se déplacer (trajet à partir de 2,75 $).

Bus et métros utilisent la MetroCard, disponible et rechargeable aux guichets automatiques dans toutes les stations. Vous pouvez payer en espèces ou par CB. Sélectionnez "Get new card" et suivez les indications (voir ci-contre pour le choix de la carte).

Procurez-vous un plan aux guichets. Au moindre doute, demandez de l'aide : la solidarité entre usagers du métro n'est pas un vain mot dans cette ville. N'oubliez pas de prêter attention aux annonces sonores (changements de trajets, arrêts non desservis...).

TAXI

→ Idéal pour... se rendre à l'aéroport ou en revenir avec des bagages.

La Taxi & Limousine Commission (TLC) a fixé le prix des courses en taxi : 2,50 $ pour la prise en charge (0,2 mile, soit les 320 premiers mètres), puis 50 ¢ tous les 320 m et par minute à l'arrêt dans les embouteillages. Un supplément de 1 $ est appliqué pendant les heures de pointe (16h-20h en semaine) et de 50 ¢ la nuit (20h-6h), ainsi qu'un supplément de 50 ¢ par course, imposé par l'État.

Un pourboire de 10 à 15% est attendu, mais n'hésitez pas à donner moins si le service n'était pas à la hauteur et demandez un reçu pour pouvoir noter le numéro de la plaque du chauffeur.

La TLC possède un règlement contenant les droits du passager, qui vous donne la possibilité d'indiquer le chemin que vous souhaitez prendre, lui demander de ne pas fumer ou d'éteindre la radio. On ne peut vous refuser une course en raison de la destination.

Les services de VTC sont une autre solution, notamment en périphérie.

Comme les New-Yorkais

→ Hélez un taxi uniquement si son voyant lumineux du milieu est allumé. En revanche, si les lumières sur les côtés sont allumées, le taxi n'est pas en service. Sachez que certains chauffeurs terminent leur service autour de 16h30-17h : il est plus difficile d'en trouver à cette heure de la journée – et lorsqu'il pleut.

→ Parmi les piétons sur le trottoir, comportez-vous comme un véhicule : marchez au même rythme que la foule et arrêtez-vous sur le côté si vous devez sortir votre plan. La plupart des New-Yorkais respectent l'espace personnel, mais ils vous percuteront sans s'excuser si vous gênez le passage. Vous n'êtes pas obligé de suivre l'indication "walk", traversez simplement lorsqu'il n'y a pas de voiture.

→ Dans le métro, laissez les passagers descendre avant de monter, puis grimpez rapidement.

INFOS PRATIQUES

ARGENT

→ **Conseil** Le dollar américain est l'unique devise acceptée à New York. Si les cartes bancaires sont largement acceptées, il est prudent d'avoir aussi des espèces.

DISTRIBUTEURS AUTOMATIQUES DE BILLETS (DAB)

Vous trouverez des DAB (ATM) partout. Vous pourrez retirer dans les banques (généralement dans un hall accessible 24h/24) ou au distributeur unique installé dans les épiceries, restaurants, bars et supérettes, qui appliquent une commission (jusqu'à 5 $).

La plupart des banques de New York sont liées par le système New York Cash Exchange (NYCE), ce qui permet d'utiliser les cartes bancaires locales dans n'importe quel DAB – en payant des frais supplémentaires si l'on passe par une autre banque.

CARTES BANCAIRES

Les principales cartes bancaires sont acceptées dans la plupart des hôtels, restaurants et commerces. Il est parfois difficile d'acheter une place de spectacle ou de louer une voiture sans.

Les cartes Visa, MasterCard ou American Express sont les plus communément acceptées. Les établissements qui les acceptent reconnaissent aussi les autres cartes de paiement, mais vérifiez auprès de votre banque que votre carte de paiement est acceptée dans d'autres pays.

En cas de perte ou de vol, contactez immédiatement votre banque.

CHANGE DE DEVISES

Les banques et les bureaux de change présents dans tout New York (y compris dans les 3 grands aéroports) fournissent des dollars en fonction du taux de change du moment : consultez le taux actualisé sur www.xe.com.

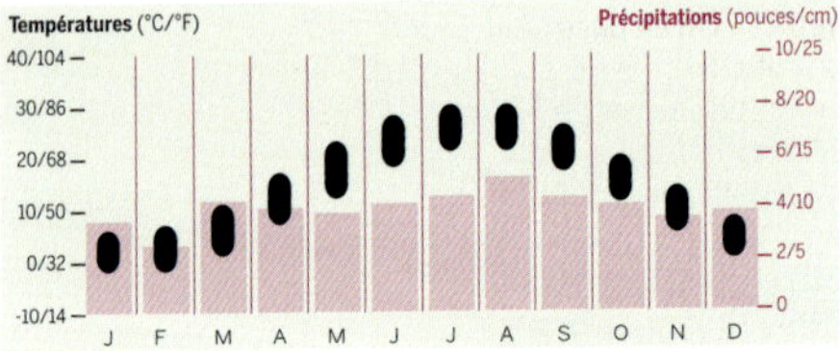

CARTES DE RÉDUCTION

Plusieurs cartes font faire des économies sur les principaux sites de la ville.

Downtown Culture Pass (www.downtownculturepass.org)

New York CityPASS (www.citypass.com)

Explorer Pass (www.nyexplorerpass.com)

Sightseeing Pass (www.sightseeingpass.com)

The New York Pass (www.newyorkpass.com)

CLIMAT

Hiver (déc-fév) Neige et températures négatives. Pendant les fêtes, tout est plus doux malgré les frissons. La plupart des infrastructures sont surchauffées.

Printemps (mars-mai) Les cafés investissent les terrasses dès le premier rayon de soleil.

Été (juin-août) Chaleur oppressante en plein été. Le week-end, les habitants se ruent dans les Hamptons.

Automne (sept-nov) Les parcs de la ville se parent de teintes rouge et or.

ÉLECTRICITÉ

L'électricité fonctionne en 110 V, et en 60 Hz. Les prises ont 2 fiches plates, avec souvent une 3e fiche, ronde, pour la terre. Si votre appareil est conçu pour un autre système électrique (220 V par exemple), vous aurez besoin d'un transformateur, disponible dans les quincailleries et supermarchés pour 25 à 60 $. Cependant, la plupart des appareils électroniques (ordinateurs portables, chargeurs d'appareil photo, rasoirs électriques, etc.) sont prévus pour fonctionner aussi bien sur du 110 V que du 220 V. Vous n'aurez alors besoin que d'un simple adaptateur pour la prise de courant.

FORMALITÉS ET VISAS

Le programme d'exemption de visa (Visa Waiver Program ou VWP) permet aux ressortissants de 36 pays, dont la France, la Belgique, le Luxembourg et la Suisse, de séjourner aux États-Unis sans visa, à condition qu'ils aient un passeport à lecture optique. La liste des pays compris dans ce programme et les conditions actuelles à remplir sont consultables sur le site

110 V/60 Hz

110 V/60 Hz

Web de l'**US Department of State** (ministère des Affaires étrangères ; travel.state.gov).

Les Canadiens n'ont aucune formalité spécifique à effectuer ; ils doivent juste se munir d'un passeport valide pour séjourner jusqu'à 6 mois aux États-Unis.

ESTA

Les citoyens des pays du VWP doivent s'inscrire sur le site de l'**US Department of Homeland Security** (https://esta.cbp.dhs.gov) 3 jours au moins avant leur arrivée. L'inscription coûte 14 $; lorsqu'elle est acceptée, elle est valable pendant 2 ans.

PASSEPORT ET VISA REQUIS

Vous devez obtenir un visa de la part d'une ambassade ou d'un consulat des États-Unis dans votre pays si :

- Vous n'avez pas de passeport d'un pays du VWP.
- Vous êtes ressortissant d'un pays du VWP, mais avez voyagé en Iran, en Irak, en Syrie ou au Soudan depuis le 1er mars 2011, ou avez la nationalité de l'un de ces quatre pays.
- Vous êtes ressortissant d'un pays du VWP, avez la double nationalité avec le Yémen, la Libye et la Somalie et vous êtes rendu depuis mars 2011 en Iran, en Irak, en Syrie, au Soudan, au Yémen, en Libye ou en Somalie.
- Vous prévoyez de rester plus de 90 jours.
- Vous envisagez de travailler ou d'étudier aux États-Unis.

Avant de partir

Vous êtes ressortissant français ? Pensez à vous enregistrer sur le portail Ariane (pastel.diplomatie.gouv.fr/fildariane) du ministère des Affaires étrangères. Ce service gratuit vous permet de recevoir des alertes si la situation le justifie. Crise politique, catastrophe naturelle, attentat... recevez en temps réel des consignes de sécurité lors de votre voyage.

HANDICAPÉS

Les lois fédérales garantissent l'accès de toutes les administrations aux personnes handicapées. Pour vous renseigner sur des endroits particuliers, contactez l'**Office for People with Disabilities** (bureau pour les handicapés ☎212-788 2830 ; www.nyc.gov/mopd ; ⏰9h-17h lun-ven) de la mairie. Si vous le demandez, vous recevrez gratuitement le guide *Access New York*.

Autre excellente ressource, la **Society for Accessible Travel & Hospitality** (SATH ; ☎212-447 7284 ; www.sath.org) fournit des conseils sur le transport en fauteuil roulant, avec une maladie rénale, des troubles de la vue ou une surdité.

Pour plus de détails concernant l'accès dans le métro – les bus sont adaptés –, appelez l'**Accessible Line** (☎718-596 8585) ou consultez web.mta.info/accessibility/ pour une liste des stations de métro équipées d'ascenseurs ou d'escalators. Visitez également www.nycgo.com/accessibility.

Big Apple Greeter (bigapplegreeter.org) compte plusieurs bénévoles handicapés qui se feront un plaisir de vous présenter leur quartier gratuitement.

HEURES D'OUVERTURE

Les heures ouvrables habituelles sont les suivantes :

Banques 9h-18h lun-ven, parfois 9h-12h sam
Bars et clubs 17h-2h environ
Bureaux 9h-17h lun-ven
Spectacles De 18h à minuit environ
Restaurants petit-déj 6h-12h, déj 11h-15h, dîner 17h-23h, brunch dim 11h-16h (souvent proposé aussi le samedi)

Commerces 10h-19h lun-ven, à partir de 11h sam. Variable le dimanche : certains magasins sont fermés, d'autres appliquent les horaires de semaine. Les commerces restent généralement ouverts plus tard dans les quartiers du centre.

INTERNET (ACCÈS)

Vous trouverez des bornes d'accès gratuit **LinkNYC** (www.link.nyc) dans les points stratégiques comme Herald Sq ou le Madison Park ; vous pourrez même recharger votre portable car certaines disposent de prises USB. Parmi les parcs publics disposant d'une connexion gratuite, citons la High Line, Bryant Park, Battery Park, Tompkins Square Park et Union Square Park.

JOURS FÉRIÉS

Voici une liste des principales fêtes de New York. Elles peuvent entraîner la fermeture de nombreux commerces, attirer les foules et compliquer les réservations dans les restaurants et les hôtels.

New Year's Day (Nouvel An) 1er janvier
Martin Luther King Day 3e lundi de janvier
Presidents' Day 3e lundi de février
Pâques mars/avril
Memorial Day fin mai
Gay Pride dernier dimanche de juin
Independence Day (fête nationale) 4 juillet
Labor Day (fête du Travail) début septembre
Rosh Hashana et Yom Kippour mi-septembre à mi-octobre
Halloween 31 octobre
Thanksgiving 4e jeudi de novembre
Christmas Day (Noël) 25 décembre
New Year's Eve (Saint-Sylvestre) 31 décembre

OFFICES DU TOURISME

Sur place, rendez-vous dans l'un des bureaux officiels de **NYC & Company** (212-484 1222 ; www.nycgo.com). Notamment :

Macy's Herald Sq (151 West 34th St, entre 7th Ave et Broadway ; lun-sam 10h-22h, dim 10h-21h ; S 1, 2, 3, A, C, E 34th St-Penn Station, B, D, F, M, N, Q, R, W 34th St-Herald Sq).

Times Square (7th Ave, entre 44th St et 45th St ; tlj 9h-19h ; S F, M, B, D 42 St-Bryant Pk ; A, C, E 42nd St-Port Authority).

City Hall (City Hall Park à la hauteur de Broadway ; tlj 9h-18h ; S 2, 3 Park Place ; 4, 5, 6 Brooklyn Bridge-City Hall ; 2, 3, 4, 5, A, C, J, Z Fulton St ; J, Z Chambers St).

Pourboire

À New York, le pourboire n'est pas une gratification mais une obligation, car son montant est partie intégrante du salaire de l'employé. La seule marge de manœuvre du client pour marquer sa satisfaction ou sa désapprobation réside dans l'importance de la somme qu'il laisse en plus du minimum (de 15 à 20% selon le montant de l'addition). Refuser de laisser un pourboire parce que l'on considère que le service n'a pas été à la hauteur n'est pas la bonne solution. La meilleure façon de calculer le pourboire est de doubler le montant des taxes qui apparaissent sur le ticket.

Dans les bars à cocktails, on laisse généralement 1 $ par verre et 1 $ pour le vestiaire. Les taxis attendent aussi un pourboire : pour les longs trajets, l'aéroport par exemple, suivez la même règle qu'au restaurant et ajoutez quelques dollars si le chauffeur vous aide à sortir les bagages ; pour les trajets plus courts, pas la peine d'être aussi strict.

Le pourboire est d'usage pour tous les services et il faut veiller à avoir des petites coupures sur soi.

Le **Brooklyn Tourism & Visitors Center** (☎718-802 3846 ; explorebk.com ; 209 Joralemon St, entre Court St et Brooklyn Bridge Blvd ; ⏱9h-17h lun-ven ; Ⓢ2, 3, 4, 5 Borough Hall) à Downtown Brooklyn offre des renseignements sur cet autre *borough*.

SÉCURITÉ

Rares sont les quartiers où vous vous sentirez en danger, quelle que soit l'heure (et ils se trouvent généralement en périphérie). Les stations de métro sont généralement sûres, avec quelques nuances dans les quartiers défavorisés.

Le bon sens reste de mise : ne vous promenez pas seul la nuit dans des quartiers peu fréquentés que vous ne connaissez pas, en particulier si vous êtes une femme (évitez le Bronx, Harlem ou Central Park). Ne sortez pas de gros billets dans la rue, cachez votre argent sur vous, dans une poche avant plutôt que dans un sac, et faites attention aux pickpockets.

TAXES

Les prix dans les magasins sont présentés hors taxes. Lors de vos achats, pensez à ajouter la taxe d'État (8,875%) – celle-ci ne peut être remboursée à la douane lors de votre retour. À New York, les vêtements et les chaussures dont le prix est inférieur à 110 $, ainsi que la nourriture emballée et les journaux, n'y sont toutefois pas soumis et s'achètent HT.

TÉLÉPHONE

TÉLÉPHONES PORTABLES

Assurez-vous de la compatibilité de votre mobile. Si vous avez besoin d'un téléphone, de nombreuses boutiques (Verizon, T-Mobile ou AT&T) en proposent à petits prix avec recharge.

INDICATIFS TÉLÉPHONIQUES

Quel que soit l'endroit que vous appelez à New York, même s'il se trouve de l'autre côté de la rue, il faut toujours composer le 1 suivi de l'indicatif régional et du numéro.

Manhattan 212, 646
***Boroughs* périphériques** 347, 718, 929
Tous les *boroughs* (souvent des portables) 917

APPELS NATIONAUX ET INTERNATIONAUX

Aux États-Unis, les numéros de téléphone sont composés d'un indicatif régional à 3 chiffres suivi d'un numéro local à 7 chiffres. Pour un appel longue distance, composez le ☎1 + l'indicatif + le numéro.

Pour appeler l'étranger depuis New York, composez le ☎011 + l'indicatif du pays (33 pour la France, 32 pour la Belgique, 41 pour la Suisse, 1 pour le Canada) + le numéro (sans le 0 initial). Pour appeler le Canada, le ☎011 n'est pas nécessaire.

Pour appeler New York depuis l'étranger (sauf le Canada), composez l'indicatif international ☎00 suivi de celui des États-Unis ☎1.

NUMÉROS UTILES

Annuaire local ☎411
Police, pompiers et ambulance (☎911)
Renseignements gratuits ☎800-555 1212
Renseignements locaux ☎311

TOILETTES

Le site www.nyrestroom.com est pratique pour dénicher des W.-C.

Grand Central Terminal, Penn Station et Port Authority Bus Terminal sont équipés de toilettes, tout comme certains parcs (Madison Sq Park, Battery Park, Tompkins Sq Park, Washington Sq Park, Columbus Park, Central Park...). Le plus simple toutefois est d'utiliser celles des Starbucks : il y en a à chaque coin de rue.

INDEX

N

O

P

Q

R

S

LES AUTEURS

MAXIME AUBIN

Touche-à-tout originaire de Saint-Étienne, Maxime quitte son poste de commercial en 2015 pour se consacrer à sa passion : le journalisme. Après des expériences à *Ouest France*, France 3 et *L'Obs*, il s'installe à New York en 2016 où il partage désormais son temps entre la création de contenus vidéo et des correspondances pour plusieurs médias français.

LORENA GALLIOT

Journaliste française basée à Brooklyn, Lorena est passionnée de voyages, de développement durable et de danse. Arrivée à New York en tant qu'étudiante, elle a vite appris à dénicher les bons plans pas chers – ou gratuits ! – que recèle cette ville réputée onéreuse. Lorsqu'elle ne travaille pas sur des productions de documentaires, on pourra la trouver sur la piste de danse de l'une des nombreuses boîtes salsa de la ville, ou bien parcourant un marché bio.

SIHEM SOIBINET-FEKIH

Née à Paris, Sihem se destine à une carrière de journaliste dans la capitale quand son destin bascule en 2012 : le vendredi 13 juillet, elle est tirée au sort à la Loterie américaine. Correspondante pour des titres de presse professionnelle, elle arpente les rues new-yorkaises et lance en parallèle sa société de création de contenu, Excuse My French LLC, avant de rejoindre le groupe Facebook.